AF546667

Markus Hofer

Das Heilige und das Nackte

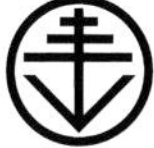

Markus Hofer

DAS HEILIGE UND DAS NACKTE

Eine Kulturgeschichte

Tyrolia-Verlag · Innsbruck-Wien

INHALT

HEILIG ODER NACKT ODER BEIDES

Das Heilige und das Nackte: Auf den ersten Blick scheinen sich die beiden Bereiche auszuschließen. Wer in Strandbekleidung einen italienischen Dom besuchen will, merkt sofort: Geht nicht! Lange Zeit saßen in katholischen Kirchen Männer und Frauen in verschiedenen Bänken und wenn die muslimischen Männer in andächtig kauernder Haltung Gott verehren, dann ist das nur mit Geschlechtertrennung denkbar. Auf orthodoxen Ikonen ist alles würdevoll zugeknöpft, wie es sich gehört, und nicht zuletzt ist die legendäre Tempelprostitution vermutlich auch nur ein Mythos. Das Heilige ist das Heilige und das Nackte ist das Nackte.

Doch so sauber lassen sich im Leben die Dinge nicht trennen. Die Sexualität ist eine starke Kraft, die man nicht unterschätzen darf. Um es vorwegzunehmen: Je rigider die Sexualmoral einer Gesellschaft, umso nackter werden die Heiligen in der katholischen Bilderwelt, umso mehr blitzt der Busen der büßenden Maria Magdalena unter ihren langen Haaren hervor. Irgendwo muss es ja hin, ist man vermeint zu sagen. Und die biblischen Stoffe geben dafür reichlich Vorwand.

Es ist ein frustrierendes Geschäft für die Moralisten der Jahrhunderte, doch die meisten dürften gar nicht gemerkt haben, dass Moralisieren nichts nützt, sondern die Sache erst interessant macht. Das Unterdrücken und Verdammen hat die Sexualität nicht zum Verschwinden gebracht. Die meisten Moralisten haben eher das Gegenteil dessen erreicht, was sie eigentlich erreichen wollten. Je strenger die Moral nach außen, umso kurioser werden die Erscheinungen im Hinterzimmer bis hin zur viktorianischen Zeit, in der sich aristokratische Damen sogar aufblasbare Brüste aufs Dekolleté setzten, denen dann manchmal unter der Preisgabe verdächtiger Geräusche während des Dinners die Luft ausging.

Es war nicht das vermeintlich finstere Mittelalter, das so seltsame Auswüchse zeigte. Es ist vor allem das 16. Jahrhundert – der Beginn der Neuzeit,

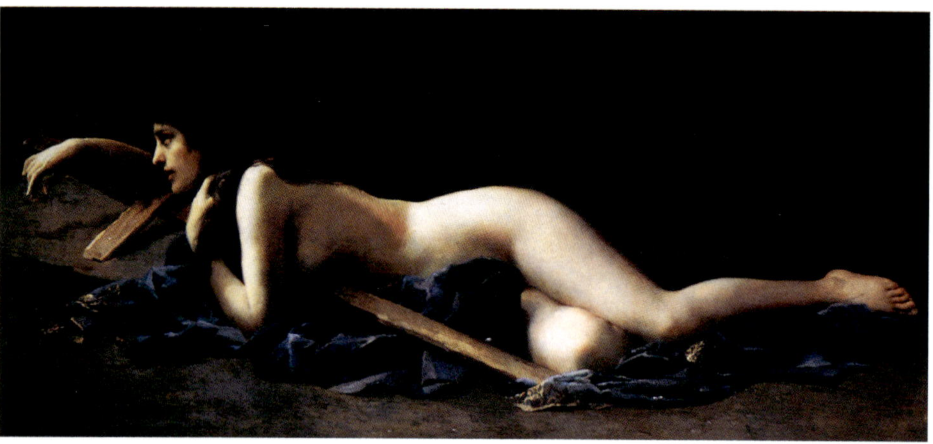

Nicht unbedingt sehr bußförmig kauert Maria Magdalena in ihrer Höhle.
Francesc Masriera: Büßende Maria Magdalena, 1890

des Humanismus und der vorgeblichen Überwindung des Mittelalters –, das neben dem Hexenwahn in der Abfolge von Syphilis, Reformation und Gegenreformation die Krägen hoch und steif verschloss. Die Sexualmoral wurde in dieser Zeit sogar verstaatlicht. Aber auch das nützte nicht viel, in den privaten aristokratischen Kabinetten türmten sich die Gemälde mit nackten römischen Göttinnen, gemalt von den berühmtesten Malern der Zeit, die ihren wohlhabenden männlichen Auftraggebern lieferten, was diese gern betrachteten. So begleitet der sonst in allen Dingen sehr streng katholische König Philipp II. von Spanien eigenhändig die nackte Venus auf einer Hausorgel. Lustvoll sich anbietend räkelt sich die Göttin auf ihrem samtenen Bett, während der junge Philipp auf einer kleinen Orgel spielt, seinen Blick aber auf die weibliche Schönheit gerichtet hat. Das Bild hatte ihm kein Geringerer als Tizian gemalt, ist über zwei Meter breit, prächtig anzusehen, hing aber verborgen hinter Vorhängen der Privatgemächer im Escorial. Es ist eindeutig: Je strenger die Moral, umso abgrundtiefer wird die Doppelmoral.

Diese Zeiten sind vorbei – den nackten Darstellungen sind heute kaum mehr Grenzen gesetzt. Die mediale Bilderflut an Nacktheit ist unüberschaubar und Ästhetik scheint nicht mehr das zentrale Thema zu sein. Die nackten Männer des Michelangelo, die lasziv sich räkelnden Göttinnen eines Tizian oder Rubens folgten einem idealisierten Verständnis von Schönheit. Heute steht das Geschäft mit der Sexualität und die Selbstdarstellung im Vordergrund und nicht mehr die Sehnsucht nach Schönheit. Im Blick auf die Nackt-

Selfies, die über soziale Medien verschickt werden, befällt einen vielmehr das schale Gefühl einer Banalisierung der Nacktheit. Die Reizüberflutung gerade für junge Männer ist enorm und vermutlich hat es damit zu tun, dass sie heute die wichtigsten Konsumenten von Viagra sind, die Zielgruppe der älteren Herren schon längst hinter sich gelassen. Ist das nicht doch ein verstecktes Plädoyer für die Moralisten?

Vermutlich liegt des Pudels Kern wieder einmal in der Mitte. Vielleicht waren es schon auch die Moralisten, die den Reiz des vermeintlich Verbotenen kreierten und uns, gewollt oder nicht, bewusstwerden ließen, dass banale Nacktheit sehr bald ihren Reiz verliert. Das raffinierte Spiel von Zeigen und Verbergen macht eigentlich erst die Erotik aus, die menschlich kultivierte Form dessen, was früher einfach Fortpflanzung war, und die so das Menschenleben um vieles reicher macht.

Das Heilige und das Nackte: Auf den zweiten Blick tut sich ein interessantes Thema auf, ein Spannungsfeld von menschlichen Konstanten, das äußerst reizvoll ist. Es zeigt, wie sich die Kraft der Sexualität Wege bahnte und wie immer wieder versucht wurde, sie zu kultivieren. Es reicht von der Frage nach der Scham im Ursprung der Menschheit, über kultische Nacktheit bis zu religiöser Pornografie. Es geht um homosexuelle Künstler, denen die Darstellung männlicher Heiliger die Verbildlichung ihrer Sehnsüchte ermöglichte, und um die vielen Gemälde oft barbusiger heiliger Frauen, die ein legitimiertes Ventil in sittlich strengen Zeiten bildeten. Nicht zuletzt haben diese Bilder in den ästhetisch ansprechenden Werken auch einiges zur Versinnlichung des Glaubens beigetragen. Das Heilige und das Nackte sind keine zwingenden Gegensätze, vielmehr ist es ein reizvolles Spannungsfeld, das einige Fragen beinhaltet, denen sich jede Zeit erneut stellen muss.

Das Nackte ist eindeutig, mit dem Heiligen ist es nicht so einfach. In diesem Buch wird es vorwiegend im Kontext des christlichen Abendlandes um heilige Orte gehen, um Räume des religiösen Erlebens, die offensichtlich in Kontrast stehen zum Nackten. Es wird auch um heilige Schriften gehen, vor allem das Alte Testament, das äußerst lebendige Geschichten rund um Nacktheit und Sexualität enthält, Geschichten, die dann zum Vorwand für Nacktheit in der religiösen Kunst wurden. Neben den biblischen Figuren spielen aber auch die Heiligen als verehrte Personen eine Rolle und da bieten sich exemplarisch Maria Magdalena für die Frauen und Sebastian für die Männer an. Über die Orte, Schriften und Personen hinaus soll der Begriff des „Heiligen“ aber bewusst offengehalten werden. Es geht auch um das Numinose, das verehrte Geheimnisvolle, das erlebt, aber nur schwer beschrieben oder definiert werden kann. Das Heilige steht meist im Kontrast zum Profanen, doch auch hier kann es ein kreatives Spannungsfeld geben, in dem das Profane das Heilige erdet und das Heilige dem Profanen Würde verleiht.

Ist die Spannung zwischen dem Heiligen und dem Nackten nur eine spätere kulturelle Erscheinung? Gab es vor der offiziellen Moralisierung „natürliche" Verhältnisse, von denen manche heute noch träumen, eine Nacktheit ohne Regeln? Ist die Scham tatsächlich eine spätere Entwicklung? Um diesen Fragen näherzukommen, gilt es, sich zumindest gedanklich in die menschlichen Anfänge zu begeben. Sogar die Bibel beginnt bereits mit diesem Thema.

UND SIE ERKANNTEN, DASS SIE NACKT WAREN

Lange dauerte für Adam und Eva die Freude am Paradies nicht, da kam schon die Herausforderung mit dem Baum der Erkenntnis, an der sie scheiterten. Die Schuld dafür schob man schön brav weiter: Adam auf Eva und Eva auf die Schlange. Die Folgen aber waren menschlich existentiell: „Im Schweiße deines Angesichts wirst du dein Brot essen, bis du zum Erdboden zurückkehrst; denn von ihm bist du genommen, Staub bist du und zum Staub kehrst du zurück." (Gen 3,19) Die paradiesischen Zeiten waren damit vorbei.

Die Geschichte vom Sündenfall (Gen 3) ist eine sehr komplexe, deren Alter und Entstehung durchaus umstritten sind. Teile dürften aus dem 7. Jahrhundert v. Chr., einzelne Verse auch jüngeren Datums sein. Im Kern ist es sogar möglich, dass noch ältere orientalische Mythen hineingespielt haben. In der Endfassung, wie sie uns vorliegt, ist sie eine Erklärungsgeschichte, die den gegenwärtigen Zustand des Lebens in der Welt begreiflich machen will, die Mühen des Lebensunterhalts, die Spannungen unter den Geschlechtern, Leid und Tod, letztlich all die weniger erfreulichen Dinge des Lebens, die Gott so nicht erschaffen hat. Es ist keine Erklärung im naturwissenschaftlichen Sinn, was schon der orientalischen Denkweise widersprechen würde, sondern vielmehr eine Erzählung, die sinnstiftend ist und existentielle Fragen des Menschseins vom Ursprung her deutet.

Warum schämen wir uns? Und war das immer schon so? Diese Fragen dürften sich die Menschen schon in Urzeiten gestellt haben, wobei es vor allem um die sexuelle Körperscham geht. In der Schöpfungsgeschichte wird das Zusammenleben von Adam und Eva im Paradies nicht ausführlich beschrieben, aber aus dem Nachfolgenden wird klar: Sie waren nackt und machten sich nichts daraus. Das Problem begann offensichtlich mit dem Verbot Gottes, von dem einen Baum in der Mitte des Paradieses zu essen. Die böse Verführerin in der biblischen Erzählung ist zwar die Schlange, aber das Thema selbst beginnt mit einem Verbot, das deshalb nicht eingehalten wird, weil es zu verführerisch ist. Was sich später quer durch die christliche Kunst zeigt, scheint in dieser Ursprungserzählung schon angelegt: Das Verbot bewirkt die Übertretung.

Adam und Eva essen von den verbotenen Früchten und sofort geschieht etwas Entscheidendes: „Da gingen beiden die Augen auf und sie erkannten, dass sie nackt waren. Sie hefteten Feigenblätter zusammen und machten sich einen Schurz." (Gen 3,7) In weiterer Folge fallen sie damit aus dem Paradies, anders gedeutet hieße es: Ab jetzt sind sie eigentlich Menschen. Auf dem Weg vom paradiesischen zum irdischen Menschsein steht demnach die Scham und so gesehen gehört das Feigenblatt zur Nacktheit wie der Mensch zur Erde.

Eine zusätzliche Pointe erhält die Stelle durch die Worte „sie erkannten", denn „erkennen" hat im Hebräischen mindestens zwei Bedeutungen. Einmal ist es das Erkennen beispielsweise von Gut und Böse, wie es in der Erzählung vom Sündenfall beschrieben wird. Gleichzeitig kann das Wort „erkennen" auch für den Vollzug des Geschlechtsaktes stehen. Ob damit bereits ein solcher Akt angedeutet ist, sei dahingestellt, aber eine sexuelle Note kommt mit ins Spiel. Im ersten Vers nach der Geschichte vom Sündenfall heißt es nämlich: „Adam erkannte Eva, seine Frau; sie wurde schwanger und gebar Kain." (Gen 4,1) Die Geschichte von Mann und Frau, die zuerst als Abbild Gottes erschaffen worden sind, beginnt gleichsam nochmals neu mit dem gemeinsamen Erkennen, mit der Nacktheit und dem schamhaften Feigenblatt – und sie beginnt mit dem Übertreten reizvoller Verbote.

Die Phantasie vom Goldenen Zeitalter

Das gemeinsame Zusammenleben zwischen Adam und Eva im Paradies wird in der Bibel nicht geschildert und das Alte Testament geht dieser Frage gar nicht weiter nach; das tut dann folgenreich der Kirchenvater Augustinus. In der griechischen und römischen Antike gab es als Parallele dazu den Mythos vom Goldenen Zeitalter, einem friedlichen Idealzustand der Menschen in der Urzeit noch vor dem zunehmenden moralischen Verfall. In den antiken Erzählungen ist es eine paradiesische Zeit ohne Nöte, ohne Hunger und Arbeit, ohne Krieg und Verbrechen, frei von Kummer und Plagen. Die Schilderungen des „Goldenen Geschlechts" bei Hesiod (8./7. Jahrhundert v. Chr.) haben noch keinerlei sexuelle Note, sondern dienen dazu, die Menschen seiner Zeit zu ermahnen

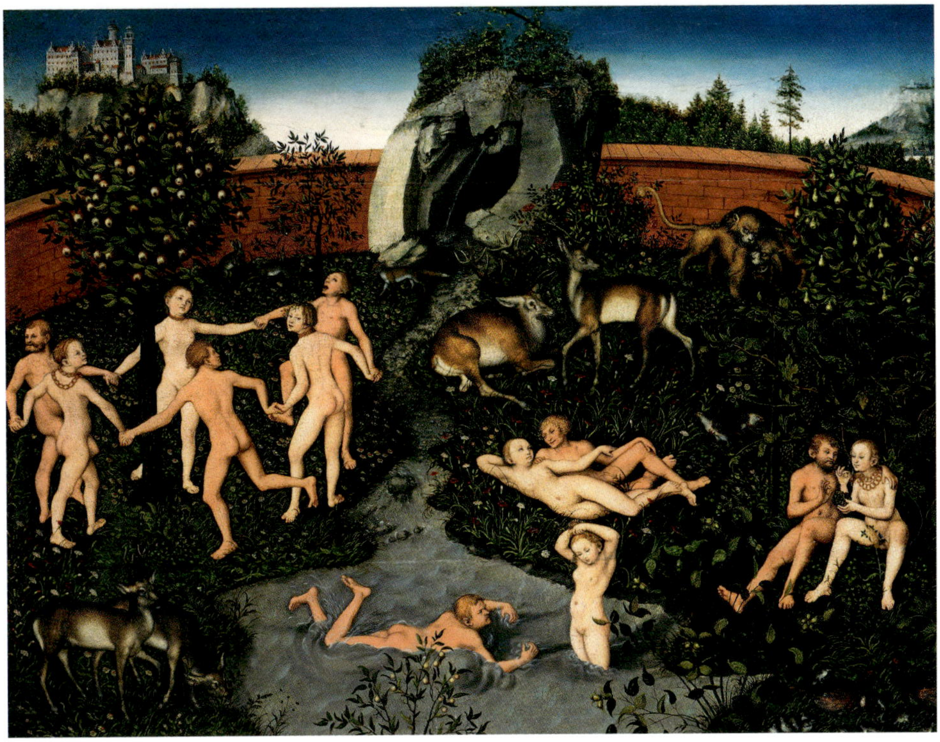

Die Phantasie erotischer Freizügigkeit im Urzustand des Menschen
Lucas Cranach der Ältere: Das Goldene Zeitalter, um 1530

und ihnen den moralischen Verfall vorzuhalten. Platon erwähnt zumindest, dass sich die Menschen unbekleidet in der Natur bewegten, da das Klima entsprechend warm gewesen sei. Der römische Dichter Tibull (1. Jahrhundert v. Chr.) deutet immerhin schon an, dass die Menschen der Urzeit einander überall geliebt hätten, offensichtlich eine Praxis der freien Erotik.

In der frühen Neuzeit lebte das Motiv des Goldenen Zeitalters in den Phantasien der Dichter und Maler erneut auf. Jetzt wird es gleichsam zum erotischen Schlaraffenland, indem ein freizügiges Ideal von körperlicher Unbefangenheit phantasiert und ausgemalt wird. Cranachs einschlägige Eingebungen beispielsweise blühten bei diesem Thema richtig auf. Solche Phantasien sind eine Art sexuelle Projektionsfläche in einer sittlich zunehmend strengen Zeit, die Vorstellung einer quasi heiligen Freizügigkeit. Diese Phantasien kanalisieren eine gewisse Sehnsucht in einer doch ziemlich zugeknöpften Zeit und sie erlauben den Malern Bilder, die anders nicht möglich gewesen wären.

Lucas Cranach der Ältere, einer der bedeutendsten Künstler der deutschen Renaissance, hat gleich drei Versionen des Goldenen Zeitalters gemalt. In der Variante, die in der Alten Pinakothek in München hängt, halten sich hinter einer Mauer in üppiger Vegetation die nackten Menschen paarweise auf oder tanzen als gemischte Gruppe in einem Reigen um einen Baum. Man wäre fast gewillt zu sagen, es sei der paradiesische Baum der Erkenntnis, von dem sie noch nicht genascht haben. Der Mythos wird hier zum erotischen Vorwand. Solche Bilder sind tatsächlich auch ein Versuch, sich hinter den biblischen Sündenfall ins vermeintlich ursprüngliche Paradies zurückzubegeben und dort die eigenen erotisch-sexuellen Phantasien zu platzieren. Bemerkenswert ist allerdings, dass dieses Thema die Bibel noch gar nicht interessiert hat und solche Bilder erst am Beginn der Neuzeit aufkommen. Nicht weniger bemerkenswert ist umgekehrt, wie sich Cranach bei aller Freizügigkeit doch nicht ganz hinter das Feigenblatt zurückgewagt hat. Die Popos sind frei sichtbar, doch vor jedem Genitalbereich, männlich wie weiblich, wächst zufällig ein Blatt oder ein Ast. Zumindest ein Minimum an Genitalscham scheint sich Cranach selbst in seiner Phantasie zu wahren. Das Feigenblatt bleibt also trotzdem.

Soziologen, Ethnologen und Bordelle

Nun also: Warum schämen wir uns? Und war das immer schon so? Diese Fragen stellten sich nicht nur Menschen in antiker Zeit, noch in der zweiten Hälfte des 20. Jahrhunderts entbrannte darüber ein Streit unter deutschen Wissenschaftlern. Der Soziologe Norbert Elias veröffentlichte 1939 seine beiden Bände „Über den Prozess der Zivilisation", in denen er vom Frühmittelalter bis zum Beginn des 20. Jahrhunderts einen fortwährenden Prozess der Verfeinerung der Sitten beschreibt, den er die Zivilisierung nennt. Meist beginnt es in den oberen Schichten, die dann von den unteren imitiert werden, worauf die oberen ihre Sitten nochmal verfeinern. So beschreibt er das allmähliche Sinken der Gewaltbereitschaft, die zunehmend stärker kontrollierte und unterdrückte Sexualität, die Tabuisierung der Ausscheidungsfunktionen, die zunehmend dem Blick anderer Menschen entzogen wurden, und nicht zuletzt die Tischsitten, die immer strenger und feiner wurden. In diesem Prozess, so beschreibt es Elias, werden die Zwänge von außen (Regeln, Verbote) zunehmend zu Selbstzwängen und die Körperscham ist dann das Ergebnis der verinnerlichten gesellschaftlichen Verbote. Auch wenn es Elias nicht ausdrücklich so behauptet, läge damit die Vermutung nahe, dass es vorher eine quasi schamfreie Gesellschaft gegeben habe, bevor der Prozess der Zivilisation einsetzte.

Sein Werk wurde erst wirklich populär, als es 1969 der Suhrkamp Verlag als Taschenbuch neu herausbrachte. Das rief um eine Generation zeitversetzt den deutschen Volkskundler Hans Peter Duerr auf den Plan, der in einem monumentalen fünfbändigen und materialreichen Werk die Thesen Elias' zu widerlegen suchte. Duerr greift sicher manches an, was Elias so nicht behauptet hatte, und ein wenig wird auch aneinander vorbeigeredet, doch umgekehrt waren die Angriffe auf Duerr aus dem Elias-Lager äußerst aggressiv und manchmal auch aus der unteren Schublade. Jedenfalls hat die Frage der Scham vor einigen Jahrzehnten noch die Gemüter heftigst erregt.

Sicher ist, dass der Prozess der Zivilisation nicht so linear verlaufen ist, wie es bei Elias zeitweilig klingen mag, und dass in der Abstraktion manch anderes auch übersehen wurde. Material hat Duerr zweifellos viel mehr verarbeitet als Elias und er zeigt, dass Elias und Forscher in seiner Tradition ihr Material mitunter etwas beliebig verwendet haben. Ein Beispiel ist das bekannte Bild eines spätmittelalterlichen Badehauses mit nackten Männern und Frauen in den Badezubern, die sich gegenseitig auch sexuell berühren. Oft galt dieses Bild als Beleg für die Offenheit oder Schamlosigkeit des Mittelalters, während Duerr zeigen konnte, dass das Bild kein Bad, sondern ein Bordell darstellt. Die mittelalterlichen Städte kümmerten sich oft um die Errichtung von Bordellen für die Vielzahl unverheirateter Männer, die schon aus finanziellen oder Standesgründen gar nicht heiraten durften, und zum Schutz der Frauen. Nicht selten fanden sich solche Bordelle neben den Badehäusern und geschäftstüchtige Bader kümmerten sich um beide Geschäfte. Es dürfte auch recht praktisch gewesen sein, dass man vor oder nach dem Bordellbesuch auch noch im Badehaus einkehrte. Trotzdem darf man nicht das Bild eines Bordells als Darstellung eines Badehauses ansehen, um dann Schlussfolgerungen zum sittlichen Zustand einer Gesellschaft zu ziehen. Darauf macht Hans Peter Duerr immer wieder aufmerksam: Man muss genau hinsehen und sich zuweilen vielleicht auch von ideologischen Überfrachtungen lösen. Der Philosoph Ludwig Wittgenstein formulierte den Ansatz noch pointierter: „Denk nicht, sondern schau."

In der Elias-Duerr-Kontroverse spielte die Eingangsfrage eine zentrale Rolle: Schämte man sich immer schon oder gab es vor der so genannten Zivilisation eine schamfreie Zeit, vielleicht sogar das rückwärts ersehnte Goldene Zeitalter? Gab es nicht! Das volkskundliche Material von Hans Peter Duerr ist in dieser Frage schlagend. Der Ethnologe hat eine große Fülle von Beispielen zusammengetragen, die klarmachen: Es gibt keine für uns beschreibbare Kultur, die schamfrei gewesen wäre. Besonders eindrücklich sind seine Beispiele von kaum bis wenig bekleideten Naturvölkern auf der ganzen Welt; die Volkskunde bemühte sich schon seit dem 19. Jahrhundert, solche Kulturen zu beschreiben und zu dokumentieren. Überall und wenn auch noch so dezent sind Schamregeln zu beobachten, meist in der Form von Blickregeln, die vorgeben, wohin man schauen darf und wohin nicht, und dabei geht es vorwiegend um den Genitalbereich. Daneben wurden auch Interaktionsregeln beschrieben, die den Umgang miteinander und das Sprechen über schambesetzte Dinge ordneten. Selbstverständlich setzen später durchaus solche Prozesse der Zivilisation ein, wie sie Norbert Elias beschrieben hat, wenn Schamgrenzen vorrücken und zunehmend durch restriktive Sittengesetze überformt werden. Doch die Vorstellung eines ursprünglich schamfreien Zusammenlebens ist und bleibt aus vielerlei Gründen eine Fiktion.

Das Tier, das sich schämt

Die empirischen Belege Hans Peter Duerrs schließen einen quasi natürlichen Zustand ohne Scham aus. Das erotisch-goldene Zeitalter ist eine menschliche Utopie und als solche ein kulturelles Produkt der beginnenden Neuzeit. Die Frage nach der Scham wurzelt noch ein Stockwerk tiefer. Schon die Erzählung vom Sündenfall hat gezeigt, dass das irdische Menschsein mit dem Erkennen der Nacktheit beginnt. Eine vorkulturelle Nacktheit, die den Betroffenen gar nicht bewusst ist, wäre vermutlich keine menschliche. Natur und Kultur können nicht so sauber unterschieden werden, schon allein, weil logischerweise das Unterscheiden selbst eine sprachliche und damit bereits kulturelle Angelegenheit ist – wir sind immer mitten drin. Insofern hat die Bibel einfach Recht: Das Erkennen kommt vor dem Nacktsein. Erst mit der Scham wird die Nacktheit bewusst. Alles andere ist allerhöchstens spätere bildliche Phantasie oder literarischer Mythos.

Man kann es also drehen wie man will, Nacktheit ist von Anfang an ein kulturelles Phänomen und damit auch die Scham. Das Diktum vom „nackten Affen" erhält damit eine noch umfassendere Bedeutung. Die Nacktheit ist ausschließlich menschlich und damit von Anfang an Kultur. Wolfgang Reinhard hat es sehr schön auf den Punkt gebracht: „Das Tier kennt keine Scham, der Mensch aber ist das Tier, das sich schämt."[1] Die Scham ist daher kein Endprodukt der Zivilisierung, sondern vielmehr der Ausgangspunkt des Menschseins: „Und sie erkannten, dass sie nackt waren."

1 Reinhard, Lebensformen Europas, S. 63.

WARUM WIR UNS SCHÄMEN

Es war also immer schon so, um auf die Eingangsfrage nach der Scham zurückzukommen. Die Frage nach dem Warum bleibt aber im Raum, auch wenn es auf diese Frage keine definitive Antwort geben kann, höchstens eine plausible. Ein fiktiver Blick in die Geschichte des Homo sapiens könnte einiges erhellen. Vergleicht man den Menschen mit anderen höheren Säugetieren – die Affenarten seien jetzt einmal ausgenommen, da sich hier schon manches vermischt –, so zeigt sich ein essentieller Unterschied in Bezug auf die Sexualität. Im höheren Tierwesen ist die Sexualität ausschließlich auf die Fortpflanzung fokussiert und spielt sich nur in diesem Zusammenhang ab. Befindet sich das Weibchen in der fruchtbaren Phase, scheidet es sexuelle Lockstoffe aus, die Pheromone, die das Männchen in die Nase bekommt und entsprechend erregt. Ist es dasjenige, das sich das Weibchen erwählt hat bzw. das Alpha-Männchen, das im Revierkampf gesiegt hat, kommt es entsprechend zum Zug. Schon hier ist das Paarungsverhalten ein Stück rituell überformt, doch der eigentliche Reiz geht über die Nase. Dieses tierische Reiz-Reaktions-Schema ist aber ausschließlich auf die Befruchtung selbst begrenzt.

Irgendwann in der langen Entwicklung zum Menschsein hat sich die Sexualität allmählich verselbständigt, quasi vom zwingenden Zusammenhang der Fortpflanzung emanzipiert. Menschliche Sexualität ist nicht mehr abhängig von der weiblichen Fruchtbarkeit und Menschenfrauen sind grundsätzlich durchgehend zur Paarung fähig. Da das auch für die Männer gilt, stellt sich die Frage, woher dann nun der Reiz kommt, nachdem die Pheromone weitgehend ausgedient haben; schon unsere Nase hätte nicht mehr diese Empfindlichkeit. Das sexuelle Reiz-Reaktions-Schema hat sich von der Nase des Männchens in die Augen des Mannes verlegt. Der erste Impuls geht allerdings immer noch vom weiblichen Gegenüber aus. Bestimmte Formen des weiblichen Körpers springen dem Mann quasi ins Auge, gehen dann ins Gehirn, das dann je nachdem „die sexuelle Hydraulik" in Gang setzt, um es einmal etwas animalisch zu formulieren. Selbstverständlich ist dieser Ablauf inzwischen stark kulturell überformt, doch das Grundschema ist nach wie vor dasselbe.

Zwischen „Praline“ und „Bergdoktor“

Der italienische Soziologe Francesco Alberoni hat 1986 in seinem Buch „Erotik“ die Unterschiede von männlicher und weiblicher Erotik sehr treffend charakterisiert. Manchmal wird an plakativen Beispielen ein Unterschied erst deutlich und so beginnt Alberoni mit einem traditionellen Zeitschriften-Kiosk. Da gab es früher den Zeitschriftenständer mit der Literatur, die vorwiegend Männer, und jenen mit der Literatur, die vorwiegend Frauen gekauft haben. In dem einen steckte alles von „Praline“ bis „Playboy“ und auf der anderen Seite das Spektrum vom romantischen Bergdoktor über den Fürsten-Roman zu den Promi-Magazinen.

Das erotische Muster der Männer ist stark visuell strukturiert, weshalb die Literatur auf dieser Seite von Bildern bestimmt ist. Es gibt viel zu schauen und eher wenig zu lesen. Umgekehrt verhält es sich mit der Literatur auf der anderen Seite, da gibt es oft kaum etwas zu sehen, aber viel zu lesen. Das erotische Muster der Frauen dürfte um einiges komplexer sein. Da geht es nicht vorrangig um einen knackigen Po, sondern um Beziehungen und Geschichten, um Status und gesellschaftliche Symbole. Da spielt sich vereinfacht gesagt das ab, was sich ursprünglich auch beim Pheromone streuenden Weibchen abspielte bis klar war, welches Männchen zum Zuge kommt.

Auf der Männerseite kommen hingegen keine Fürstinnen oder Oberärztinnen vor, weil das für die männliche Erotik keine Rolle spielt, wenn die Kurven entsprechend präsentiert sind. Auf der Frauenseite, blättert man die Promi-Magazine durch, dürfte das Aussehen dieser Alpha-Männer nicht unbedingt entscheidend sein und Nacktheit braucht es schon gar nicht. Die erotische Aufmerksamkeit der Frauen ist breiter gestreut als die der Männer. Schon vor Jahren erklärte der österreichische „Hormonpapst“ Johannes Huber, die Forschung für ein weibliches Viagra werde eingestellt, da die weibliche Sexualität zu komplex sei. Da gäbe es nicht einfach einen Punkt, an dem man etwas einwerfen könne, damit alles funktioniere.

Durch das männliche visuelle Reiz-Reaktions-Schema ergibt sich zwischen Männern und Frauen ein komplementäres Muster von Zeigen und Schauen.

Ganze Industriezweige von der Kosmetik über die Modewelt bis zur Chirurgie leben von der weiblichen Präsentation. Es ist das zutiefst menschliche Grundmuster der Erotik, das in diesem Spiel von Zeigen und Verbergen, von Präsentieren und Schauen, eben von visuellem Reiz und Reaktion besteht. Es ist ein lustvolles Spiel zwischen dem eher exhibitionistischen Zug der Frau und dem eher voyeuristischen Zug des Mannes – und noch dazu ein Spiel, das jederzeit möglich ist, unabhängig von fruchtbaren Tagen der Frau. Theologisch gesehen klingt das schon eher nach einem kreativen Schöpfergott als nach dem Werk des Teufels, wie es die Moralisten später bezeichnet haben.

Der aufrechte Gang und seine Folgen

Nicht nur die Verlagerung des sexuellen Reaktionszentrums von der tierischen Nase in die männlichen Augen hatte Folgen, sondern in Verbindung damit auch der aufrechte Gang: Die Sichtbarkeit der körperlichen Reize veränderte sich. In der Körperhaltung der Affen ist vor allem die Gesäßgegend optisch bedeutsam, auch die weibliche Genitalgegend ist gut sichtbar. Im aufrechten Gang jedoch verkleinert sich das Hinterteil, das weibliche Genital verbirgt sich fast zur Gänze zwischen den Beinen, dafür aber treten die Brüste erst richtig hervor. Das Ergebnis sehen wir am Kiosk in der Männerabteilung. Übrigens dürfte hier auch die Evolution mitgespielt haben, denn die Menschenfrau ist die einzige, die permanente Brüste hat und damit grundsätzlich permanent mögliche Signale aussendet. Bei den höheren Säugetieren bildet sich nämlich das Drüsengewebe nach dem Stillen wieder zurück.

Noch größere Folgen hat der aufrechte Gang aber für die Männer. Im aufrechten Gang treten nämlich die männlichen Genitalien offen hervor, fast wie zur Schau gestellt. Zum einen sind diese wichtigen und teilweise äußerst schmerzempfindlichen Organe jetzt viel weniger geschützt und damit mehr gefährdet. Penisfutteral und Hodenschutz gehören deshalb zu den ältesten Teilen von Bekleidung, wie sie auch bei Naturvölkern noch beobachtet wurden. Das Ganze steigert sich dann bis zur Schamkapsel, dem auffällig gestalteten Hosenlatz des 15. und 16. Jahrhunderts, der die Potenz symbolisieren sollte.

Es kommt aber noch ein ganz anderer Aspekt hinzu: Die Penisse werden vergleichbar und darum nicht ungern versteckt. Dass die Größe des Penis das Entscheidende sei, ist ein uralter und Männer verunsichernder Mythos, der bis heute am Werk ist. Die Penisfutterale, die wir kennen, sind als Schutz nicht allzu tauglich, aber sie verbergen die Größe des Penis, womit auf dieser Ebene zumindest keine Rivalitäten mehr ausgetragen werden können. Und noch etwas kommt im aufrechten Gang zum Tragen: Erektionen werden sichtbar, was je nach Umstand unerwünscht oder sogar gefährlich sein könnte. Bei einigen Naturvölkern wurden Penisfutterale beobachtet, die deshalb sogar nach oben auf den Bauch gebunden wurden. Solche unwillkürlichen sexuellen Reaktionen zu verbergen, war vermutlich für ein friedliches Zusammenleben in einer Gemeinschaft nicht unwichtig.

Jetzt kann auch die Scham im Prozess der menschlichen Entwicklung entsprechend verortet werden. Der sexuelle Impuls geht von Körperreizen der Frau aus und springt dem schauenden Mann ins Auge. Da aber die Sexualität im Prinzip jederzeit verfügbar ist und es ständig etwas zu sehen gäbe, braucht es für ein geordnetes Zusammenleben dringend ein Regulativ: die Scham! Wie es Hans Peter Duerr bei den Naturvölkern beschrieben hat, gab es vermutlich immer schon Schamregeln, die das Schauen ordneten, die bestimmten, wohin man und wann schauen darf oder eben nicht. Vermutlich gab es sehr umfassende Regeln der Interaktion im Bereich des Genitalen und zwar als Schutz für sich selber und Schutz vor anderen.

Letztlich sind Reste davon bis heute in der Sauna zu beobachten. Männer sitzen meist breitbeinig auf den Brettern mit gut sichtbaren Genitalien. Das ist kein Machogehabe, da es für Männer einfach unangenehm bis schmerzhaft ist, den Genitalbereich durch übereinandergeschlagene Beine zu verbergen. Obwohl es heute Frauen niemand mehr verbieten würde, sitzen sie in der Sauna meist so, dass ihr Schambereich nicht eingesehen werden kann, mit engen, überkreuzten oder angezogenen Beinen.

Die dem Menschen regelmäßig verfügbare Sexualität hat schon früh zur Entstehung sozialer Verbände und zum gemeinschaftlichen Zusammenleben beigetragen, genau deshalb musste sie aber reguliert werden. Letztlich musste das öffentliche Zusammenleben immer wieder auch entsexualisiert werden. Die Sichtbarkeit selbst ist und bleibt eine grundsätzliche Herausforderung, will man im anderen Extrem Frauen nicht hinter vergitterten Körperzelten verstecken. Die sexuelle Körperscham ist aber schlussendlich nichts weniger als eine Form der Kultivierung des Menschen. Vielleicht lugt an dieser Stelle bereits ein erstes Mal das Nackte hinüber zum Heiligen, das im Animalischen Wurzelnde hinüber zu dem, was menschliche Würde ausmacht.

DAS SPIEL VON VERHÜLLUNG UND ENTHÜLLUNG

Die Sache mit dem Säbelzahntiger

Im dunklen, urwaldähnlichen Gebüsch der afrikanischen Savanne lauert ein Säbelzahntiger, der Reflex seiner Augen blitzt zwischen den Blättern hervor. Er riecht noch nicht, dass sich im Gegenwind hinter ihm ein früher Homo sapiens versteckt, ein wilder Krieger mit einer zwar primitiven Lanze, die aber bei richtiger Anwendung für ihn doch tödlich sein kann. Unserem Vorgänger rinnt der Schweiß über den noch leicht behaarten Rücken. Gelingt es ihm, den Säbelzahntiger zu erlegen, das weiß er, dann hat er die zumindest fleischliche Nahrung für seine Sippe eine Zeit lang gesichert. Er weiß auch, dass es sehr viel Kraft brauchen wird, den Tiger richtig zu treffen. Er weiß auch, wie gefährlich es ist, wenn er nicht nahe genug hinkommt, wenn er den richtigen Moment nicht erwischt. Und er weiß, dass es jetzt Mut braucht, mehr vielleicht, als ihn seine Kollegen aus der Sippschaft aufbringen würden. Ein bisschen Stolz regt sich schon in ihm, hilft ihm, seine ganze Muskulatur in Spannung zu bringen.

Als unser früher Homo sapiens gegen Abend zu seiner Sippschaft zurückkehrt, hätte er sich das Tier am liebsten stolz um den Hals gehängt, um so seinen Auftritt zu haben und damit alle sehen, was er geleistet hat. Doch das Tier ist so schwer, dass er es mit Müh und Not in sein Lager bringt, auch wenn die Freude darüber groß ist. Inzwischen hatten sie entdeckt, dass man nach der mühsamen Enthäutung der Tiere das Fell abschaben und trocknen konnte. Darauf freut sich unser Vorgänger schon, denn das Fell dieses Säbelzahntigers wird seine Trophäe sein und mit geschwellter Brust wird er sie sich über die Schulter hängen, um anschließend durch das Lager zu stolzieren. Schließlich hat er auch einiges dafür geleistet.

Der Mensch ist bekanntlich das einzige Wesen, das sich bekleidet. Bei der Frage nach dem Ursprung der Kleidung denkt man vordergründig schnell einmal: denen war kalt. Abgesehen davon, dass es für die afrikanische Savanne kaum zutrifft, ist sich die Forschung einig, dass die Ursprünge nicht in den klimatischen Gegebenheiten wurzeln. Man hat nicht die Kleidung erfunden, um dann in nördlichere Gefilde vorzudringen, sondern umgekehrt, mit dem Vordringen in nördlichere Gefilde wurde immer wärmere Bekleidung notwendig. So nüchtern-rational, wie wir es uns vielleicht vorstellen, tickt der Mensch vermutlich nicht. Der Mensch ist nicht nur das bekleidete Tier, sondern auch das rituelle Wesen. Der Ursprung liegt tatsächlich viel eher bei unserem frühen Homo sapiens, der sich das Fell seines Säbelzahntigers umhängt und damit durch das Lager stolziert, bis alle gesehen haben, wie stark und mutig er ist, und nicht zuletzt, bis er seinen sozialen Rang in der Sippschaft damit gefestigt hat. Kleidung war von Anfang an nie nur vordergründig funktional.

Mit Sicherheit kann man die Anfänge der Kleidung nicht mehr rekonstruieren, doch dürften es vorerst rituelle Motive gewesen sein. Da ist einmal die Absicht, sich aus unterschiedlichen Gründen zu schmücken. Unser Vorgänger wollte seinem sozialen Verband zeigen, wie stark, mutig und männlich er ist, und sendete damit gleichzeitig soziale Signale aus, alles zusammen nicht selten auch ein Erotikon für Frauen. Möglicherweise hatte er beim ersten Säbelzahntiger diesen Aspekt noch gar nicht im Kopf, aber mit der Reaktion der Frauen ergibt sich daraus in Folge ein komplementäres Reaktionsmuster. Vielleicht drapierte er deshalb später das Tier noch auffallender um seinen Körper.

Das Bedürfnis, sich zu schmücken, war immer schon ein Teil des erotischen Spiels, nicht nur bei Frauen, sondern auch bei Männern. Das männliche Zeigen, das auf die Wirkung bei Frauen zielt, enthüllt dabei nicht zwingend Körperteile. Es hat mehr mit sozialen Signalen zu tun, mit Symbolen, die auf einen bestimmten Status hindeuten. Daran hat sich im Prinzip bis heute nichts geändert, nur legen sich die Männer in den modernen Industriestaaten keine Tierfelle mehr über die Schultern. Deutlich wird in diesem Spiel, wie die erotische Wahrnehmung der Frauen um einiges komplexer ist als der relativ eindeutig fixierte männliche Blick.

Zweifellos kamen bald weitere Funktionen der Bekleidung hinzu wie der Schutz des Körpers, zuerst einmal des Genitalbereichs der jagenden Männer (z. B. Lendenschurz). Die soziale Rolle der Kleidung wurde immer wichtiger bis hin zu politischen Signalen, wenn durch einzelne Kleidungsstücke der hierarchische Rang in einer Gesellschaft zum Ausdruck kommt. Und selbstverständlich hat dann auch das Klima eine wesentliche Rolle gespielt, je mehr sich unsere Vorgängerinnen und Vorgänger aus der ostafrikanischen Savanne in kühlere Gegenden vorwagten.

Vom Feigenblatt zur Unterhose

„Sie hefteten Feigenblätter zusammen und machten sich einen Schurz", heißt es in der Erzählung vom Sündenfall, was aber doch mehr die Quelle der Scham beschreibt als den Ursprung der Kleidung. Die sexuelle Körperscham war vermutlich nicht der erste Anlass, sich zu bekleiden, dafür gab es bereits eine Reihe von Interaktionsregeln. Mit dem Feigenblatt ist dann vermutlich eine eigene Dynamik ins Spiel gekommen. Je länger Adam das Feigenblatt seiner Eva betrachtete und sei es nur heimlich oder durch die Finger, umso mehr faszinierte es ihn. Es verbarg ihre Scham – wie der Genitalbereich bezeichnenderweise auch genannt wird – und machte ihn nur umso neugieriger. Das Feigenblatt begann sein Interesse und seine Phantasie zu steigern. Die Dynamik, die sich entwickelte, ist etwa die Folgende: Es beginnt mit der Nacktheit, welche die Scham bedingt. Die Scham wieder führt zunehmend zur Bedeckung, die aber nicht wirklich verhindert, was sie zu verhindern vorgibt. Die Bedeckung als solche steigerte bestenfalls den erotischen Reiz des ganzen Spiels, wie später auch die Schamgeste der Venus ihren Reiz nur erhöht, mehr jedenfalls als das allzu offen Dargebotene. Die Unterhose übrigens kommt erst viel später, in Zeiten, in denen die Venus nur noch im Verborgenen blühen durfte.

Die Sehnsucht nach lustvollem Reiz und erhoffter Erotik lässt sich bei aller Moral nicht so einfach zudecken. Nur weil eine Dame hochgeschlossen ist, erblinden die Männer nicht, sie schauen höchstens genauer und lassen sich unter Umständen von den größten Kleinigkeiten noch erregen, wenn es sonst nichts zu sehen gibt. Gioachino Rossini machte aus dem Märchen vom Aschenputtel die reizvolle Oper „La Cenerentola", die 1817 in Mailand uraufgeführt wurde. Im Märchen ist es ein Schuh, an dem der Prinz das Aschenputtel wiedererkennt. Doch ein nackter Knöchel wäre in der zugeknöpften Zeit des frühen 19. Jahrhunderts auf der offenen Opernbühne undenkbar gewesen; zumindest hätte es bei manchen Zusehenden den weiteren Verlauf des Stücks erheblich beeinträchtigt. Aus diesem Grund ist es bei Rossini lediglich ein Armband, an dem der Prinz seine Angebetete erkennt. Aus der Taliban-Kultur in Afghanistan gab es Berichte, dass schon allein der Klang von Stöckelschuhen Männer erotisiert habe, nachdem es sonst gar nichts zu sehen gab. In der visuell strukturierten Erotik des Mannes liegt auch der Grund, warum zumindest bis ins 19. Jahrhundert eine nackte Frau durchwegs mehr Empörung auslöste als ein nackter Mann; sie galt offensichtlich als gefährlicher.

Das Schamgefühl reguliert das geschlechtliche Zusammenleben von Mann und Frau. Doch das zunehmende Verbergen bringt das Begehren nicht zum Verschwinden, ganz im Gegenteil. In einem dynamischen Prozess entwickeln sich Scham und Begehren, Verhüllen und Enthüllen und letztlich ist es der Prozess der Kultivierung menschlicher Erotik. Regeln sind in diesem Zusammenhang unerlässlich, nicht zuletzt, damit man sie auch übertreten kann. Das Verbotene reizt nur umso mehr und je enger die Regeln sind, umso häufiger werden sie übertreten und umso abstruser werden manchmal die Übertretungen. Die Kultivierung der Sexualität ist letztlich ein dynamisches Wechselspiel und damit eine ständige Herausforderung zwischen zugeknöpfter Verklemmtheit und einer Banalisierung der Sexualität. Das ständig Verborgene erotisiert nur umso mehr, wie umgekehrt die unbegrenzte visuelle Verfügbarkeit über kurz oder lang viel an Reiz verliert. Im weiteren Sinn darf man darin durchaus auch die systemische Dynamik des Heiligen und Nackten sehen.

DER HEILIGE RAUM UND DAS NACKTE

Es ist schon einige Zeit her, als sich eine römische Nonne im Vatikan lautstark über die Kleidung der Touristen empörte, die im Sommer den Petersdom besuchten. Sie erklärte sich auch sogleich bereit, zusammen mit einigen Bediensteten den Einlassdienst neu zu organisieren. Nach einer Pressemeldung soll die energisch fromme Klosterfrau noch im selben Sommer einen Herzinfarkt erlitten haben, so sehr habe sie der ärgerliche Dienst vor der Pforte hergenommen. Fraglos haben zunehmend mehr Menschen gerade im sommerlichen Tourismus das Gespür dafür verloren, was man früher angemessene Kleidung nannte und wie man sich in sakralen Räumen benimmt. Es sind weniger die asiatischen Touristen, denen unsere religiöse Kultur von Haus aus fremd ist, sondern vielmehr europäische Besucher, die der eigenen Kultur entfremdet sind und nicht einsehen wollen, warum man bei sommerlichen Temperaturen nicht gleich auch noch im Badeanzug eine Kirche besuchen kann.

Hinter dem erwünschten Respekt vor dem Sakralraum und der angemessenen Kleidung steckt auch das Thema vom Heiligen und Nackten, diesmal in Bezug auf heilige Orte. In den meisten alten Kulturen gab es das, was die Griechen „Temenos" nannten, einen abgegrenzten sakralen Bezirk, meist von einer Mauer umgeben, der vor allem der Anbetung der Götter diente. Es ist eine Art Bereich des Heiligen, der vom Profanen, vom alltäglichen Lebensraum bewusst isoliert war und in dem andere Spielregeln galten. Später wurden daraus ganze Tempelbezirke wie die Akropolis, aber auch da war klar geregelt, wer was betreten durfte, und mit Sicherheit gab es Vorschriften bezüglich der Bekleidung, die diesen heiligen Ort zusätzlich auszeichneten.

Die passende Kleidung, die der Würde und Heiligkeit des Raumes angemessen sein soll, zielt letztendlich auf eine Art Entsexualisierung des sakralen Raums. Der Bereich von Erotik und Sexualität – das macht eigentlich den Temenos aus – wird getrennt vom Bereich des Heiligen und Göttlichen. Das dürfte eine interreligiöse Konstante sein, die vorerst nichts mit Körperfeindlichkeit zu tun hat. Die Sexualität ist eine starke Kraft und bei entsprechendem Anreiz kann sie schon in der Phantasie sehr schnell überhandnehmen. Der Mensch ist am leichtesten verführ- oder ablenkbar durch den Sehsinn. Stellen Sie sich einen blauen Elefanten vor! In kürzester Zeit werden Sie vor dem inneren Auge einen blauen Elefanten sehen, auch wenn es gar keinen gibt. Der Sehsinn ist der schnellste Sinn des Menschen, der mit der kürzesten Taktfrequenz. Kein Sinn reagiert so schnell wie das Auge und damit sind wir durch nichts leichter abzulenken als durch eine bestimmte Optik. Wenn es dann auch noch erotische Reize sind, kann die sakrale Konzentration schnell durcheinandergeraten.

Der Bereich des Heiligen hat andere Spielregeln als das Alltagsleben. Er verlangt eine besondere Konzentration auf den Ort und das Geschehen, eine Achtsamkeit, die der göttlichen Bedeutung des Bereiches gerecht wird. Es ist das, was im christlichen Kontext als „Andacht“ bezeichnet wird, eine innere Sammlung und Aufmerksamkeit, eine ungeteilte Anteilnahme an Gebet oder Gottesdienst. Neben der besonderen Abgrenzung und Ausgestaltung des Raumes sind es gerade auch die Verhaltensregeln, die den Bereich als etwas Besonderes und Würdevolles ausweisen. So ist es beispielsweise in Griechenland verboten, in einer orthodoxen Kirche oder vor Gericht im Sitzen die Beine übereinanderzuschlagen. Das macht man in der Freizeit, im Café oder in der Taverne, gilt aber an diesen Orten als unstatthaft und des Raumes unwürdig. Früher gab es die sog. Sonntagskleidung, mit der man den Tag des Herrn und den Messbesuch entsprechend würdigte. Hinter den Vorgaben zur Kleidung steckt aber von Anfang an auch die optische Verführbarkeit vor allem der Männer. Deshalb dient eine „züchtige“ Kleidung gleichzeitig der Entsexualisierung des Raums, damit dem Heiligen tatsächlich die ungeteilte Aufmerksamkeit zukommt.

Exkurs: Der Mythos der Tempelprostitution

Im Zusammenhang von Heiligkeit und Sexualität kommt oft die sog. Tempelprostitution ins Spiel. Es gibt einige antike Berichte, die suggerieren, dass es vor allem im Vorderen Orient Formen von kultischem Geschlechtsverkehr gegeben habe. Priesterinnen einer Gottheit der sexuellen Liebe wie Ischtar oder Aphrodite hätten im Tempelbezirk mit den männlichen Besuchern verkehrt. Die antike Tempelprostitution mit den damit verbundenen Phantasien wurde von der Wissenschaft lange Zeit als selbstverständlich angenommen.

In jüngster Zeit werden die antiken Textstellen weitgehend komplexer gedeutet. Im Alten Testament wird dem Volk Israel die sakrale Prostitution verboten, sowohl den Männern wie den Frauen (Dtn 23,18). Doch die Tempeldirnen und Tempelhurer, wie sie Luther übersetzt hatte, müssen nicht zwingend wörtlich genommen werden. In der Sprache des Alten Testaments steht die Metapher der „Hurerei" oft generell für die Beteiligung an fremden Kulten und die Untreue gegenüber dem eigenen Gott. Sie könnte also auch eine viel breitere und eher symbolische Bedeutung haben. In der Antike war es vielfach der Brauch, fremde Völker schlecht zu machen, indem man ihnen unsittliche Bräuche vorwarf. Darum sind solche Bemerkungen noch kein Beweis für die genannten Bräuche.

Heute werden die Belege antiker Autoren (Herodot, Strabon u. a.) wesentlich vorsichtiger ausgelegt. Möglich ist durchaus, dass viel besuchte Heiligtümer, die gleichzeitig Wallfahrtsorte waren, an denen man länger verweilte, nebenbei auch Bordelle führten, um mit den körperlichen Bedürfnissen mancher Besucher noch ein Geschäft zu machen. Dann gab es verschiedentlich den Brauch, dass Mädchen noch vor ihrer Menstruation als eine Form der Initiation im Tempel priesterliche Ämter ausübten, was aber nichts mit Prostitution zu tun haben musste. Und schließlich kann man nicht ausschließen, dass es so etwas wie „Sakral-Puffs" gab, die professionelle Damen aus eigenem Antrieb als Kultort für die „Aphrodite Porne" stifteten. Das legendäre Aphrodite-Heiligtum in der Hafenstadt Korinth könnte eine derartige Anstalt gewesen sein. Prostitution gab es immer schon, doch in die Vorstellung, dass das geheiligt in einem Tempel, möglichst am Altar sich räkelnd, mit dem Wohlwollen der Götterwelt geschieht, dürfte schon sehr viel Männerphantasie hineinspielen.

Geschlechtertrennung im Kirchenraum

Die Entsexualisierung des sakralen Raums ging noch weiter: Zumindest in den großen monotheistischen Religionen gab es und gibt es teilweise bis heute eine grundsätzliche Trennung von Männern und Frauen im kultischen Raum.

In der frühchristlichen Liturgie galt diese Geschlechtertrennung vermutlich noch nicht; das Thema ist allerdings kaum untersucht. In früher Zeit gab es vereinzelt sogenannte Emporen-Basiliken mit in die Seitenschiffe eingezogenen Galerien; ein schönes, erhaltenes Beispiel ist die römische Basilika Sant'Agnese fuori le mura. Diese frühen Emporen werden auch als Matroneum bezeichnet, was auf ihre Funktion hinweist: Es war der Platz der verheirateten Römerin. Sie sind also kein Beleg für frühe Geschlechtertrennung, sondern zeugen eher von einer Trennung der verheirateten und ledigen Frauen, damit die Verheirateten mehr vor Blicken geschützt sind. Eher geht es aber darum, Standesunterschiede zu vermeiden, damit die gehobene Matrone nicht unter dem gemeinen Volk stehen musste. Im Mittelalter sind solche Emporen meist Nonnenemporen, eine Möglichkeit für die in Klausur lebenden Klosterfrauen, ungestört dem öffentlichen Gottesdienst beizuwohnen.

Kirchenbänke, wie sie heute selbstverständlich sind, gab es erst ab dem 16. Jahrhundert, als im Zuge von Reformation und Gegenreformation die Predigt als religiöse Unterweisung immer wichtiger wurde. Darum wurden der Gemeinde Sitzmöglichkeiten gegönnt, damit sie den langen Predigten besser zuhören konnte. Noch bis ins Mittelalter stand das gewöhnliche Volk während des Gottesdienstes und Sitzbänke gab es nur für privilegierte Personen. Für das gewöhnliche Volk, das die Masse der Messbesucher ausmachte, dürfte die Trennung von Männern und Frauen erst durch die Einführung der Kirchenbänke möglich geworden sein. Das Geschlecht war aber nur ein Kriterium der kirchlichen Sitzordnung, Alter und Stand spielten ebenfalls eine Rolle.

Selbstverständlich ging es bei der Trennung der Geschlechter im christlichen Gotteshaus (egal ob katholisch, protestantisch oder orthodox) darum, allzu große Nähe zwischen Männern und Frauen zu verhindern, was vom Gottesdienst oder eben der Predigt abgelenkt hätte bzw. generell als „unschicklich", wenn nicht gar als „sündig" empfunden worden wäre. In protestantischen Kirchen gab es eine Wiederentdeckung der Emporen-Kirchen, zunächst um mehr Platz zu gewinnen, aber auch für die Geschlechtertrennung. Da war es allerdings nicht selten so, dass die Männer auf die Empore gingen, wie es auch in katholischen Landkirchen manchmal bis heute der Brauch ist, dass sich die Männer separat vor der Kirche sammeln und dann im hinteren Bereich Platz nehmen oder überhaupt stehen bleiben. Wo es keine Emporen gab, legten aber differenzierte Sitzordnungen großen Wert darauf, dass gerade die ledigen jungen Männer möglichst weit entfernt von den jungen Frauen platziert wurden.

Interessant ist, dass zumindest in den katholischen Kirchen die Frauen auf der eigentlich bedeutenderen Evangelienseite saßen. In der alten Liturgie war es so, dass auf der vom Priester aus gesehen rechten Seite das Evangelium gelesen wurde, während es auf der Epistelseite der Männer nur die Lesungen gab. In der katholischen Kirche gab es die Männer- und Frauenseite bis zum II. Vatikanischen Konzil. Die Mutigeren waren auf jeden Fall die Frauen, die sich schnell einmal auf die Männerseite wagten, weshalb diese Seite bis heute meist dichter besetzt ist. Geschlechtertrennung im Kirchenraum galt auf jeden Fall nicht durchgängig und wurde nur zeitweise konsequent eingehalten.

Synagoge und Moschee

In der Synagoge, dem jüdischen Gebetshaus, sitzen – bis auf die modernen Reformgemeinden – Männer und Frauen getrennt, allerdings nicht nur in verschiedenen Bänken. Die Geschlechtertrennung wurde auch baulich durch die sogenannte Mechiza umgesetzt. Das kann alles Mögliche sein – eine Wand, eine Mauer, eine Absperrung oder ein Vorhang. Im Talmud heißt es auch, dass die Mechiza der Ablenkung und verminderten Konzentration vorbeugen soll; wobei vermutlich besonders an die Männer gedacht wurde. Sie ist jedenfalls häufig blickdicht, vor allem in der Richtung der Männer zu den Frauen. Im August 2010 wurde in Jerusalem auf Antrag einiger Frauen beschlossen, die metallene Mechiza durch einseitige Spiegel zu ersetzen, sodass die Frauen sehen können, was sich auf der Seite der Männer abspielt, aber nicht umgekehrt. In großen Synagogen ist das Problem meist durch eine eigene Frauenempore gelöst, was die Mechiza überflüssig macht.

Dieselbe strikte Trennung der Geschlechter gibt es in der muslimischen Moschee, die der Islam möglicherweise vom Judentum und den byzantinischen Christen übernommen hat. Frauen haben in der Moschee entweder einen eigenen Raum, eine Empore oder bleiben hinten im Vorraum. In einem islamischen Weblexikon[2] heißt es sehr deutlich: „Zur Begründung der Geschlechtertrennung in Gotteshäusern, so auch in Moscheen, wird oft angeführt, dass sich die Betenden vollkommen auf Gott konzentrieren sollten und dass dies Männern in der Anwesenheit von Frauen nicht gelänge. Der Anblick einer Frau löse Triebe aus, die von der eigentlichen Absicht des Gebets ablenkten." Es wird auch erwähnt, dass heutige Islamwissenschaftler die These

2 Https://www.mein-islam-dein-islam.de/thema-detailansicht/news/geschlechtertrennung-in-der-moschee.

vertreten, „dass der Islam eine Geschlechtertrennung nicht vorgesehen habe, sie jedoch aus kulturellen Gründen zur Konfliktvermeidung und aus Furcht vor der sexuellen Macht der Frauen etabliert wurde".

Das mit der „sexuellen Macht der Frauen" ist zuerst einmal eine ehrliche Aussage, wie hier bereits verdeutlicht wurde. Man kann es aber ganz pragmatisch sehen: Eine der eindrücklichsten Gebetshaltungen der Muslime ist die Niederwerfung, bei der Stirn, Nase, Handflächen, Knie und Zehenspitzen den Boden berühren. Beim gemeinschaftlichen Freitagsgebet, das übrigens nur für Männer Pflicht ist, kauern in den Moscheen oft viele Betende in dieser Haltung eng beieinander auf dem Boden – und das ist aus Männersicht tatsächlich nur mit Geschlechtertrennung denkbar.

Kultische Reinheit: Eine ausgeschlossene Sache

Viel weiter noch als die angemessene Kleidung geht das Thema der kultischen Reinheit, wie es sich im Begriff der Pollutio[3], der körperlichen Befleckung, zeigt. Schon in der Antike war klar, dass man sich der Gottheit nur mit reinen Händen nähert, womit Waschungen beim Betreten eines Tempels oder vor liturgischen Handlungen vorgeschrieben waren. Im Islam ist es heute noch der Fall und vielleicht ist das Weihwasser beim Betreten einer katholischen Kirche auch ein Rest davon. Ebenso steht die Salbung der Hände bei der Priesterweihe ursprünglich in diesem Zusammenhang, weshalb Priesterhände durchwegs als rein gelten.

Im archaischen Denken wurden die meisten Säfte, die aus dem menschlichen Körper austreten, als unrein betrachtet und damit den Menschen befleckend. Der heilige Ort unterscheidet sich vom profanen nicht zuletzt dadurch, dass man ihn nur rein betreten darf. In erster Linie waren davon die Frauen aufgrund der monatlichen Menstruation betroffen. Da dieses Blut als unrein angesehen wurde, galt die Frau in diesen Tagen als kultisch unrein und durfte erst nach einigen Tagen und oft erst nach vorgeschriebenen Waschungen wieder einen sakralen Raum betreten. Als befleckend galten weiter der nächtliche Samenerguss des Mannes, alle Arten von Ausdünstungen rund um Sterben und Tod sowie generell alle Körpersekrete.

3 Vgl. Angenendt, Pollutio.

Allein der Austausch der Körpersäfte beim Sexualverkehr machte die Betroffenen kultisch unrein. Deshalb galten sexuelle Aktivitäten in vielen Religionen als unvereinbar mit dem sakralen Raum, weshalb zuvor Waschungen oder überhaupt Zeiten der Enthaltsamkeit gefordert waren. Kultische Sexualgebote beziehen sich nicht nur auf die optische Entsexualisierung der heiligen Orte, sondern führen weiter bis zur kultischen Verunreinigung durch Sexualität, welche zur körperlichen Befleckung führt. Allerdings gab es schon in der Antike den Versuch, die Pollutio weniger körperlich als viel mehr ethisch aufzufassen. Auch das Herz müsse rein sein, nicht nur die Hand, und überhaupt könne auch die Seele unrein sein und nicht nur der Körper. Solche Gedanken findet man bei Platon oder Seneca und in den Evangelien sind es Stellen wie Mt 15,17ff, in denen Jesus die alten Reinheitsgebote völlig neu deutet: „Denn aus dem Herzen kommen böse Gedanken, Mord, Ehebruch, Unzucht, Diebstahl, falsche Zeugenaussagen und Lästerungen. Das ist es, was den Menschen unrein macht; aber mit ungewaschenen Händen essen macht den Menschen nicht unrein."

Der spätere, stark moralisierende Zugang der Kirche führte allerdings die Pollutio durch die Hintertüre wieder ein: Den Leib Christi durfte man bei der Kommunion nicht in die eigenen Hände nehmen, die unrein sein könnten. Als wirklich rein galten im Grunde nur Priesterhände und die ministrierenden, vorpubertären Knaben. Frauen wurden nach Geburten bis ins 20. Jahrhundert hinein zuerst wieder ausgesegnet. Selbstbefriedigung, bezeichnenderweise Selbstbefleckung genannt, war allemal ein Ausschließungsgrund bei der Kommunion. Als nach dem II. Vatikanischen Konzil mancherorts verheiratete Männer den Ministrantendienst übernahmen, löste das bei nicht wenigen Messbesuchern Ärger aus: „Von denen weiß man ja, dass sie …!" Auch der früher sehr seltene Kommunionempfang der Gläubigen wurzelte nicht zuletzt darin, dass sie sich wegen sexueller Befleckung für unwürdig hielten. Mehr als man es heute vielleicht noch ahnen würde, war auch beim Ausschluss von Frauen aus dem Priesteramt die unrein machende Menstruation mit im Spiel. Das sakrale Schamgefühl, das ursprünglich den Ort heiligen sollte, wurde so letztlich zu einem Instrument sexualmoralischer Repression.

Kultische Nacktheit: Nackt ins Bad der Wiedergeburt

Allerdings gab es in den alten Hochkulturen auch Formen kultischer Nacktheit aus nicht orgiastischen, sondern religiösen Ritualen, in denen Menschen nackt vor Gott traten. Das geschah vornehmlich als Ausdruck der eigenen Hilflosigkeit, wenn Menschen bittend vor ihren Gott traten oder auch aus Ehrfurcht davor.

Sogar im Christentum gab es kultische Nacktheit, bereits im 4./5. Jahrhundert und an einem Ort, an den man zuerst vielleicht nicht denkt: bei der Taufe. Vermutlich entwickelte sich diese Form der Taufe erst, als nach Konstantin die großen Basiliken mit den dazugehörigen Baptisterien entstanden, eigenen Taufkapellen neben der großen Hauptkirche. Nimmt man das erste erbaute Baptisterium neben der Basilika San Giovanni in Laterano in Rom, dann kann man sich den Ablauf des Geschehens gut vorstellen; die Taufkapelle befindet sich auf der seitlichen Rückseite der Kirche.

Die erwachsenen Taufwerber galten als Katechumenen, als Anwärter, die erst im christlichen Glauben unterwiesen werden mussten. Deshalb nahmen sie auch am sonntäglichen Wortgottesdienst teil, um die Lesungen und Evangelien zu hören. Danach mussten sie allerdings die Kirche verlassen, da der Opfergottesdienst den Getauften vorbehalten war. Die volle Form der Teilnahme mussten sie sich erst verdienen. Getauft wurde in der Liturgie der Osternacht, in der es heute noch die Tauferneuerung gibt. Nach dem Osterevangelium zog der Bischof mit den Taufwerbern aus der Kirche aus und sie gingen in einer Prozession um die Kirche herum in das Baptisterium. Dort zogen sich alle Täuflinge nackt aus. Schon während der sogenannten Exorzismus-Gebete („Widersagt ihr dem Bösen?") waren sie nackt als Ausdruck der Demut und der Buße. Danach erfolgte die eigentliche Taufe, wobei in den alten Taufkapellen die Wasserbecken tatsächlich so tief waren, dass der Bischof, der einen trockenen Platz am Rand hatte, sie dreimal ins Wasser untertauchen konnte. Zuerst waren die Frauen an der Reihe, dann die Männer und zuletzt noch die Jugendlichen, sofern sie zugelassen waren.

Nach dem Untertauchen wurde jeder einzelne Täufling abgetrocknet, gesalbt und in weiße Kleider gewandet. So zog dann die ganze Prozession wieder zurück in die Kirche, wo die Feier der Osternacht gemeinsam ihre Fortsetzung fand. Die Täuflinge trugen ihre weißen Kleider die ganze Osterwoche bis zum Sonntag darauf, der deshalb immer noch der „Weiße Sonntag" heißt. In der

Ostkirche wird heute noch nackt getauft, allerdings sind es inzwischen großteils Kinder, die in eine Wanne getaucht werden. In der westlichen Kirche nahm ab dem 6. Jahrhundert die Kindertaufe immer mehr zu und damit wurden das Ablegen der Kleider und das Untertauchen weitgehend aufgegeben.

Dieses großartige Ritual mit der damit verbundenen kultischen Nacktheit vollzieht sehr konkret die Taufe im Sinne des Apostels Paulus, wenn er vom „Bad der Wiedergeburt“ (Tit 3,5) spricht. Mit der bisherigen Kleidung ziehen die Täuflinge den alten Menschen aus, der in Adam nach dem Sündenfall symbolisiert ist. Damit werden sie auch innerlich nackt, losgelöst aus bisherigen Verstrickungen und Bindungen. Das dreimalige Untertauchen steht für das Bad, durch das sie in Christus zum neuen Menschen wiedergeboren werden.

Cyrill von Jerusalem (* 387) war in der Mitte des 4. Jahrhunderts Bischof in Jerusalem und es war ihm ein Anliegen, die Taufwerber selber im Glauben zu unterrichten; seine „Mystagogischen Katechesen an die Neugetauften“ sind uns erhalten. Sehr eindrücklich schildert er darin diese Form kultischer Nacktheit, wobei er über das Anziehen nachher kein Wort verliert. Es geht ihm nur um die Nacktheit: „Gleich nachdem ihr eingetreten wart, habt ihr euch entkleidet. Dadurch war versinnbildet, dass ihr den alten Menschen mit seinen Handlungen ausgezogen habt. Nachdem ihr die Kleider abgelegt hattet, waret ihr nackt. Auch hierin habt ihr Christus nachgeahmt, der da am Kreuze entblößt worden war und durch seine Entblößung die Herrschaften und Mächte bloßgestellt hatte, indem er am Kreuze offen über sie triumphierte. … Merkwürdig! Ihr waret nackt vor den Augen aller und schämtet euch nicht. Ihr waret in der Tat dem ersten Menschen Adam gleich, der im Paradiese nackt war und sich nicht schämte.“[4] So aufgeklärt und liberal wir heute auch sein mögen, vermutlich würde kein Bischof sich trauen, dieses alte Ritual so neu zu beleben.

Sardinien und der Ursprung des Lebens

Hunderte steinerne Türme sind über die Insel Sardinien verstreut, die sogenannten Nuraghen. Manche sind riesengroß mit Aufgängen in den Mauern, Innenhöfen und Stockwerken, Wohn- und Wehrtürme gleichermaßen. Nach

4 Cyrill von Jerusalem, https://bkv.unifr.ch/works/117/versions/135/divisions/104623.

ihnen benannt sind die Nuragher, ein Volk, das die Kultur Sardiniens in der Bronzezeit bestimmte. Bei den Nuraghern gibt es sakrale Anlagen, die sehr deutlich geschlechtlich ausgestaltet sind. Es ist nicht anzunehmen, dass sie sich in ihrem sakralen Bereich nackt bewegt hätten, aber in der Ausgestaltung griffen sie männliche und weibliche Sexualsymboliken auf.

Der Bereich von Sterben, Tod und Übergang ins Jenseits wurde männlich gedeutet. Schon in der Vorgängerkultur gab es in den Felsen gehauene Grabhöhlen mit stilisierten Stierhörnern. Die sogenannten Gigantengräber, große längliche Grabhügel, die ganzen Sippschaften oder Dörfern als Grabstätte dienten, wurden später wegen ihrer Größe für Gräber von Giganten gehalten. Dem Grabhügel vorangestellt waren konvex angeordnete Portalstelen, die einen kultischen Platz für Rituale bildeten. Betrachtet man den Grundriss dieser Gräber, ergibt sich wieder die Stier-Symbolik mit dem Grabhügel als Nacken und den Portalstelen als den Hörnern. Dreht man den Grundriss um, kann man darin durchaus auch ein Penissymbol sehen.

Wasser ist lebensnotwendig, auf einer Insel ganz besonders, zumal die hohen Berge Sardiniens aus Karstgestein bestehen, in dem das Wasser sehr schnell im Untergrund verschwindet. Vermutlich liegt hier der praktische Grund, warum die Nuragher ihre großen Quellen und Brunnen als Heiligtümer fassten. Damit war das wertvolle Wasser geschützt und konnte entsprechend verteilt werden. Über mögliche religiöse Kulte rund um das Brunnenheiligtum wissen wir wenig, da die Nuragher selber keine Schrift hatten, doch wurden zahlreiche Votivgaben gefunden. Die bauliche Gestaltung dieser Heiligtümer ist aber relativ einheitlich: Von einem für kultische Handlungen genutzten Vorraum führen manchmal bis zu 40 Stufen in einen überbauten Brunnenschacht zum Wasser. Die in diesen Anlagen versteckte weibliche Symbolik ist auf Anhieb kaum sichtbar.

Erst der Grundriss macht deutlich, dass die Anlage des Brunnenheiligtums dem weiblichen Schambereich nachgebildet ist. Mit dieser Form war vermutlich eine tiefer gehende Symbolik verbunden: das Wasser als Quelle des Lebens, der Ort, wo es hineingeht und Leben herauskommt, das den Augen vorerst Verborgene, das in die Tiefe führt. Man darf da gerne die symbolische Phantasie spielen lassen, doch derartige Grundrisse entstehen auch in der Bronzezeit nicht zufällig. Die Gestaltung der Gigantengräber und Brunnenheiligtümer im bronzezeitlichen Sardinien ist kein Beleg für Schamlosigkeiten, sondern für eine wenn auch unverkrampfte, so doch respektvolle Um-

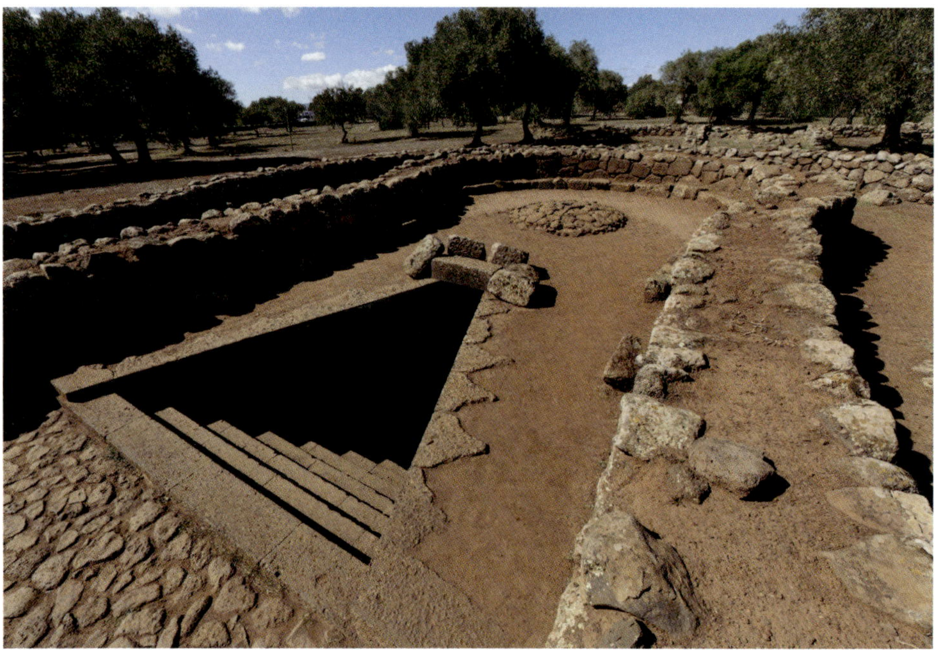

Brunnenheiligtum Santa Cristina auf Sardinien

setzung männlicher und weiblicher Geschlechtlichkeit im sakralen Kontext. Es geht nicht nur um die alltägliche Erfahrung von Sexualität, sondern um eine archaische Geschlechter-Symbolik, die Anfang und Ende des Lebens mit hineinnimmt.

Zudem bergen die sardischen Brunnenheiligtümer vielleicht die älteste Darstellung der weiblichen Vulva, wenn auch in stilisierter Form, und vermutlich auch die letzte für eine lange Zeit bis zu Gustave Courbets berüchtigtem und noch Jahrzehnte lang verstecktem Gemälde „Der Ursprung der Welt" aus dem Jahr 1866, dem horizontalen Blick zwischen die geöffneten Oberschenkel einer liegenden nackten Frau. Interessanterweise war die Darstellung des weiblichen Schambereichs für Jahrtausende völlig tabuisiert bis zu Courbets Realismus. Die Vulva blieb verborgen, das weibliche Geschlecht bestand ausschließlich aus einem glatten geschlossenen Dreieck. Nicht einmal Schamhaare gab es bis zu Francisco de Goyas Gemälde „Die nackte Maya" an der Wende zum 19. Jahrhundert.

NACKTHEIT IN DEN ALTEN KULTUREN

Im Folgenden soll gezeigt werden, welche Rolle Nacktheit in den alten Kulturen Europas und des Orients spielte. „Natürliche Nacktheit“ wird man allerdings auch hier nirgends finden, sie bleibt eine Phantasie unserer Kultur des 16. Jahrhunderts. Es ist aber interessant zu sehen, wie in alten Kulturen mit Nacktheit umgegangen wurde. Vielleicht ist es hier gar nicht mehr verwunderlich, dass dabei unwillkürlich auch das Heilige wieder auftaucht, indem es um Göttinnen oder Götter geht oder um kultische Räume. Diese beiden Bereiche scheinen von Anfang an in einer wechselseitigen Beziehung zu stehen. Schon beim ältesten Beispiel ist bis heute ungewiss, ob es mehr um das Nackte oder das Heilige geht.

Die erste nackte Lady

Abgesehen von diversen Werkzeugen ist eines der ältesten menschlichen Artefakte nichts anderes als eine nackte Lady, klein zwar, nur 11 cm, und aus Sedimentgestein geschnitzt: die Venus von Willendorf in der schönen Wachau. Sie ging schon bald nach ihrer Ausgrabung 1908 nicht als „Mariandl“, sondern mit dem Namen der römischen Liebesgöttin in die Geschichte ein. Am Tag nach der Entdeckung wurde sie vom Archäologen bereits gründlich gewaschen, wobei der größte Teil ihrer rötlichen Bemalung verloren ging. Sie hat einen großen Kopf, allerdings ohne Gesicht, da sich ein Kranz von Haaren um ihren Kopf windet, was aber auch eine Haube sein könnte. Die Hände stehen nicht ab und sind eng am Körper bis oberhalb der Brüste eingeritzt. Die großen Brüste sind sehr dominant, der Bauchnabel darunter besteht aus einer natürlichen Vertiefung. Die Geschlechtsmerkmale sind auffallend detailliert dargestellt, während die Beine nach unten immer kleiner werden und die Füße fehlen.

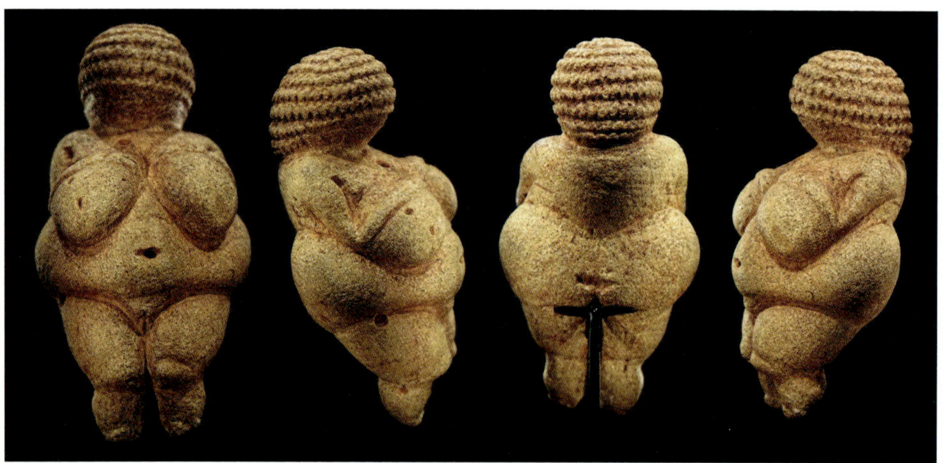

Venus von Willendorf: Muttergöttin oder Pin-up-Girl?

Gemeinhin wird diese nackte Lady für eine urzeitliche Muttergöttin gehalten, auch wenn dafür die Beweise fehlen. Drei Archäologinnen haben 1996 in einem Aufsehen erregenden Buch[5] gezeigt, dass die kleine Figur damals völlig unwissenschaftlich ausgegraben und fast nichts vom Kontext des Fundortes gesichert wurde. Damit fehlen die archäologischen Beweise für mögliche Theorien über diese Figur. Der Buchtitel „Göttinnendämmerung" war eine bewusste Anspielung auf die Matriarchatsforscherin Göttner-Abendroth, die die archäologischen Beweise für ihre Thesen bis heute schuldig geblieben ist. Aus Sicht der damals jungen Archäologinnen hätte die Wachauer Lady genauso ein Pin-up-Girl für fahrende Jäger sein können.

Sie entstand vor etwa 25.000 Jahren und gehört zu einer vor der letzten Eiszeit in ganz Europa verbreiteten altsteinzeitlichen Kultur von Jägern und Sammlern. Die Wachauer Lady ist auch nicht singulär, etwa 200 solcher Frauenfiguren wurden in ganz Europa gefunden. Das wiederum beweist auch nicht viel: Es kann ebenso das Bedürfnis nach Muttergöttinnen belegen wie jenes nach Pin-up-Girls. Eine sexuelle Wirkung kann man der kleinen Figur jedenfalls nicht absprechen. Interessant ist, dass man sie Anfang des 20. Jahrhunderts sofort als „Venus" identifizierte und erst später in diesem Jahrhundert zur Muttergöttin uminterpretierte. Die Kunsthistorikerin Evangelia Kelperi verbindet sogar den sakralen und erotischen Charakter der Figur: „Der weib-

5 Vgl. Röder/Hummel/Kunz, Göttinnendämmerung.

liche Körper mit seinem Geschlechtsorgan symbolisiert die Erotik, die wegen ihrer sozialen Bindungskraft sakralisiert wurde."[6] Sie sieht in der Figur eine Art Ikone, deren Anblick heilige, erotisierende Kraft vermittle.

Ob sie nun eine Muttergöttin war, ein Pin-up-Girl zum Einstecken oder ein erotisierendes Heiligenbild – wir müssen es offenlassen. Das Heilige und das Nackte kristallisieren sich in schillernder Weise um diese kleine Lady. Man kann sie offensichtlich eindeutig sexuell sehen, entsexualisiert als Muttergöttin oder sogar als heilige Nackte. Das Thema bleibt spannend. Als vor ein paar Jahren eine Userin ein Bild der Venus von Willendorf in Facebook hochlud, wurde es sofort als Pornografie zensuriert.

Ischtar – die göttliche Kurtisane

Eindeutiger scheint die Sachlage bei der babylonisch-assyrischen Göttin Ischtar (2./1. Jahrtausend v. Chr.), die weniger für die Liebe, sondern für den sexuellen Vollzug zuständig war, eine Art göttliche Kurtisane. Im Gilgamesch-Epos wird geschildert, wie König Gilgamesch mit der Göttin geschlafen habe, was in ritueller Form als heilige Hochzeit angesehen wurde. Aufgrund dieses Rituals trägt der jeweilige König dann den Ehrentitel „Gemahl der Göttin". Indem der König, so legen es Hymnen nahe, in den heiligen Schoß der Göttin eindringt, festigt er seine eigene Vormachtstellung. Etwas spätere Schilderungen legen es nahe, dass dieser Akt im Tempel stattfand und eine Priesterin symbolisch die Rolle der Göttin dabei übernahm.

Die „Göttin aller Göttinnen", wie es in einem alten Hymnus heißt, ist und bleibt aber eine ambivalente Figur. Ischtar erscheint einmal nackt, dann wieder bekleidet, einmal betont weiblich mit den Brüsten in ihren Händen, dann wieder fast männlich mit Waffen in der Hand und mit einem Löwen. So ist sie gleichzeitig die Göttin des sexuellen Begehrens und des Krieges. Eine Göttin der Liebe im heutigen Sinn war sie aber nicht, denn persönliche Liebe oder Leidenschaft spielte in diesem Kontext keine Rolle. Für den König war einzig das Eindringen in ihren göttlichen Schoß von Bedeutung, womit ihr der Status einer göttlichen Kurtisane am ehesten gerecht wird.

---

6 Kelperi, Die nackte Frau in der Kunst, S. 16.

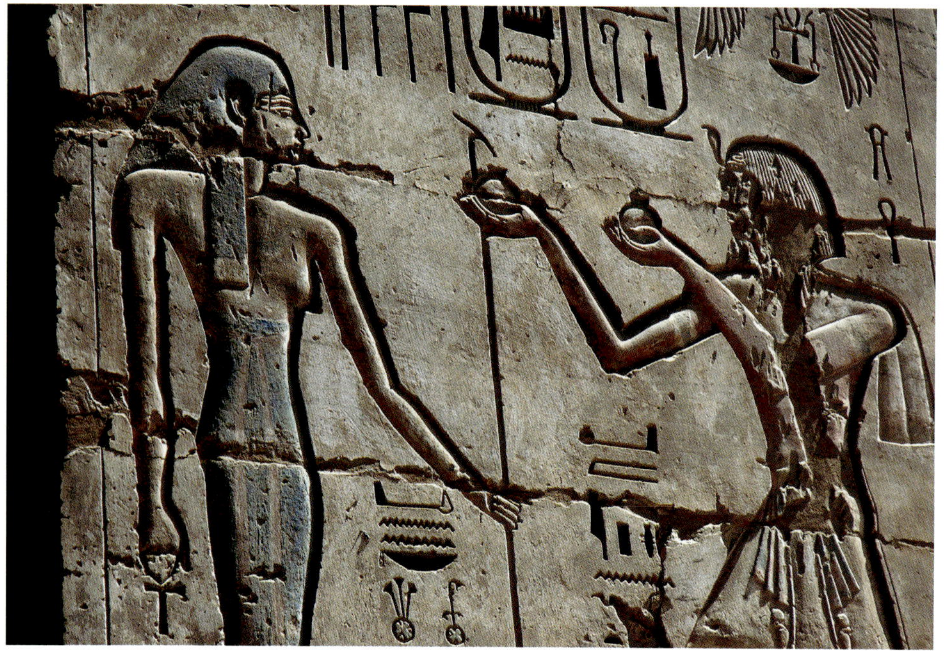

Flachrelief einer Ägypterin oben ohne aus dem Tempel Medinet Habu

Das ägyptische Oben-Ohne

Für die Ägypter[7] lässt sich das zunehmende Verschwinden der Nacktheit aufgrund vieler kultureller Zeugnisse gut verfolgen. Das Klima war warm und damit beschränkte sich die Kleidung vorerst auf das Notwendigste und das war die Schamgegend. Für die Männer kam noch der äußere Schutz hinzu. Die anfängliche Hüftschnur mit Penisfutteral wurde zunehmend durch den kurzen Schurz abgelöst, der vermutlich praktischer war, in Bewegung die Genitalien aber nicht zwingend bedeckte. Völlige Nacktheit in den höheren Ständen kommt äußerst selten vor, außer im erotischen Kontext. Für die untere Schicht blieb der Schurz die passende Bekleidung. Entblößungen sind in dieser Klasse in der frühen Zeit bei Spiel und Arbeit durchaus gängig. Die Bekleidung der Männer der oberen Schicht umfasste jedoch zunehmend den ganzen Körper. Hier ist Norbert Elias durchaus recht zu geben, dass in solchen Prozessen der

7 Vgl. zum Folgenden: Müller, Nacktheit und Entblößung.

Zivilisation, wie er es nennt, die oberen Schichten führend waren, auch um sich von den unteren abzuheben.

Die vornehme Ägypterin trägt vorerst ein enges, von zwei Trägerbändern gehaltenes schlauchartiges Kleid, das bis zu den Zehen reicht, oben aber Brüste und Arme frei lässt. Erst im Neuen Reich ab etwa Mitte des 2. Jahrtausends trägt sie wie die Männer einen weiten Mantel, der auch ihr Oberteil bedeckt. Die unteren Klassen allerdings machten diesen Wechsel in der Mode nicht mit, womit die offenen Brüste weitgehend ein Teil des ägyptischen Arbeitsalltags blieben. Von Ägypten abgesehen bedeckten in den orientalischen Kulturen die Frauen durchgehend den ganzen Körper, einzig Frauen der unteren Schicht entblößten während der Arbeit ihren Oberkörper. Für die Genitalien selbst gilt weitgehend ein ausgeprägtes Schamgefühl quer durch die orientalischen Kulturen.

Rituelle Nacktheit

Interessant ist eine Sitte, die in Ägypten im Neuen Reich aufkommt, dass Frauen zur Totenklage ihren Mantel ablegen und bewusst ihre Brust entblößen als Ausdruck der Trauer. Das sind Formen kultischer Nacktheit, die in den alten Kulturen immer wieder auftauchen: Auch bei den Babyloniern, Israeliten und Phöniziern banden die Frauen das Trauergewand unter ihren Brüsten.

Teilweise oder gänzliche Entblößung kommt bei Männern nur im Kontext der rituellen Demütigung vor. So zog man sich nackt aus als Geste der Demut vor Gott. In der kultischen Anbetung sollte diese Selbsterniedrigung des Betenden sein Anliegen verstärken und wie bei den Israeliten konnte es auch ein besonderer Ausdruck der Buße sein. König Saul entblößte sich sogar, als er im Prophetenhaus von Rama in prophetische Verzückung geriet: „Den ganzen Tag und die ganze Nacht über lag er nackt da.“ (1 Sam 19,24)

Die zweite Form der Demütigung durch Nacktheit war die Demütigung der Verlierer vor dem Sieger. In vielen orientalischen Kulturen gab es den Brauch, Gefangene zu entkleiden und nackt vorzuführen – manchmal auch die Frauen. Nicht selten wurden sogar Tote nachträglich vor aller Augen entkleidet, um sie noch mehr zu erniedrigen. Gänzliche Nacktheit ist in den orientalischen Kulturen auf keinen Fall etwas Würdevolles, nichts, das man je freiwillig gemacht hätte.

Minoer und Mykener: Kultische Ausnahmen

Die altgriechischen Kulturen darf man sich durchwegs als bekleidet vorstellen, auch wenn es in kultischen Kontexten einige Ausnahmen gibt. Die berühmte minoische Schlangengöttin mit entblößtem Busen ist nachträglich schwer zu interpretieren. Es gibt sie allerdings nur in zwei Exemplaren, da alle anderen inzwischen als nachträgliche Fälschungen gelten. Entweder ist es eine Göttin oder eine diesem Kult dienende Priesterin, wobei die Priesterinnen der minoischen Kultur ansonsten bekleidet dargestellt werden.

Bei den Ausgrabungen in Akrotiri auf der Insel Santorin (Alt-Thera) fand man Fresken von zwei großen Frauenfiguren in einem Raum, den man als Frauenhaus interpretierte. Beide Frauen tragen lange, schwarze Haare und beide haben rot geschminkte Wangen. Sie tragen ein langes, mit Bordüren verziertes, rotes Kleid mit tiefem Dekolleté, das die Brust freilässt. Eine der beiden Frauen neigt sich vornüber, sodass ihr Kleid die schwere Brust mit der rot akzentuierten Brustwarze freilässt. Die Archäologin Nanno Marinatos[8] macht deutlich, dass es sich hier nicht um eine erotische Anzüglichkeit handelt. Viel eher ist es eine Frau während ihrer Stillzeit, wie der ganze Raum in einem rein

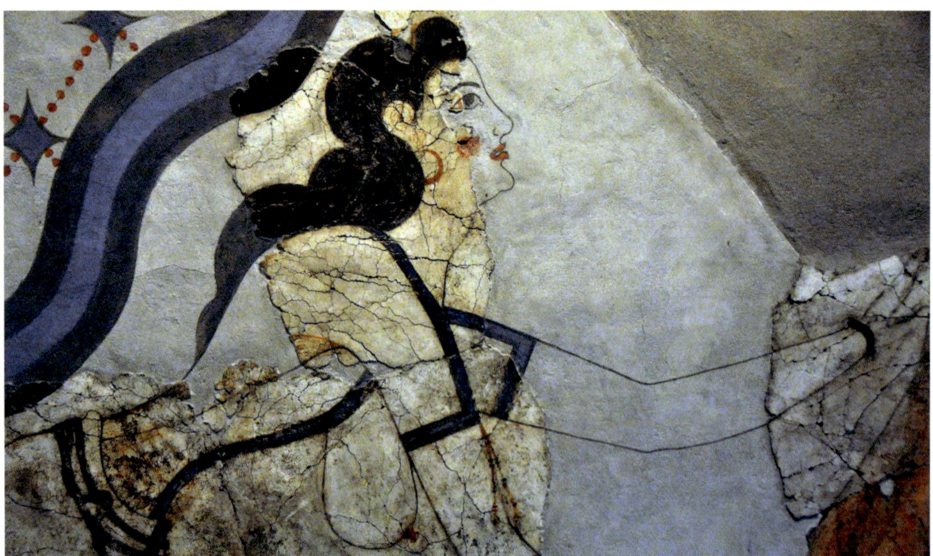

Kultische Nacktheit im „Frauenhaus“ des minoischen Akrotiri (Santorin), vor 1500 v. Chr.

8 Vgl. Marinatos, Kunst und Religion im alten Thera, S. 94ff.

weiblichen Kontext steht und vermutlich zu einem bestimmten Ritual unter Frauen gehörte. Wahrscheinlich geht es um eine Priesterin, von der nur kleine Freskenteile erhalten sind, die von den beiden Frauen für ein Opferritual eingekleidet wird. Dieses Bild ist wieder ein Beispiel, wie man in alten Zeugnissen Nacktheit nicht nur um ihrer selbst willen ansehen kann, sondern mit Bedacht den jeweiligen Zusammenhang berücksichtigen muss.

Nicht viel anders als die minoische darf man sich die mykenische Kultur vorstellen, wobei es in der frühen Zeit bei den Frauen ein geschlitztes Hemd gab, das die Brüste nicht unbedingt verbarg. In der jüngeren, griechischeren Bekleidungsform ist die weibliche Brust auf jeden Fall bedeckt. Auch die mykenische Kultur kennt keine völlige Nacktheit – der nackte Oberkörper bei Frauen kommt bei einigen Göttinnenfiguren vor, wie auch bei Gauklerinnen und Stierkämpferinnen. Während bei Männern wie Frauen der Genitalbereich offensichtlich immer schon schamhaft behandelt wurde, scheint sich die Schamhaftigkeit für die weibliche Brust erst mit der Zeit entwickelt zu haben.

Homer: Nur nicht nackt!

Auf einem selbstgebauten Floß verlässt Odysseus die Insel der Kalypso, die ihn sieben Jahre lang in ihren Bann geschlagen hatte. Nach siebzehn Tagen gelangte er in Sichtweite der Insel der Phäaken und der umherirrende Held sah sich gerettet. Da erblickte ihn der immer noch zürnende Meeresgott Poseidon und wirbelte seine Fluten ordentlich durcheinander. Das Floß wurde schwer beschädigt und kenterte, die Hoffnung schien wieder einmal dahin. Eine mitleidende Nymphe besorgte ihm einen Schleier, der ihn unsichtbar machte. Mit Hilfe des Schleiers erreichte Odysseus schwimmend unter großen Mühen das Land der Phäaken. Als er nach tiefem Schlaf wieder erwachte, war sein erster Gedanke:

> „‚Bin ich hier etwa nahe bei redenden Menschenkindern?
> Auf! Ich selber will hin, und zusehn, was es bedeute!'
> Also sprach er, und kroch aus dem Dickicht, der edle Odysseus,
> brach mit der starken Faust sich aus dem dichten Gebüsch
> einen laubichten Zweig, des Mannes Blöße zu decken."[9]

9 Homer, Odyssee. Übers. von Johann Heinrich Voss, 6. Gesang, S. 125–129.

Feigenblätter gab es zwar keine, aber ansonsten erinnert die Szene tatsächlich an den biblischen Sündenfall: Der erste Gedanke war, „des Mannes Blöße zu decken". Die Prinzessin Nausikaa war mit ihren Freundinnen gerade beim Wäschewaschen, da entdeckte sie den nackten, zerzausten Fremden mit dem Laubbüschel am Strand. Die Phäaken brachten dann Odysseus zurück in seine Heimat Ithaka.

Die Epen des Homer werden zeitlich um 720 v. Chr. angesetzt. An vielen Stellen wird deutlich, dass für die homerischen Griechen die Verhüllung der Genitalien unbedingt erforderlich war. Sogar bei der sportlichen Betätigung trug man den Schurz und Odysseus behielt die „hässlichen Lumpen", wie die alte Dienerin Eurykleia meinte, sogar an, als er zur Tötung der Freier schritt. Entblößung ist eine Schmach. Das gilt zum einen gegenüber den Frauen: Odysseus schämte sich vor Nausikaa und später auch vor den Mägden, die ihn baden wollten. Es ist eine männliche Scham, die selbstverständlich auch die Angst vor einer Erektion beinhaltet. Aber auch gegenüber dem eigenen Geschlecht zeigte sich der homerische Grieche nie unbekleidet, ganz nackt waren die Männer nur nachts beim Schlafen.

Im Kampf um Troja entblößt Hekabe vor ihrem Sohn Hektor ihre Mutterbrust und beschwört ihn, nicht gegen Achill in den Kampf zu ziehen. Damit appelliert sie an seine Pietät als Sohn und an sein Schamgefühl in der Hoffnung, dadurch ihr mütterliches Ziel zu erreichen. Doch solche Gesten sind singulär und die Bekleidungsregel gilt in dieser Zeit selbstverständlich auch für Frauen. Der Busen wird stets bedeckt und eine Entkleidung gibt es außer im erotischen Kontext nur bei gefallenen Feinden, das Schicksal, das ihren Sohn Hektor dann ereilt.

Die ideale Nacktheit der Griechen

Die spätere, unhomerische Nacktheit bricht erst im geometrischen Stil allmählich hervor. Es gibt zwar nur eine begrenzte Zahl von kleinen Figuren oder Tongefäßen, aber da häufen sich nackte Frauen und Männer, vorerst allerdings in rituellem Kontext vor allem im Kult der Toten und Götter. Eine Sonderstellung nehmen die olympischen Wettkämpfer ein. Ein Orsippos von Megara soll bei den Spielen von 720 v. Chr. als Erster nackt aufgetreten sein. Ob er den bis dahin üblichen Schurz absichtlich oder zufällig verlor, lässt sich nicht mehr klären, jedenfalls errang er sich durch Kleidung ungehemmt beim Stadionlauf den Sieg. Diese Praxis setzte sich dann schnell durch, was umgekehrt zur Folge hatte, dass die Olympischen Spiele und ähnliche Veranstaltungen den Männern vorbehalten waren; Frauen hatten keinen Zutritt. Ganz selbstverständlich war die öffentliche Nacktheit also auf keinen Fall.

In der archaischen Kultur des 6. Jahrhunderts wird die nackte Männergestalt zum Ideal der griechischen Kunst. Auf frühen Vasen sind es zuerst Arbeiter an Brennöfen und in Bergwerken, die unbekleidet erscheinen, wo die Nacktheit noch begründet ist. Warum dann auf den Vasen die Hopliten, die mit Schild und Speer bewaffneten Kämpfer, und später die meisten mythologischen Helden plötzlich unten ohne kämpfen, erschließt sich nicht so schnell. Vielleicht spielt hier noch ein Stück sakrale Bedeutung mit, wie sie in einzelnen mykenischen Vorbildern am Werk war. Vermutlich war es aber auch ein „Prahlen mit Männlichkeit und Furchtlosigkeit“[10], wie Walter A. Müller meint, wenn der Kopf mit Helmen und die Brust mit Panzern bedeckt sind, aber ausgerechnet der empfindlichste Teil des Mannes völlig nackt bleibt. Hier treten völlig neue Elemente in die antike Kultur, für die sich die Helden des Homer noch geschämt hätten.

Die Darstellung weiblicher Nacktheit bleibt allerdings vorerst sehr zurückhaltend. Darüber darf man sich wegen der zahllosen griechischen Vasen und Schalen mit pornografischen Darstellungen nicht täuschen lassen, für die manche Museen eigene Säle „Nur für Erwachsene“ einrichteten. Die griechische Frau blieb lange Zeit dem öffentlichen Leben fern, während die Damen in besagten Sexszenen durchweg Hetären sind, gebildete Prostituierte, die auch sangen, tanzten und meist auch Instrumente beherrschten. Es war im antiken Griechenland für Männer nicht verpönt, Hetären zu haben, da die eigenen Ehefrauen vor allem im Haushalt tätig waren und auch keine kulturelle Bildung besaßen. Diese Art der antiken Arbeitsteilung scheint uns heute nur schwer nachvollziehbar.

Noch schwerer nachzuvollziehen ist die griechische Kultur der Päderastie, der Knabenliebe, die zwar durchaus erotisch-sexuell gefärbt ist, aber nicht unbedingt mit Homosexualität zwischen erwachsenen Männern noch mit sexuellem Missbrauch zu tun hat. Diese Beziehungen zwischen reiferen Männern und geschlechtsreifen Jünglingen hatten einen ausgeprägt pädagogischen

10 Müller, Nacktheit und Entblößung, S. 129.

Charakter. Es ging darum, den jungen Männern gesellschaftliche Ideale nahezubringen, männliche Tugend zu vermitteln und in ihnen Sittlichkeit und Weisheit zu fördern. Warum das auch mit erotischen Beziehungen verbunden war, erschließt sich uns nicht mehr ohne weiteres.

Mit dieser Männerkultur verbunden ist allerdings der endgültige Durchbruch künstlerischer Nacktheit bei den archaischen Griechen: der Kouros. Die Kouroi sind bis hin zur Lebensgröße nackte Statuen junger Männer in leichter Schreithaltung mit breiten Schultern und schmalen Hüften und dem fast unmerklichen sog. archaischen Lächeln. Es sind freistehende Monumentalstatuen, die vermutlich unter ägyptischem Einfluss entstanden, nur waren sie dort nie nackt. Lange wurden sie als Statuen des Gottes Apollon gedeutet, zumal man in seinen Heiligtümern viele solcher Figuren fand. Doch so einfach dürfte es nicht sein, da die Kouroi auch an anderen Kultstätten gefunden wurden und es nicht plausibel ist, warum auf einmal so viele Nacktstatuen dieses Gottes auftauchen.

Die sehr stilisierten Figuren stellen eine Form idealisierter Nacktheit dar, die Verbindung von Ethik und Ästhetik, von Schönheit und Gutheit, von sinnlichem Erlebnis und intellektuellem Ausdruck. Körperliches und geistiges Ideal treffen in diesen Figuren zusammen, die so letztlich wieder zu Kultfiguren werden, Vorbilder idealen griechischen Lebens, welches zu dieser Zeit nur männlich denkbar war. Nicht zuletzt, weil dahinter auch die Kultur der griechischen Knabenliebe stand. Auffallend sind die kleinen Genitalien auch an späteren, muskulöseren Statuen. Sabine Poeschel sieht den Grund darin, dass „gerade nicht der sexuelle Aspekt des nackten Körpers in den Vordergrund rückt, sondern der ästhetische Eindruck des Ganzen".[11]

Die nackten Götter Griechenlands tauchen kulturell erst nach den Kouroi auf und wirken ebenfalls eher etwas knabenhaft, sieht man einmal vom heldenhaften Herkules ab. Es ist vorerst keine göttliche Nacktheit, sondern eine fast visionäre, eine, die mit der nackten Figur des Jünglings ein gesellschaftliches Ideal transportiert. Nicht die nackten Götter treten auf einmal auf die Erde, eher wird die idealisierte Nacktheit vergöttlicht und erhält damit einen nahezu sakralen Charakter. Gleichzeitig bildet diese knabenhafte Nacktheit ein Gegenbild zu roher, auf Muskelkraft angelegter, quasi testosteron gesteuerter Männlichkeit. Es ist eine Form kultivierter

11 Poeschel, Starke Männer, schöne Frauen, S. 16.

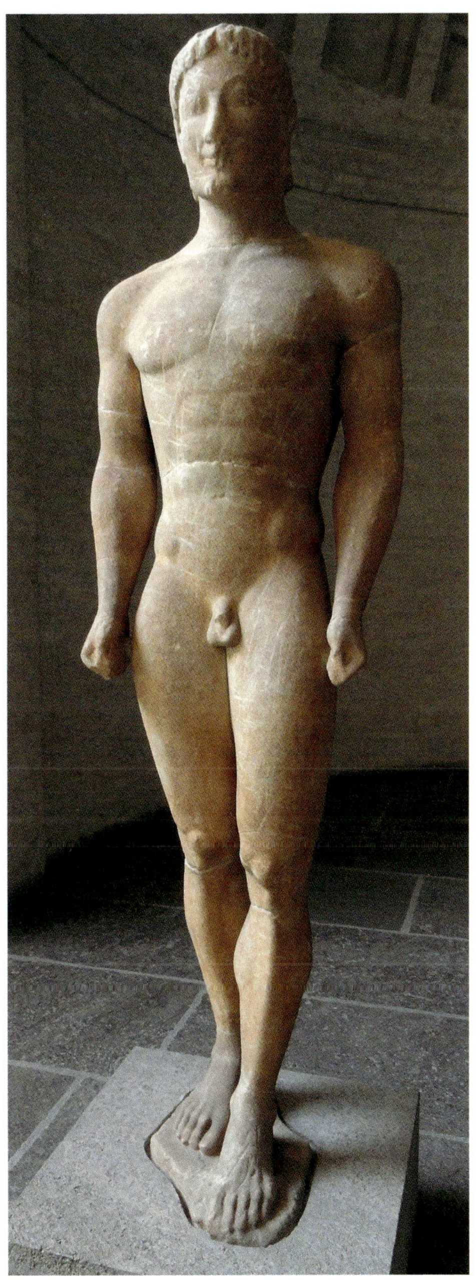

Ideale Nacktheit in der Figur eines Jünglings
Der „Münchner Kouros" in der Münchner Glyptothek, ca. 540–530 v. Chr.

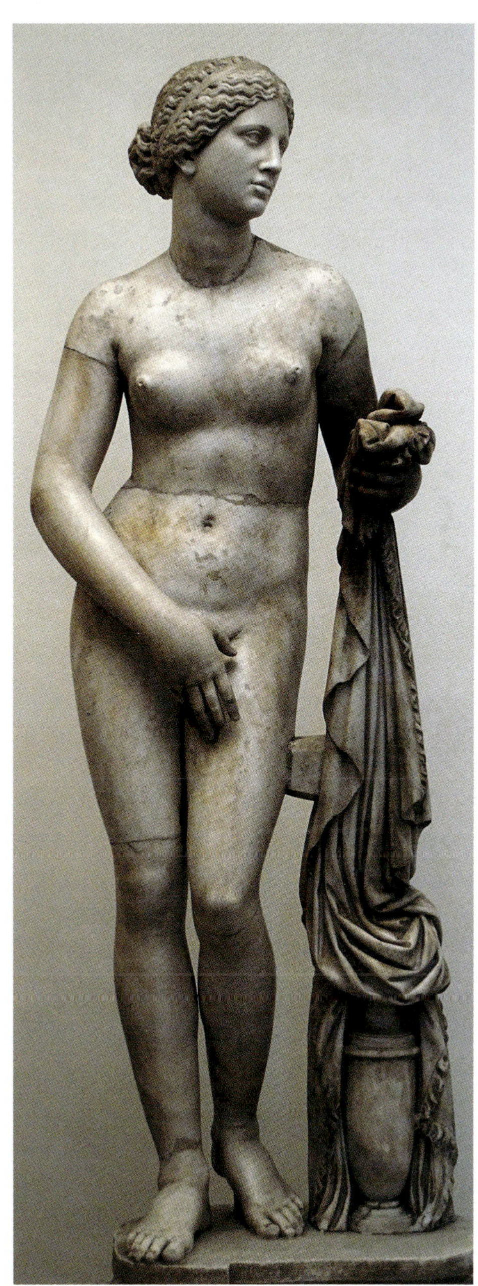

Die Sexgöttin in schamhafter Haltung
Aphrodite von Knidos, römische Kopie nach einem Original des Praxiteles, um 350 v. Chr.

Männlichkeit, die hier an das antike Tageslicht tritt, eine androgyne zweifellos, die vor allem die reiferen Männer ansprechen und den jungen ein Vorbild sein sollte.

Venus: Liebesgöttin mit negiertem Schoß

Nacktheit in der Darstellung einer ehrenhaften Bürgerin bleibt bei den Griechen undenkbar. Die Entblößung der weiblichen Scham war Ausdruck männlicher Gewalt und bedeutete den Verlust der moralischen Integrität der Frau. Weibliche Nacktheit gab es in der griechischen Kunst fast ausschließlich in den diversen Bordellszenen rund um die Hetären und in der Zeit des Hellenismus frühestens ab dem 4. Jahrhundert in Zusammenhang mit der Göttin Aphrodite.

Aphrodite, „die Göttin der Liebe, der Schönheit und der sinnlichen Begierde", wie sie in Wikipedia schön beschrieben ist, ist eine schillernde Figur im griechischen Götterhimmel. Vereinzelt wurde sie tatsächlich von jungen Frauen oder Witwen auf der Suche nach einem Mann als Eheschließerin angerufen. Als notorische Fremdgeherin war sie aber schon in erster Linie die Göttin der „sinnlichen Begierde", die Sex-Göttin schlechthin. Da darf man sich nicht täuschen lassen, wenn von der Göttin der Liebe die Rede ist, denn da ist durchwegs die körperliche Liebe gemeint. Das bürgerliche Konzept von ehelicher Partnerschaft, das versucht, Liebesgefühle und Leidenschaft, Fürsorge und Begehren in jeweils einer Person zusammenzubringen, ist kulturgeschichtlich erst viel später entstanden. Aphrodite und Venus, ihr späteres römisches Pendant, sind da schon eindeutiger gepolt. In einem Mauerfresko in Pompeji wird das Urteil des Paris dargestellt. Die drei Göttinnen Hera, Aphrodite und Pallas Athene präsentierten sich vor dem überlegenden Paris, der gerade dabei ist, den Trojanischen Krieg auszulösen. Aphrodite greift zu ihrer eigenen Waffe, entkleidet sich vor dem jungen Mann und gewinnt damit die antike Casting-Show.

War in der Zeit der griechischen Demokratie der nackte Mann gleichzeitig Ausdruck der republikanischen Freiheit, stand die nackte Frau des Hellenismus, sprich die Aphrodite, ganz eindeutig im erotischen Kontext. Sie verkörperte die sexuelle Lust, die ihre körperliche Schönheit auslöste. Den Auftakt machte die „Aphrodite von Knidos", eine lebensgroße Marmorstatue des Bildhauers Praxiteles um 350 v. Chr., die tatsächlich eine bahnbrechende Neuerung war. Gleichzeitig schuf Praxiteles damit einen Bildtyp, der fast eineinhalb Jahrtausende nachwirkte: die Venus pudica, die schamhafte Venus. Praxiteles war etwas raffinierter als der spätere Freskenmaler von Pompeji und wusste, dass allzu offensiv dargebotene Körperlichkeit sehr bald ordinär werden kann, und vermutlich haben Männer gerne das Gefühl, dass sie noch etwas erobern können. Deshalb steht sie fast selbstvergessen ohne große Posen da, die Hand hält sie, „anständig" wie sie ist, vor dem Schambereich.

Über die eher männlichen Gesäßbacken dieser Aphrodite, die offensichtlich schon in der Antike männliche Besucher erregt haben sollen, wurde viel diskutiert. Absolut stilbildend wurde allerdings der sog. negierte Schoß, der bis über die Renaissance hinaus zur ikonografischen Regel wurde: Der weibliche Schambereich wird nur flüchtig angedeutet, ist grundsätzlich ohne jede Schambehaarung und ohne einen Ansatz der Schamlippen. Dieses eher keusche Dreieck, das zwar erotisch wirkt, aber jede konkrete sexuelle Anspielung auslässt, wurde zur Norm in der Darstellung weiblicher Nacktheit. Wie schon oben erwähnt, bleibt die Vulva generell völlig im Verborgenen.

Die weibliche Nacktheit, die hier gegen Ende der griechischen Kultur auftritt und von den Römern überaus freudig aufgenommen wurde, ist im Grunde eine göttliche Nacktheit. Leidenschaftliche Sexualität und heftige Liebesgefühle waren in vielen antiken Kulturen zwei verschiedene Dinge. Noch die Römer sahen in der sexuellen Ekstase ein Geschenk der Götter, über das man sich freuen sollte, Gefühle galten dabei eher als anstößig. So konnten Statuen der nackten Aphrodite oder Venus als Teil der Verehrung, wenn nicht gar der Heiligung der Sexualität angesehen werden. Unmittelbar anregend waren sie offensichtlich auch. Allerdings unterscheiden sich diese Statuen sehr deutlich von den früheren Bordellszenen: Die Sexgöttin erscheint schamhaft und in keiner Weise obszön. Das reizvolle Spiel von Zeigen und Verbergen, von Anbieten und Zurückhalten, von Begehren und Begehrt-Werden, Erobern und Erobert-Werden tritt hier kulturell auf eine ganz neue Stufe. Die Scham selber wird zum erotischen Reiz.

Der spätantike Puritanismus von Seiten der Stoa, des Neuplatonismus und dann des Christentums bringt solche Formen öffentlicher Nacktheit allerdings für lange Zeit zum Verschwinden. Sandro Botticellis „Geburt der Venus" (1485) ist weit über tausend Jahre später der erste fast lebensgroße Frauenakt seit der Antike. Eine öffentliche Nacktheit war es aber auch damals nicht, denn das Gemälde entstand für die privaten Gemächer einer Medici-Villa.

AKTUELLER ZWISCHENSTOPP: MOHAMMED UND DIE MINISTERPRÄSIDENTIN

Während des Schreibens dieses Kapitels wird das Thema von tagespolitischen Ereignissen eingeholt. Ein französischer Geschichtelehrer wurde von einem jungen militanten Islamisten regelrecht enthauptet, ein verabscheuungswürdiges Verbrechen, über das es keine Diskussion geben kann. Auslöser war allerdings eine Mohammed-Karikatur, die der Lehrer im Unterricht verwendet hatte, und in der der Prophet nackt dargestellt wurde. Nun ist Nacktheit im Islam generell tabuisiert und zudem ist es verboten, Personen bildlich darzustellen und schon gar nicht den Propheten Mohammed. Da wird man einwenden, dass wir in einer modernen, säkularen und liberalen Gesellschaft leben, in der so etwas akzeptiert werden muss. Muss es wirklich?

Gleichzeitig ging die Empörung durch die europäischen Medien, die die junge finnische Premierministerin auslöste, weil sie sich in einem tief ausgeschnittenen Blazer mit nichts darunter fotografieren ließ. Als vor einigen Monaten die Parteichefin der österreichischen Sozialdemokraten die Parteibühne mit einem Shirt betrat, das tiefe Einblicke in ihr Dekolleté gewährte, gab es am nächsten Tag eine geschmacklich vielleicht nicht ganz treffsichere Karikatur in einer Tageszeitung. Die öffentliche Empörung über die Karikatur war riesig. Über den nackten Mohammed empörte sich bislang niemand.

Als 1986 der Tiroler Künstler Rudi Wach einen gekreuzigten nackten Christus an der Innbrücke in Innsbruck aufstellen wollte, war der Skandal so groß, dass die Figur für über zwei Jahrzehnte im Innenhof des Volkskundemuseums geparkt wurde. Dabei bestanden die Genitalien des Gekreuzigten allerhöchstens aus einer vagen Andeutung. Seit 2007 steht nun das Kreuz am ursprünglich geplanten Ort. Was wäre, wenn ein Karikaturist einen nackten Christus in gehässiger Weise publizieren würde, um ihn damit lächerlich zu machen? Die Empörung gäbe es vermutlich auch heute noch. Zumal in vielen Staaten, das betont säkulare Frankreich scheint ausgenommen, die religiösen Gefühle der Bürgerinnen und Bürger geschützt sind. Umgekehrt, wenn der französische Staatspräsident das „Recht auf Blasphemie" ausdrücklich einfordert, schließt er auf jeden Fall die staatlichen Symbole von dieser Blasphemie aus. In Frankreich ist es wie in anderen Staaten streng verboten, die Nationalflagge öffentlich zu verunglimpfen, und wer bei Großveranstaltungen während der Marseillaise pfeift, den erwartet eine hohe Strafe. Das Verhältnis von Heiligem und Nacktem ist nach wie vor spannungsgeladen, sei es in diese oder jene Richtung. Vermutlich ist es ein Thema, mit dem sich eine Gesellschaft immer wieder neu auseinandersetzen muss.

NACKTHEIT IN DER BIBEL

David hatte die Nachbarvölker erfolgreich besiegt und so auch die Ammoniter, deren König sich ihm huldvoll unterwarf. Als der alte König starb und sein Sohn die Nachfolge antrat, schickte David eine Gesandtschaft zum neuen König der Ammoniter, um das Beileid zum Tod seines Vaters auszusprechen. Der junge König und seine Fürsten aber misstrauten König David und glaubten, die Gesandten wollen nur ihr Reich ausspionieren. Da beschlossen sie, die Gesandten zu demütigen und wieder zurückzuschicken. Als Demütigung, heißt es, ließ der König „die Diener Davids festnehmen, scheren und ihnen die Kleider zur Hälfte abschneiden, bis zum Gesäß herauf". (1 Chr 19,4) Als David davon erfuhr, richtete er seinen Leuten aus, sie sollen, bevor sie nach Jerusalem zurückkommen, in Jericho bleiben, bis ihre Bärte wieder gewachsen seien und sie wieder ordentliche Kleider bekamen. Die Israeliten hatten ein stark ausgeprägtes Schamgefühl und jede Entblößung, besonders des Schambereichs, war mit Schmach oder Demütigung verbunden. Die Geschichte vom betrunkenen Noah, dem die Söhne die Scham bedeckten, wird unter den biblischen Figuren hier noch ein Thema sein.

Die Frauen der Israeliten trugen ein langes Hemd und einen Mantel, waren also zur Gänze bedeckt bis auf ihr Trauergewand, das möglicherweise im Sinne kultischer Nacktheit wie bei den Ägypterinnen unter der Brust gegürtet wurde: „Die Frauen zogen Trauerkleider an, die die Brüste freiließen." (2 Makk 3,19) Den hochmütigen Frauen von Jerusalem droht der Prophet Jesaja sogar, dass sie dann das Trauergewand statt der Festkleider tragen müssen, also entblößt würden.

Das ärmellose Untergewand der Männer reichte vorerst nur bis zu den Knien, sodass es bei bestimmten Bewegungen zur Entblößung der Scham kommen konnte. Als David die Bundeslade nach Jerusalem brachte, flippte er regelrecht aus vor Freude: „Und David tanzte mit ganzer Hingabe vor dem Herrn." (Sam 6,14) Als er anschließend heimkehrte, wurde er von seiner Gattin verspottet: „Wie würdevoll hat sich heute der König von Israel benommen, als er sich vor den Augen der Mägde seiner Untertanen bloßgestellt hat, wie sich nur einer vom Gesindel bloßstellen kann." (2 Sam 6,20) Vermutlich war sein Gewand für einen derartigen Tanz dann doch etwas zu kurz. Im sog. Altargesetz heißt es nach der Beschreibung des von Gott gewünschten Altars: „Du sollst nicht auf Stufen zu meinem Altar hinaufsteigen, damit deine Blöße dabei nicht zum Vorschein komme." (Ex 20,26) Deswegen gab es später für die Priester eigene Vorschriften, beim Gottesdienst Beinkleider unter dem Hemd zu tragen.

Grundsätzlich gilt aber im Alten Testament eine gewisse Vorsicht bei der Verwendung des Wortes „nackt", da es auch heißen kann „ohne Obergewand". Immer wieder ist die Rede davon, dass ein Mann seine Kleider zerreißt, Hiob[12] zum Beispiel oder der Hohepriester beim Verhör Jesu, doch diese standen dann nicht nackt und bloß da, sondern zerrissen nur ihr Oberkleid als Ausdruck von Trauer oder Buße. Im übertragenen Sinn bringt „nackt" auch die grundsätzliche menschliche Bedürftigkeit zum Ausdruck und wenn es als Werk der Barmherzigkeit darum geht, Nackte zu bekleiden, muss das nicht heißen, dass es um Arme geht, die völlig unbekleidet sind.

Generell scheint der biblische Gott, vergleicht man es mit der orientalischen Umwelt, sexuell äußerst desinteressiert zu sein. Im Neuen Testament wird Nacktheit überhaupt nicht mehr thematisiert. Ganz am Ende in der Offenbarung des Johannes heißt es noch, dass man wachsam sein sollte für das Ende der Zeiten: „Selig, wer wach bleibt und sein Gewand anbehält, damit er nicht nackt gehen muss und man seine Blöße nicht sieht!" (Offb 16,15) Darstellungen von Nacktheit gibt es schon gar keine, da für die biblische Zeit das alttestamentliche Bilderverbot gilt und keine Personen oder Ereignisse dargestellt werden durften.

12 In dieser Kulturgeschichte werden die vertrauten Schreibweisen der biblischen Figuren verwendet und nicht die hebräisch korrekten der Einheitsübersetzung.

DAS CHRISTENTUM UND DIE LUSTFEINDLICHKEIT

War für Jesus von Nazareth in den Evangelien Sexualität kein Thema, änderte sich das sehr schnell in der Entwicklung der frühen Christenheit bis hin zu einer manchmal schon zwanghaften Besessenheit. Die ganze Entwicklung bis in die einzelnen Verästelungen der jungen Kirche hat Peter Brown in seinem Buch „Die Keuschheit der Engel" detailliert nachgezeichnet und eine Wiedergabe würde den Rahmen hier sprengen. Es sind vor allem zwei Entwicklungen, die prägend wurden, eine philosophische und eine abenteuerliche.

Die junge Kirche trat in die geistig rege Welt des Hellenismus ein, die auch das römische Denken stark beeinflusste. Vom Platonismus herkommend durchzog diese geistige Welt ein starker Dualismus, der zwischen der Welt des Guten und des Bösen, zwischen dem Geistigen und dem Materiellen, der Seele und dem Fleisch trennte. Dieses dualistische Denken, das sich in verschiedenen Strömungen der Gnosis manifestierte, aber auch in der römischen Stoa, findet sich in Ansätzen bereits in den Briefen des Apostels Paulus. In der Bibel steht der Ausdruck „Fleisch" für die leiblich-seelische Einheit des Menschen und die Fleischwerdung Gottes wird im Prolog des Johannesevangeliums beschrieben mit: „Und das Wort ist Fleisch geworden und hat unter uns gewohnt." (Joh 1,14) Paulus unterscheidet zwischen dem gottgewollt Guten, dem Reinen, Geistigen und dem „Fleisch" als Inbegriff für alles, was der Sünde verfallen ist. Dem Judentum des Alten Testaments und des Evangeliums wäre solcherart dualistisches Denken fremd gewesen. Auf diese biblischen Quellen kann sich die spätere christliche Lustfeindlichkeit nicht berufen. Die Mentalität, die begann, den Graben zwischen dem Nackten und Heiligen zu vergrößern, kam von außen in das Christentum.

Die eher abenteuerliche Entwicklung ist verbunden mit dem ägyptischen Wüstenvater Antonius (251?–356). War das junge Christentum anfangs eine überaus aufregende Sache, zumal man das Ende der Zeiten und die Wiederkunft Christi tatsächlich in einer „kleinen Weile" erwartete, war man zunehmend gezwungen, umzudenken. So kam es im Laufe der Zeit zu einer Art Verbürgerlichung des Christentums, der Alltag mit „allem Drum und Dran" holte die Euphorie der nahenden Endzeit ein. Antonius der Große war der Sohn wohlhabender christlicher Bauern und als die Eltern des Zwanzigjährigen starben, muss er ein Unbehagen an seiner festgelegten Lebensform verspürt haben. Vereinfacht gesagt: Das Christentum konnte sich doch nicht in Gebeten und sonntäglichem Messbesuch erschöpfen. Die evangelische Radikalität in der Nachfolge Christi nahm er beim Wort, verkaufte alles, was er hatte, verschenkte es an die Armen und zog sich in die Einsamkeit zurück, wo er ein völlig reduziertes Leben in Askese führte. Irgendwie traf Antonius einen Nerv seiner Zeit, denn er musste sich immer tiefer in die ägyptische Wüste zurückziehen, um noch Ruhe vor den Verehrern und Anhängern zu haben. Letztlich löste er eine ganze Bewegung von Wüstenvätern und Wüstenmüttern aus, deren Faszination weit in das Römische Reich hineinstrahlte. Es waren in gutem Sinne religiöse Abenteurer, die das spirituelle Leben in völliger Weltabgewandtheit und radikaler Askese suchten.

Die völlige Abgeschiedenheit war nicht unbedingt für alle praktikabel, aber der Gedanke der Keuschheit verbreitete sich wie ein Lauffeuer im römischen Christentum. Frauen spielten in dieser neuen Bewegung eine große Rolle. Für viele von ihnen war die Lebensform der römischen Ehefrau nicht unbedingt das, was sie sich vom Christentum erhofften. Zunehmend beschlossen Witwen, nicht noch einmal zu heiraten, und ihre Töchter weihten ihre Jungfräulichkeit Christus als Bräutigam. Gleichzeitig gab es in diesem Klima immer mehr zölibatär lebende Kleriker, die als Männer besonders faszinierten und begehrte Gesprächspartner waren. Die hl. Paula von Rom und der Kirchenvater Hieronymus können hier als paradigmatisches Beispiel dienen. Die wohlhabende und angesehene Witwe suchte die Eremiten in Ägypten und Palästina auf und gründete zusammen mit Hieronymus in Bethlehem aus ihrem Vermögen ein Männerkloster und drei Häuser für Jungfrauen und Witwen.

Das dualistische Denken und die damit zusammenhängende Ablehnung der Fleischlichkeit bildeten zusammen mit dieser neuen Bewegung der Keuschheit den Boden für die christliche Lustfeindlichkeit, die zunehmend auch theologisch fundiert wurde.

Augustinus, die Lust und die Tränen der Mutter

Führende Kirchenlehrer wie Hieronymus oder Ambrosius wurden zu „asketischen Scharfmachern", die letztlich in der enthaltsamen Keuschheit die einzig legitime christliche Lebensform sahen. In diesem Kontext kann der Kirchenvater Augustinus, einer der bedeutendsten Denker und Schriftsteller der Spätantike, bei aller Lustfeindlichkeit fast als Retter der Ehe angesehen werden. Das Thema entzündete sich an der Deutung des Paradieses und dem Sündenfall von Adam und Eva. Während viele frühe Theologen im Westen wie im Osten das Leben im Paradies eher golden vernebelten – unvorstellbar, dass Adam und Eva Kinder gezeugt hätten –, sah Augustinus das wesentlich pragmatischer. Er konnte sich das Zusammenleben der Stammeltern im Paradies durchaus körperlich vorstellen. Für ihn war die Vorstellung kein Problem, dass Adam und Eva sich in einträchtiger Freundschaft auch körperlich näherten und dem Auftrag „Wachset und mehret euch" nachkamen. Bis auf eines: die sexuelle Lust. Auch für Augustinus war es nicht vorstellbar, dass sexuelle Lust eine Beziehung bereichert, dass sie auch Zärtlichkeit und liebende Leidenschaft enthalten könnte. Ein folgenreiches Unvermögen für die weitere christliche Tradition, zumal Augustinus die Lustfeindlichkeit theologisch tief verankerte.

Doch zuerst erlaubt uns Augustinus (354–430) einen authentischen Blick durch das Schlüsselloch, einen Blick in das eigene Familiensystem, durch den seine Dynamik der Lustfeindlichkeit deutlicher wird. Sein Buch „Bekenntnisse" (Confessiones) entstand in den Jahren von 397 bis 401 und ist eine der bedeutendsten Autobiografien der Weltliteratur. Er verfasste es bereits als Bischof von Hippo in Nordafrika, also einige Zeit nach seiner Bekehrung und Taufe, und es versteht sich von selbst, dass er sein früheres Leben zwar ehrlich, aber in stark moralisierender Wertung beschreibt.

Sein Vater Patricius war ein kleiner Landeigentümer im Gebiet des heutigen Tunesien, ein Berber, der sich erst gegen Ende seines Lebens taufen ließ. Er dürfte ein äußerst vitaler Mann gewesen sein, manchmal jähzornig, was seine Gattin demütig ertrug, und ehelich nicht immer treu. Die Mutter Monica war eine äußerst fromme Christin, ebenfalls Berberin, aber an der römischen Gläubigkeit und Lebensart orientiert; Augustinus' Muttersprache war jedenfalls Latein. Im Umgang mit ihrem Ehemann war sie vielleicht der Inbegriff der duldsamen und doch nicht unraffinierten Ehefrau. Finanziell tat man alles, um dem Sohn höhere Bildung zu ermöglichen und seine zu erwartende Karriere zu fördern. Trotz altersbedingter Phasen des Müßiggangs war das zweifellos auch das Ziel des jungen Augustinus.

Im Zuge der Pubertät „stiegen Dünste auf vom sumpfigen Fleischesgelüst und dem Strudel sich regender Mannbarkeit“[13], wie er selber aus späterer Sicht schreibt. Vorwurfsvoll wendet er sich nachträglich an Gott, wenn er formuliert: „Ich taumelte durch meine Unzucht, goss mich aus, verspritzte mich und kochte wieder; Du aber schwiegst.“[14] Er bedauert, dass man ihn nicht rechtzeitig verehelichte, um diese Gelüste in rechte Bahnen zu bringen. Doch Vater wie Mutter hatten zu diesem Zeitpunkt eher die Karriere des Sohnes vor Augen, die auch viel Geld kostete. Der Vater nahm die körperliche Mannwerdung seines Sohnes durchaus vergnügt und mit einem gewissen Stolz wahr. Augustinus regelte die Sache selber, indem er mit achtzehn Jahren mit einer Frau eine dreizehn Jahre dauernde Partnerschaft einging. Er liebte diese Frau, auch wenn sie nicht verheiratet waren und sie damit als seine Konkubine galt. Im zweiten Jahr bereits schenkte sie ihm einen Sohn, Adeodatus, während die langjährige Lebensgefährtin in den „Bekenntnissen“ selbst namenlos bleibt.

Im Hintergrund aber werkte Mutter Monica am großen Lebensziel: ihren Lieblingssohn, Augustinus, der noch einen Bruder hatte, zu einem Christen zu machen. Sie betete und betete, weinte und weinte: „Unmöglich kann ein Sohn so vieler Tränen verloren sein.“[15] Augustinus wurde als Rhetoriklehrer nach Mailand berufen, seine Mutter reiste ihm nach. Seine Lebenspartnerin kam mit ihm und er war ihr auch treu, mehr als seine Mutter von ihrem Gatten erwarten konnte. Doch in Mailand wurde deutlich, dass zur Befeuerung seiner Karriere die Ehe mit einem Mädchen aus einer angesehenen christlichen Familie von Vorteil wäre und ihm Zugang zur herrschenden Klasse ermöglichen würde. Die Mutter war sofort zur Stelle und suchte nach einer passenden Braut, die auch bald gefunden wurde. Monica hegte zudem die Hoffnung, dass er sich mit der Heirat taufen ließe. Da dem Mädchen aber zwei Jahre zum heiratsfähigen Alter fehlten, wartete man zu. Die Verlobte des über Dreißigjährigen muss demnach zehn Jahre alt gewesen sein. Die schmerzlichste Stelle der „Bekenntnisse“ betrifft seine langjährige Lebensgefährtin, die als Ehehindernis von seiner Seite musste. Die Namenlose, im Grunde die hellste Gestalt in

13 Augustinus, Bekenntnisse, 2. Buch, II,2.
14 Augustinus, Bekenntnisse, 2. Buch, II,2.
15 Augustinus, Bekenntnisse, 3. Buch, XII,21.

dieser fatalen Episode, ging zurück nach Nordafrika, gelobte, keinen anderen Mann mehr zu nehmen und hinterließ Augustinus sogar den gemeinsamen Sohn. Diese Wunde, bekennt Augustinus, heilte nicht, doch da es bis zur Verheiratung noch zwei Jahre dauerte, tröstete er sich in der Zwischenzeit mit einer anderen Gefährtin. Der Narzisst bedauert in seinen „Bekenntnissen" aber nicht das Schicksal seiner langjährigen Lebensgefährtin, sondern nur seinen eigenen Schmerz, der immer „verzweifelnder schmerzend"[16] wurde.

Als Augustinus noch vor seiner Berufung in Mailand nach Rom wollte, wo ihm die Arbeit als Dozent würdevoller erschien als in Karthago, klammerte sich seine Mutter derart an ihn, dass er sie „betrog", wie er selber gestand. Man war bereits am Meer, der Sohn log die Mutter an, um von ihr loszukommen, überredete sie, die Nacht in einer nahen Kapelle zu verbringen, während er sich heimlich mit dem Schiff nach Rom aufmachte. Anknüpfend an diese Szene wird deutlich, dass Monicas Verlangen nach ihrem Lieblingssohn zumindest eine inzestuöse Versuchung war, wenn Augustinus schreibt, dass Gott durch seine Abreise „meiner Mutter allzu irdisches Begehren mit der Zuchtrute der Schmerzen"[17] strafte. Das ist sehr höflich übersetzt, denn wörtlich ist vom „fleischlichen Verlangen" die Rede. Stöhnend habe sie das gesucht, was sie unter Stöhnen geboren hatte, und er könne gar nicht sagen, welche Zärtlichkeit sie für ihn trug.

In Mailand hörte Augustinus die sehr jenseitigen Predigten des Bischofs und späteren Kirchenvaters Ambrosius, was ein Erweckungserlebnis zur Folge hatte, aufgrund dessen er sich in der Osternacht 387 taufen ließ – Mutter Monica „jubelt und triumphiert"[18]. Die minderjährige Verlobte kommt im Text nicht mehr weiter vor, denn der neugetaufte Augustinus, so viel war ihm vorher schon klar, konnte sich ein Leben als Christ nur in völliger Keuschheit vorstellen.

Augustinus war zuerst einmal ein vitaler Mann, vielleicht hier seinem Vater ähnlich, der die sexuellen Freuden durchaus genossen hatte und dafür auch geordnete Bahnen suchte. In diesem Sinn war er weder frustriert noch verdrossen, allerdings erlebte er die körperlichen Begierden immer wieder als etwas, das sein Leben durcheinanderbrachte, nicht zuletzt durch das Drängen seiner eigenen Mutter. Aus diesem Konflikt resultiert, dass Augustinus als

16 Augustinus, Bekenntnisse, 6. Buch, XV,25.
17 Augustinus, Bekenntnisse, 5. Buch, VIII,15.
18 Augustinus, Bekenntnisse, 8. Buch, XII,30.

Theologe zwar durchaus Anerkennung für die Ehe zeigte, mit der sexuellen Lust aber nicht fertig wurde. Blickt man einmal mit der therapeutischen Brille auf dieses Familiensystem, so liegt der Schluss nahe, dass uns vielleicht viel erspart geblieben wäre, hätte Augustinus den Spagat zwischen Mutter und Vater besser geschafft.

Zurück zum Paradies: Augustinus konnte sich durchaus vorstellen, dass Adam und Eva auch körperlich verkehrten, sich um Geburt und Aufzucht der Kinder bemühten. Aber die sexuelle Lust brachte er nicht unter. Das Paradies war für ihn nur so denkbar, dass alles in willentlicher Eintracht ohne die Verwirrung stiftende Lust geschah. Bald war für ihn klar, dass die Lust eine Strafe für den Sündenfall war. Die Lösung, zu der Augustinus kam, sah etwa folgendermaßen aus: Vor dem Sündenfall gehorchten die Geschlechtsorgane dem Willen des Menschen, vor allem natürlich des Mannes. Eva musste dafür auch keine sexuelle Anziehungskraft ins Spiel bringen. Es geschah, aber es geschah in willentlicher Freundschaft und ohne die Begierde, die die Harmonie nur gefährde. Als Strafe für den Sündenfall im Paradies entzog sich die Geschlechtlichkeit dem Willen des Menschen und nun war er der Begierde und damit der Sünde ausgeliefert. Da Augustinus davon ausging, dass die Erbsünde körperlich übertragen wurde, hatte er jetzt den Punkt, wo er sie festmachen konnte: Durch die beim Zeugungsakt empfundene Lust pflanze sich auch die Erbsünde fort.

Man wird aus heutiger Sicht über derartige Vorstellungen vielleicht schmunzeln, doch sie waren folgenreich. Augustinus implementierte die Ablehnung der sexuellen Lust im Kern der katholischen Lehre. Bis zum II. Vatikanischen Konzil galt der eheliche Verkehr als „legitimer Gebrauch eines Übels". Sexualität und die damit verbundene Lust galten für sich als Übel und nur der eheliche Zweck der Kinderzeugung erlaubte den Gebrauch dieses Übels. Zu lustvoll sollte der eheliche Verkehr aber auch nicht sein, wurde in den alten Katechismen immer wieder betont.

Die Lustfeindlichkeit, die sich im frühen Christentum entwickelte, hatte zur Folge, dass das Thema der Nacktheit massiv moralisch unterlegt wurde. Nacktheit hat nicht mehr nur mit Scham oder Schande zu tun, sie wird vielmehr zum Tor zur Sünde, zumal alle sexuellen Belange grundsätzlich als schwere Sünde galten. Nicht mehr das Heilige war der Gegenspieler des Nackten, sondern zunehmend die Moral.

DAS GAR NICHT SO FINSTERE MITTELALTER

Bei aller moralisierenden Lustfeindlichkeit des Christentums war das natürlich nicht das Ende des Nackten, dafür ist die Sexualität eine viel zu starke Kraft. Deshalb soll im Folgenden anhand der christlichen Kunst des Westens das Spiel des Heiligen und Nackten durch die Jahrhunderte nachgezeichnet werden. Die systemische Dynamik, die sich dabei zeigt: Je strenger die Sexualmoral gehandhabt wird, umso mehr Nacktheit zeigt sich in den Bildern. Wo es wenig Nacktes zu sehen gibt, bedeutet das noch lange nicht eine besondere Verklemmtheit, was am besten am Mittelalter deutlich wird.

Die Klischees über das vermeintlich finstere und repressive Mittelalter gehören ordentlich durchlüftet. Nacktheit spielt in der mittelalterlichen Kunst keine große Rolle, was üblicherweise mit der christlichen Askese und der Macht der Kirche erklärt wird. Doch dieser Blick auf das Mittelalter muss vom Kopf auf die Beine gestellt werden. Bis zum 16. Jahrhundert war der Anblick von Nacktheit für Menschen nämlich der alltägliche Regelfall.

Das Schlafen war noch kein intimer privater Akt. Es war völlig normal, dass Menschen zusammen in einem Raum übernachteten: die Eltern und die Kinder, die Hausherren und die Gäste, Herrschaft und Dienerschaft. Höchstens in der Oberschicht wurden dabei die Geschlechter getrennt. Es gab auch den Brauch, in Schlafzimmern Besuch zu empfangen.[19] In den Gasthäusern war es üblich, dass Gäste zusammen in einem Bett schliefen, manchmal sogar verschiedenen Geschlechts. Nachdem das Nachthemd immer noch nicht erfunden war, schlief man nackt oder in den Kleidern; Letzteres teilweise in Gasthäusern, manchmal in den Klöstern oder in formelleren Situationen. Es gab allerdings detaillierte Anstandsregeln für das Beieinander-Schlafen.

In den Familien kann man davon ausgehen, dass normalerweise in einem Raum und nackt geschlafen wurde. Genauso wenig fand der eheliche Beischlaf

19 Vgl. dazu Elias, Über den Prozess der Zivilisation, Bd. 1, S. 222ff.

in intimer Abgeschiedenheit statt, sondern offen im gemeinsamen Schlafraum. Es bestand deshalb keine Notwendigkeit, die Kinder aufzuklären – die ersten pädagogischen Schriften dazu tauchen erst im Laufe des 16. Jahrhunderts auf. Hochzeiten waren oft tagelange Feste und die öffentliche Bettbesteigung des neuvermählten Paares war eine Selbstverständlichkeit.[20] Schließlich wollten alle sehen, ob die beiden es getan haben und die Ehe damit gültig sei.

Das Mittelalter war aber deshalb nicht schamlos. Selbstverständlich gab es Schamgrenzen und Anstandsregeln. Das Mittelalter war aber wesentlich unbefangener, was Nacktheit und körperliche Vorgänge betraf. Dass diese Zeit alles andere als leibfeindlich war, zeigt nicht zuletzt die Badekultur. Auch das Bad war kein intimer Akt im abgeschlossenen Badezimmer. Man badete öffentlich in den vielen seit den Kreuzzügen entstandenen Badehäusern. Im Schwitzbad war man völlig nackt, ansonsten gab es für Frauen eine Art Schürze, die sie um den Hals banden, und manche Männer trugen ein Badehemd. Aber auch diese Kleidungsstücke können nicht überall vorausgesetzt werden. Das Badehaus war ein Ort geselliger Zusammenkünfte mit Unterhaltungswert. Offiziell galt in den Badstuben des Mittelalters zwar Geschlechtertrennung, in der Praxis wurde aber eher gemeinsam gebadet. Den Priestern war deshalb der Besuch des Badehauses verboten, dass aber auch hier das Verbotene nur reizt, zeigen einschlägige Karikaturen. Wie eingangs schon erwähnt, gab es neben den Badehäusern oft Bordelle, weshalb aber noch lange nicht in allen Badehäusern bordellähnliche Zustände herrschten.

Die Kunst des Mittelalters zeigt nicht sehr viel Nacktheit und zwar, weil es im Alltag genug davon gab, und nicht, weil es verboten gewesen wäre. Das Mittelalter brauchte ein solches Ventil noch nicht. Künstlerische Akte, in denen die Darstellung von Nacktheit zum Selbstzweck wird, gab es im Mittelalter noch keine. Wenn in einer biblischen Szene Nacktheit vorkam, wurde sie auch dargestellt, aber immer eingebunden in die Erzählung und ohne erotische Vordergründigkeit, wie sie ab dem 16. Jahrhundert hinzukam.

Deutlich sieht man das beim Thema des „Goldenen Zeitalters“ (siehe oben). Für den Maler Lucas Cranach war es ein beliebter Vorwand, Nacktheit und freies sexuelles Spiel darzustellen. Im sog. Rosenroman des 13. Jahrhunderts, einem der einflussreichsten Werke der mittelalterlichen französischen Literatur, schaut diese Version ganz anders aus: Keine Spur von Nacktheit. Es ist

20 Vgl. Angenendt, Ehe, Liebe und Sexualität im Christentum, S. 88.

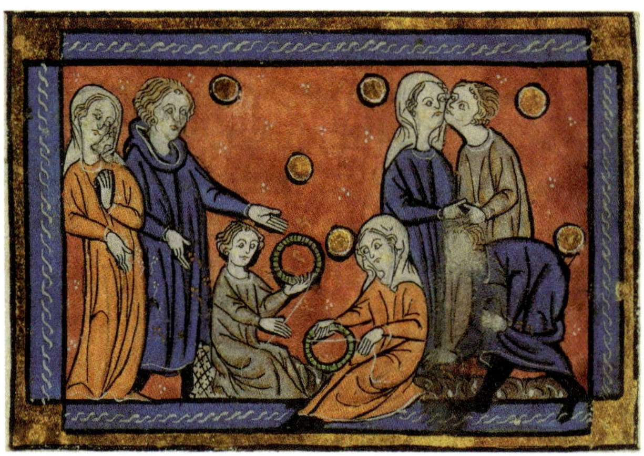

Das Goldene Zeitalter als liebevolle, aber durchaus züchtige Vision
Buchmalerei des späten 13. Jahrhunderts (Rosenroman)

ein liebevolles Zusammensein mit Händchenhalten und Küssen und vielleicht einer kleinen Nachstellung, aber es ist alles andere als ein bildliches Ventil zur Darstellung nackter Sehnsüchte. In der Unbefangenheit des Mittelalters brauchte es ein solches noch nicht.

Die stillende Gottesmutter

Ein bekanntes Bildmotiv, das nicht ohne eine gewisse Nacktheit auskommt, ist die sog. Maria lactans, die stillende Gottesmutter. Vermutlich über ägyptische Darstellungen (Isis mit Horusknaben) kam das Bild durch koptische Ikonen sehr früh in die christliche Bilderwelt, zuerst des Ostens, dann aber auch des Westens. Zwei mittelalterliche Darstellungen sollen den erotisch unbefangenen Duktus dieser Zeit illustrieren, während der Vergleich mit zwei späteren Bildern zeigt, wie sehr sich Schwerpunktsetzungen verschoben haben, die nicht nur mit dem künstlerischen Können zu tun haben.

In der alten Buchmalerei sitzt die Gottesmutter in ihrem himmlisch blauen Gewand auf dem Thron und reicht aus einem Schlitz ihres Kleides dem Jesusknaben die Brust. Einen gewissen Charme zieht die Darstellung aus dem schon etwas herangewachsenen Sohn, der sich vom Saugen bereits ablenken lässt und auf die Betrachtenden blickt.

Greccio ist jene franziskanische Einsiedelei in Mittelitalien, in der Franz von Assisi zu Weihnachten 1223 die erste Krippenfeier inszenierte. Die offene Grotte wurde im 14. Jahrhundert mit einem Fresko ausgemalt, das ebenfalls eine stillende Gottesmutter zeigt. Die Anatomie der dargebotenen Brust ist wie im ganzen Mittelalter noch etwas eigenwillig, aber es ist eine sehr liebevolle Szene zwischen Mutter und Kind. Mit groß aufgerissenen Augen schaut das Kind die es nährende Mutter an, ein Akt, über den beide zu einer innigen Einheit werden.

Ein Epochensprung führt zu Jean Fouquet, einem der bedeutendsten französischen Künstler an der Schwelle von der Spätgotik zur Frührenaissance. Seine Madonna von Melun, entstanden um 1456, ist legendär. Dass der Künstler hier gleichzeitig die beliebte Mätresse des französischen Königs porträtiert hat, dürfte aber tatsächlich Legende sein. In einer überirdisch, vielleicht sogar künstlich wirkenden Atmosphäre thront die Gottesmutter mit dem nackten Jesuskind auf ihren Knien. Ihr Kleid ist aufgeknüpft und die linke Brust frei. Das Kind hat vermutlich getrunken, auf dem Bild erscheint die Brust funktionslos nackt. Das Motiv der Maria lactans dient hier offensichtlich nur als Vorwand für eine Oben-ohne-Madonna. Die Szene wirkt wächsern kühl ohne jede Innigkeit, sogar Mutter und Kind wirken beziehungslos. Das Bild bewegt sich an einer Grenze, an der man berechtigt fragen kann, worum es dem Künstler eigentlich ging.

Aus der sinnlichen Welt des Barocks stammt das Gemälde von Peter Paul Rubens „Heilige Familie mit hl. Anna“, das um 1630 entstand. Mit der ursprünglichen Maria lactans hat es bis auf die nackte rechte Brust der Gottesmutter nicht mehr viel zu tun. Es ist eine sehr häuslich-intime Familienszene. In der Mitte sitzt Maria, die offensichtlich den blond gescheitelten Jesusknaben eben noch gestillt hat, der jetzt aber nackt auf ihren Beinen steht in innigem Blickaustausch mit der Mutter. Im Halbdunkel dahinter sieht man die Großmutter Anna, rechts im Dunkel den Nährvater Josef. Rubens ging es darum, die Szenen des Glaubens möglichst körperlich-sinnlich zu vergegenwärtigen. Man wird es zwar nicht als erotische Vordergründigkeit sehen, aber ein bisschen entsteht schon der Eindruck, Maria hätte vergessen, ihre Brust wieder ins Kleid zu geben. Ein Stück nackter Blickfang und Aufhänger bleibt diese Brust in einer Zeit, in der keine Mutter sich mehr so gezeigt hätte.

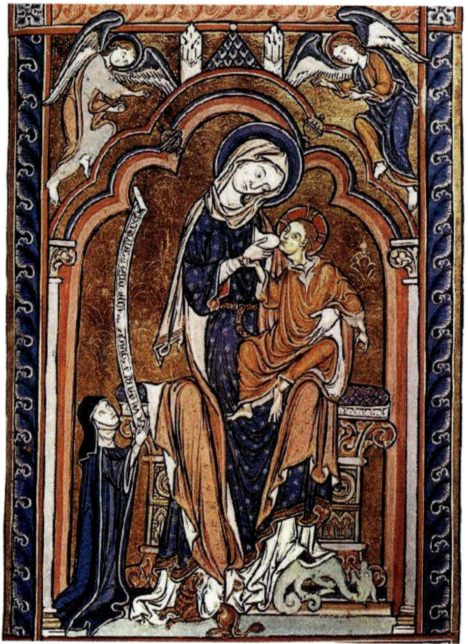

Maria lactans, Amesbury Psalter
Buchmalerei, 13. Jahrhundert

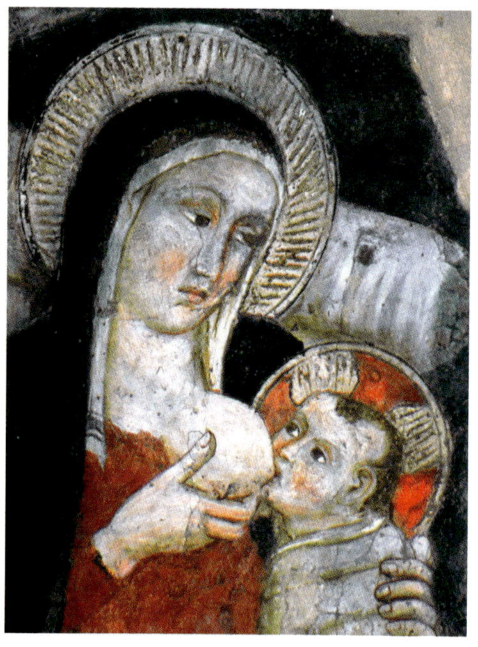

Greccio, Franziskanische Einsiedelei
Fresko, 14. Jahrhundert

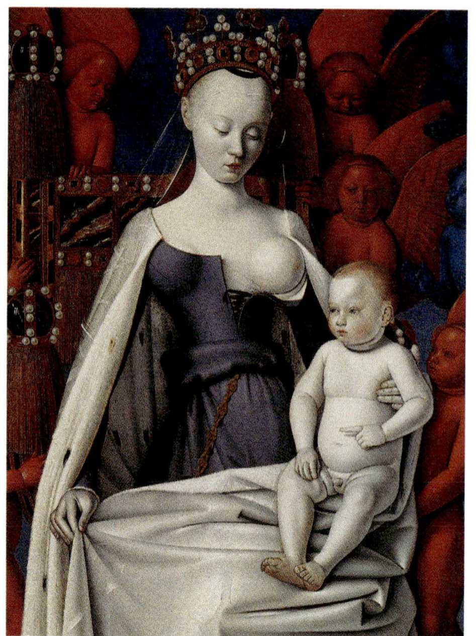

Jean Fouquet: Madonna von Melun
um 1456

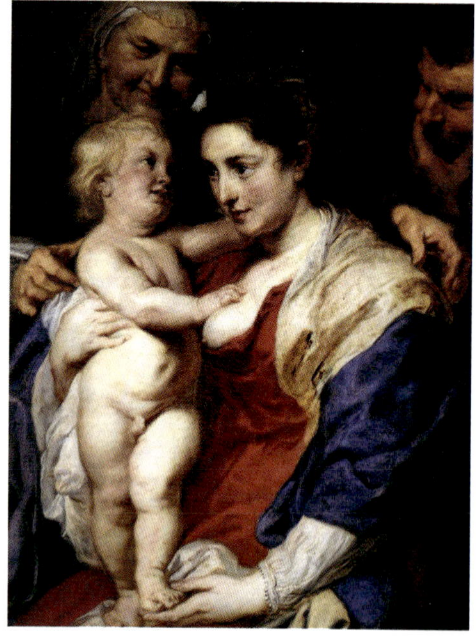

Peter Paul Rubens: Hl. Familie mit hl. Anna
um 1630

Exkurs: Die vermeintliche Macht der Kirche

Die Lustfeindlichkeit der Kirche, wie sie sich in der Spätantike manifestierte, zieht sich selbstverständlich auch durch das Mittelalter. Die Überzeugung des Augustinus, dass die sexuelle Lust eine Strafe Gottes für den Sündenfall sei und durch sie beim ehelichen Geschlechtsverkehr die Erbsünde weitergegeben werde, findet sich auch in der mittelalterlichen Theologie. Ein Thomas von Aquin war ebenso überzeugt, dass gegen die Natur und damit sündhaft handelt, wer den Verkehr nicht zur Kinderzeugung betreibt, sondern nur aus Vergnügen. Doch was hatte das alles zur Folge?

Vermutlich muss man da einfach realistisch bleiben: Der Pfarrer predigte und die Leute taten nicht immer das, was er predigte, und wahrscheinlich mit gar nicht so viel schlechtem Gewissen, als wir heute vermuten würden. Zudem gab es für den Pfarrer neben den Geboten meist auch den seelsorgerlichen Blick. Natürlich gab es päpstliche Bullen, Konzilsentscheidungen oder bischöfliche Empfehlungen, aber bis diese wirklich die Menschen erreichten, verging viel Zeit und manches wird auch gar nie angekommen sein. Die Zölibatspflicht für Priester wurde zwar im 12. Jahrhundert beschlossen, bis jedoch auch der letzte Landpfarrer ehelos lebte, dauerte es bis weit über das Konzil von Trient im 16. Jahrhundert hinaus. Diesbezüglich muss man, wenn es um das Mittelalter geht, schon am Boden bleiben. Auch die politisch Verantwortlichen, vermutlich allesamt getaufte Christen, dachten durchaus pragmatisch. Nachdem nur heiraten durfte, wer einen gewissen Stand und entsprechendes Vermögen hatte, errichteten viele Städte des Mittelalters offizielle Bordelle für die vielen jungen Männer, die gar nicht heiraten konnten, und selbstverständlich auch zum Schutz der Frauen.

Die Macht der Kirche war auch damals eine Macht ohne Exekutive. Es gab sexualmoralische Appelle, aber die kirchlichen Strafen beschränkten sich auf Bußübungen. Nur der Staat hatte die Möglichkeit, Menschen einzusperren oder hinzurichten. Die Kirche hatte da eine wesentlich menschenfreundlichere Lösung anzubieten: Die Delinquenten konnten bereuen, beichten und Buße tun und dann war zumindest aus kirchlicher Sicht die Welt wieder in Ordnung. Schwieriger wurde es ab dem 16. Jahrhundert, das Norbert Elias als „Übergang von der mittelalterlich-katholischen zur protestantischen Über-

Ich-Bildung“[21] beschreibt, wo es zu einer starken Verinnerlichung der moralischen Ängste kommt.

Das Nackte neben dem Heiligen

Das Mittelalter war außerdem äußerst heterogen. Das Heilige und das Profane waren keineswegs so scharf getrennt, wie man vermuten würde. Die beiden Bereiche kamen sich oft äußerst nahe, haben sich aber trotzdem nicht vermengt. Die religiöse Kunst ist frei von aufreizenden Zweideutigkeiten oder erotischer Vordergründigkeit, aber in den Marginalien, den Randbereichen, gab es vermutlich mehr, als wir uns vorstellen können.[22] Als ordinär und obszön würden heute viele Menschen empfinden, was sich an ‚unanständigen‘ Szenen mitten in Stundenbüchern und Psaltern findet. Es sind Marginalien, kleine Zeichnungen oder Kritzeleien am Rande der frommen Texte. Schon in die Bordüren des berühmten Teppichs von Bayeux um 1070 ist eine Reihe kleiner Sexszenen eingewirkt. In den Randillustrationen illustrierter Handschriften gibt es neben kleinen Alltagsszenen und Tiergrotesken viele unverblümte Sexszenen im direkten Nebeneinander mit religiösen Bildern und Texten; bis hin zum Edelmann, der seiner Angebeteten Fäkalien anbietet, warum auch immer. Es gibt unzählige, sich ineinander verschlingende Körper in der romanischen Kunst, völlig profane Szenen des Arbeitsalltags in sakralen Fresken der Romanik, nackte Körper in Kreuzgängen, auf Kapitellen oder Türstürzen, monströs skurrile Darstellungen an gotischen Kathedralen. Auf Kanzeln, Konsolen oder Miserikordien von Chorgestühlen finden sich nicht nur Penisse, Vulven und Hinterteile, sondern auch Paare in allen Stellungen.

Das Mittelalter war wesentlich unbefangener in der Darstellung solcher Dinge, denkt man beispielsweise an das Rathaus der toskanischen Stadt San Gimignano, wo sich in den Gemächern des Bürgermeisters Fresken befinden, in denen ein Paar gemeinsam nackt im Badezuber sitzt bzw. die Frau dann nackt im Bett auf ihren Mann wartet. Von den verschiedenen Bereichen des Lebens wurde nichts von vorneherein ausgeklammert und man hatte auch kein Problem, das Alltägliche mit dem Heiligen zu verbinden. Die „Zivilisa-

21 Elias, Über den Prozess der Zivilisation, Bd. 2, S. 409.

22 Zum Folgenden vgl. Bonnet, Die Badende, S. 80ff und die Darstellungen in Camille, Image on the Edge.

tion der Sitten", wie es Elias nennt, wurde später zu einem Kampf gegen die mittelalterliche Spontaneität und führte in den letzten Jahrzehnten des 15. Jahrhunderts zu einem neuen Rigorismus, der im 16. Jahrhundert voll durchschlug: „Von der Absicht, die Religion von jeglicher Obszönität zu reinigen, führte der Weg letztlich in die Flammen der Scheiterhaufen von Reformation und Gegenreformation."[23]

23 Bologne, Nacktheit und Prüderie, S. 231.

DIE RENAISSANCE: DAS FOLGENREICHE 16. JAHRHUNDERT

Die Klischees der Renaissance als dem lichtvollen, geistbestimmten Aufbruch der Neuzeit und der damit verbundenen Überwindung des finsteren Mittelalters gehören ebenfalls durchlüftet. Der Rückgriff auf die Antike, heißt es immer wieder, habe den menschlichen Körper vom kirchlichen Moralismus befreit, sodass nach Jahrhunderten der Unterdrückung der nackte Körper in der Kunst endlich wieder möglich war. Vermutlich war es eher umgekehrt: „Nicht die Hinwendung zur Antike wird zum Auslöser für die Erschaffung des nackten Leibes in der Kunst, sondern die fundamentale Verschiebung in der Seh- und Gestaltungsweise des nackten Lebens ermöglicht es erst, dass antike Momente in die Gestaltung des nackten Leibes eingeführt werden können.“[24] Weniger die Befreiung durch die Antike führte zur Nacktheit in der Kunst, sondern mit der zunehmenden Verdrängung der Nacktheit im Alltag suchte sie sich einen freien Raum in der Kunst.

Am ehesten gilt das traditionelle Bild noch für den Aufbruch der Renaissance in Florenz im 15. Jahrhundert. Es war die Zeit der frühen Medici, als ein eher liberales, sehr kunstzentriertes Klima herrschte. Ab der Mitte dieses Jahrhunderts tauchen in Florenz die ersten nackten Gestalten auf und die Berufung auf die Antike, die Schönheit und die Natur ermöglichten kunsthistorisch den endgültigen Ausbruch aus der „maniera bizantina“, der über Jahrhunderte vorherrschenden byzantinischen Kunst. Den nackten Beginn machte Donatellos Bronze-David um 1445, der hier später noch eingehend behandelt wird. Bis zur weiblichen Nacktheit dauerte es allerdings noch weitere vierzig Jahre. Diesen Auftakt machte Sandro Botticelli freilich nicht mit einer Heiligen, sondern mit der „Geburt der Venus“ (um 1485) und einem Rückgriff auf die antike Mythologie. Seine Venus räkelt sich allerdings noch

24 Grewenig, Der Akt in der deutschen Renaissance, S. 29.

nicht lasziv auf ihrem Sofa, sondern steht nahezu jungfräulich in verhaltener Keuschheit und mit nach antikem Vorbild abgedeckter Scham als „Meerschaumgeborene“ in ihrer Muschel. Weibliche Heilige in zumindest teilweiser Nacktheit darzustellen, war bis gegen Ende des 15. Jahrhunderts noch kein Thema. Noch Michelangelos David (zw. 1501 und 1504) verstörte bei seiner öffentlichen Aufstellung die Bevölkerung von Florenz. Donatello und Botticelli dagegen schufen ihre Werke für die privaten Räume der Medici, für eine „verborgene Öffentlichkeit“.

Rom selbst wurde gegen Ende des 15. Jahrhunderts unter den Renaissancepäpsten zunehmend zur Stadt der Kurtisanen und auf allen möglichen Wegen sammelte man Geld für den ehrgeizigen Neubau von Sankt Peter, was bald darauf vom Reformator Martin Luther entsprechend angeprangert wurde. In dieser Zeit erhob sich in Florenz eine Stimme, die nicht nur den Zeitgeist kritisierte, sondern auch den Rigorismus des kommenden Jahrhunderts ankündigte: Girolamo Savonarola. Der dominikanische Bußprediger unterzog die Kirche einer fundamentalen Kritik, unterstützte aber auch die Republik Florenz, als gegen Ende des 15. Jahrhunderts die zunehmend tyrannischen Medici vorübergehend aus der Stadt vertrieben wurden. Er selbst sah sich in einer apokalyptischen Endzeit, die bald untergehen und einem neuen Zeitalter der Reinheit Platz machen werde. Im Februar 1497 ließ er Scharen von Kindern und Jugendlichen durch Florenz ziehen und alles einsammeln, was Ausdruck der Verkommenheit der Zeit war. Diese „Eitelkeiten“, darunter auch etliche Bilder, die inzwischen als pornografisch empfunden wurden, verbrannte man auf großen Scheiterhaufen auf dem Rathausplatz der Stadt Florenz. Botticelli selbst warf einige seiner Gemälde ins Feuer und malte von da ab nur noch fromme Sujets.

Auf demselben Platz, auf dem er das „Fegefeuer der Eitelkeiten“ hatte veranstalten lassen, wurde Savonarola ein Jahr später auf Betreiben des berüchtigten Borgia-Papstes Alexander VI. von einer aufgebrachten Menschenmenge aufgehängt und dann verbrannt. Einige Frauen sollen sogar versucht haben, Knochen als Reliquien zu ergattern, worauf die Piazza gesperrt und Savonarolas Asche in den Fluss Arno gestreut wurde. Martin Luther bezeichnete ihn fünfundzwanzig Jahre später als „heiligen Mann“ und im evangelischen Namenkalender wird seiner immer noch als Märtyrer der Kirche gedacht. Zwischenzeitlich bekam allerdings der sich ankündigende neue Rigorismus Auftrieb durch ein ganz profanes Bakterium.

Am Anfang war die Syphilis

Während Savonarola in Florenz für die guten Sitten kämpfte, entdeckte Columbus mit seinen Schiffen Amerika, auch wenn es vorerst nur vorgelagerte Inseln in der Karibik waren. Das Jahr 1492 gilt seither für viele als der Beginn der Neuzeit, einer neuen Zeitrechnung am Ende des Mittelalters. Columbus und seine Mannen brachten aber nicht nur Gold, Tomaten und Kartoffeln mit, sondern auch das Bakterium Treponema pallidum, den Syphilis-Erreger. Vermutlich gab es in Europa seit der Antike bereits eine weniger gefährliche Form der Syphilis. Durch südamerikanische Expeditionen kam aber ein neuer Stamm nach Europa, gegen den die Bevölkerung keine Abwehr hatte und der sich deshalb schnell über den europäischen Kontinent verbreitete.

Ironie der Geschichte: Der von Savonarola gegen die italienischen Stadtstaaten unterstützte französische König Karl VIII. nahm 1495 Neapel ein und während der mehrmonatigen Besetzung kam es in seiner Truppe zum ersten großen Syphilis-Ausbruch, der sich nach dem Rückzug ein halbes Jahr später über Mittel- und Norditalien verbreitete und danach in allen Ländern, aus denen seine zusammengewürfelten Söldner herstammten. Nicht zuletzt deshalb nannte man die Syphilis ursprünglich die Franzosenkrankheit.

Dass diese für lange Zeit unheilbare Krankheit sexuell übertragen wurde, war schon sehr früh klar, ein erster medizinischer Traktat vermutete diesen Übertragungsweg schon im Jahre 1495. Die neue Keuschheit des 16. Jahrhunderts wurde von der Syphilis verstärkt: Es dauerte nicht lange und die öffentlichen Badehäuser des Mittelalters wurden geschlossen. Die öffentliche Nacktheit als selbstverständlicher Bestandteil des alltäglichen Zusammenlebens verschwand zunehmend. Die Wasserscheu etablierte sich.

Am Hof von Versailles unter dem Sonnenkönig Ludwig XIV. muss es unsäglich gestunken haben. Angeblich gab es im ganzen Schloss nur drei Toiletten, darunter die des Königs, auf der er morgens nicht selten Besuch empfing. Die vornehmsten Herren verrichteten ihre Notdurft auf Treppen und in Kamine, weswegen viele Räume des Schlosses mehrmals im Jahr renoviert werden mussten. Feste Bäder und fließendes Wasser fehlten immer noch, die verschiedenen Körpergerüche überdeckte man ständig neu mit Parfüm und Puder. Unter den weiten und schweren Perücken krabbelte es wahrscheinlich recht lebendig. Nacktheit wäre vermutlich schon der Nase wegen nicht unbedingt begehrenswert gewesen. Möglicherweise wäre der Verkehr mit einem Herrn oder einer Dame des vermeintlich finsteren Mittelalters wesentlich appetitlicher gewesen als der mit einer adeligen Herrschaft am Hof des Sonnenkönigs. Was diese Zustände für die Sexualität bedeutet haben, ist kaum erforscht. Vermutlich war es eher eine Mischung aus Keuschheit und rüdem Körperkontakt. Die hohe erotische Kultur spielte sich vielmehr sehnsuchtsvoll in den unzähligen Gemälden dieser Zeit ab.

Mit dem Beginn des 16. Jahrhunderts verschwand die Nacktheit zunehmend aus dem Alltag der Menschen. Aus dem Selbstverständlichen wurde immer mehr etwas Besonderes, wenn auch Verbotenes, und der daraus entstehende Reiz blühte umso mehr in der Kunst. Die Kunst wurde immer nackter, während im Alltag die Nacktheit endete: „Was nämlich die Pest und die Syphilis nicht fertiggebracht hatten, gelang der Reformation und im Zuge danach auch der Gegenreformation: die Schließung der Badebordelle und nach und nach auch die der meisten übrigen Badstuben.“[25]

In Bezug auf die Nacktheit eröffnete sich damit allerdings ein neues Kapitel. Mit der moralischen Rigorosität verlor die Nacktheit zunehmend ihre Unschuld. Die diesbezügliche Selbstverständlichkeit des Mittelalters war mit dem Beginn der Neuzeit dahin. Moralisten bewirken bekanntlich aber nicht selten das Gegenteil dessen, was sie wollen. Die Nacktheit wurde damit selbstverständlich nicht uninteressant, sie wurde vielmehr enorm erotisiert. Während für einen mittelalterlichen Mann ein nackter Busen vermutlich nichts Ungewöhnliches war, erregte jetzt zunehmend fast alles, was noch zu sehen war. Die Neugier potenzierte sich, das Verbotene reizte umso mehr und die Nacktheit wurde erst zum großen erotischen Thema.

Eine Reformation mit Folgen

Martin Luther beseitigte im Zuge der Reformation das zölibatäre Leitbild der katholischen Lehre und ließ seine Priester heiraten. Damit löste er auch die im spätantiken Christentum entstandene Koppelung von Heiligkeit und sexueller Entsagung. Die christliche Lustfeindlichkeit war damit zumindest vordergründig aufgehoben, doch es geschah nicht viel Unordentliches, denn die Moral folgte bei Fuß. Die Reformation disziplinierte ebenso die Sexualität und

25 Duerr, Nacktheit und Scham, S. 58.

erhob die moralische Bedeutung der Ehe zum Vorbild christlicher Lebensführung für alle. Da war dann auch die katholische Gegenreformation sehr schnell zur Stelle und es entstand ein „interkonfessioneller Puritanismus“[26], wie es ihn zuvor vermutlich nie gab.

Noch folgenreicher war für unser Thema Luthers Ansicht, dass die Ehe „ein weltlich Ding“ sei, was letztlich zur Verstaatlichung der Sexualmoral führte. Luther übergab damit die Ehe der staatlichen Rechtsprechung, womit er sie nicht nur entsakramentalisierte, sondern die Ehe- und Sexualmoral zu einer staatlichen Angelegenheit machte. Was in Ansätzen schon im Spätmittelalter begann, führte zu einer „obrigkeitlichen Sexualdisziplinierung“[27]. Beichten allein nützte jetzt nichts mehr, jetzt galt die staatliche Strafverfolgung.

Die öffentlichen Badeanstalten wurden endgültig geschlossen, die Prostitution verboten bzw. eher scheinheilig in wenig sichtbare Bereiche ausgegrenzt. Es wurde massiv Einfluss genommen auf die Kleidung und das Wohnen. Das Nacktschlafen wurde gerügt und dann verboten und schon gar nicht sollten verschiedene Geschlechter in einem Raum schlafen. Zumindest in den vermögenden Ständen kam es zu einer Umstrukturierung der familiären Haushalte, indem zunehmend alle Familienmitglieder ein eigenes Schlafzimmer bekamen. Die Kleidung wurde hochgeschlossen, die Röcke verlängert und auf den männlichen „Protzsack“ musste verzichtet werden, was dann allerdings zur Einführung der „Schamkapsel“ führte. Erst in diesem Zusammenhang kam das Nachthemd ins Spiel. Angeblich wurde das erste Nachthemd in Italien um 1500 erwähnt, aber im Laufe des Jahrhunderts übernimmt es die ganze europäische Oberschicht bis hin dann zum Nachthemd mit dem eingenähten Schlitz zum Zwecke der Kinderzeugung; von sehr viel Erotik kann hier vermutlich nicht mehr gesprochen werden. Die Unterhose allerdings, die besonders für die Damen propagiert wurde, setzte sich erst im 19. Jahrhundert endgültig durch; vermutlich empfand man sie einfach als unpraktisch. Als weitere Maßnahme drängte man auf die frühe Verehelichung der jungen Leute, um Schlimmes zu verhindern.

26 Reinhard, Lebensformen Europas, S. 74.
27 Angenendt, Ehe, Liebe und Sexualität im Christentum, S. 163.

Der Puritanismus und die nackte Kunst

Vordergründig würde man meinen, dass in einer derart puritanischen Zeit auch die Nacktheit aus der Kunst verschwindet. Doch, wie schon erwähnt, das Gegenteil war der Fall. Die Sexualität ist und bleibt eine starke Kraft, die sich weder durch Moral noch durch Strafrecht zum Verschwinden bringen lässt. Je mehr die Nacktheit aus dem Alltag verschwindet, umso stärker wird die Neugier nach ihr, umso mehr blüht sie erst recht auf in der Phantasie. Kunstgeschichtlich führte diese Dynamik zu einer neuen Blüte der Kunst, moralisch zu einer gewissen Scheinheiligkeit.

Es kam erstmals zu einer Trennung von weltlicher und sakraler Kunst, denn das Heilige wollte man vorerst unbehelligt lassen. Im Namen der Schönheit war in mythologischen Stoffen fast alles möglich, was im religiösen Kontext verpönt war. Es war die Stunde der antiken Göttinnen, wobei sich, von Michelangelo einmal abgesehen, der männliche Blick auf die weibliche Nacktheit endgültig manifestierte. In diesem Zusammenhang entstand die eigentliche Aktmalerei, etwas, das es im Mittelalter nicht gab, man könnte auch sagen, nicht nötig war. Erst die Tabuisierung der alltäglichen Nacktheit machte den Akt zum Träger einer künstlerischen Idee und eines gesellschaftlichen Ventils zumindest für die Oberschicht.

Die Schaulust verschwand nicht und nackte antike Göttinnen zu betrachten, zumindest hinter dem Vorhang, schien legitim. Die Schönheit an sich, die von den Humanisten so propagiert wurde, war nicht selten nur ein Vorwand. Alle möglichen Göttinnen und Nymphen tummeln sich in den großformatigen Gemälden des 16. und 17. Jahrhunderts und sogar Pallas Athene, die Göttin der Weisheit, die die Griechen nie nackt dargestellt haben, durfte entkleidet werden. Die diversen Begattungsversuche des Göttervaters Zeus/Jupiter mit Danae, Leda, Io und anderen wurden höchst anzüglich umgesetzt. Alle antiken Paarungen, die miteinander erotisch verstrickt waren, wurden ausgegraben: Diana und Aktaion, Teiresias und Athene, Leukippos und Daphne, Melusine und Lusignan und andere. Das Urteil des Paris brachte darüber hinaus die Gelegenheit, gleich drei Göttinnen auf einmal nackt zu malen. Sogar die in der Kunst bislang wenig beachtete Legende der Römerin Lucretia wurde ausgegraben und führte zu einem wahren Boom an Darstellungen vor allem in Deutschland. Der römische König Tarquinius Superbus soll die keusche Gattin seines Freundes vergewaltigt haben. Trotz aller Unschuld habe sie

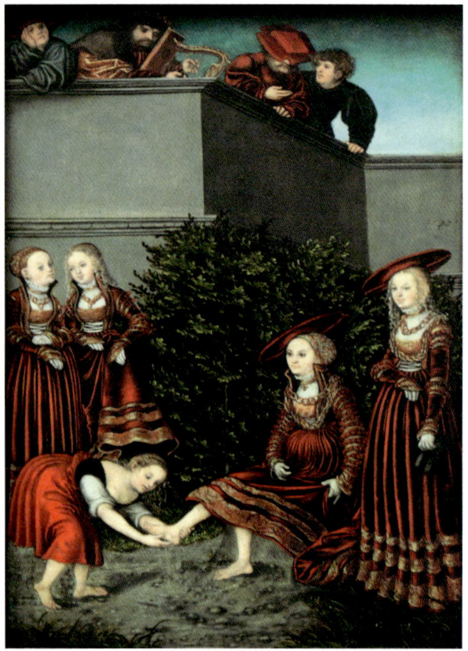
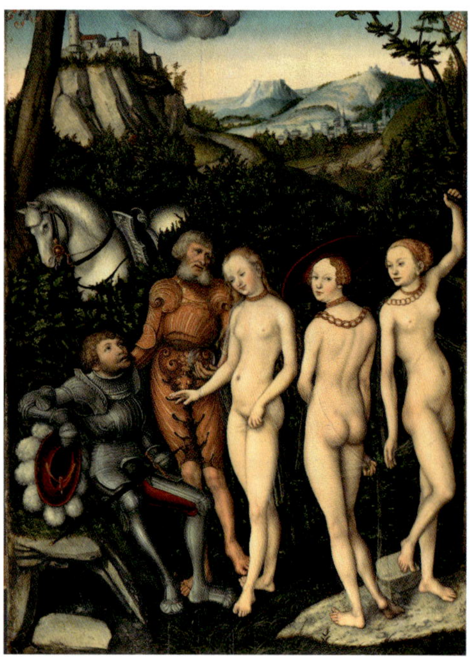

Lucas Cranach der Ältere: Man malt, was gefällt!
„Bathseba im Bade" (1526) für die Reformatoren und *„Das Urteil des Paris" (1528)* für private Auftraggeber

sich vor lauter Scham ein Messer ins Herz gestoßen, allerdings mit Sicherheit nicht nackt, da es vor Zeugen geschah. In der sexuellen Phantasie des 16. Jahrhunderts war sie dabei aber unbekleidet und ohne Zuseher. Allein Lucas Cranach malte die nackte, sich erdolchende Lucretia über fünfzig Mal.

Nachdem die Reformation mit den unzähligen katholischen Heiligenbildern, den sogenannten „Ölgötzen", wenig am Hut hatte, verloren viele Künstler ihre Auftraggeber und es entstand ein großer, freier Kunstmarkt. Man malte, was gefiel bzw. sich gut verkaufte. Schamvolles und Schamloses entstand nahezu wahllos nebeneinander. Ein gutes Beispiel dafür ist der genannte Lucas Cranach der Ältere (1472–1553), der als eine Art Hofmaler Martin Luthers viel zu seiner medialen Verbreitung und zur Schaffung einer neuen protestantischen Bilderwelt beitrug. Doch sein Hals drehte sich je nach Auftragslage. Zum Protestantismus trat er letztlich nie über, sondern bediente gleichzeitig mit Kardinal Albrecht von Brandenburg Luthers katholischen Gegenspieler, das eher üble deutsche Pendant zu den römischen Renaissance-Päpsten. Die Doppelzüngigkeit dieser malerischen „Marketingmaschine", wie er genannt wurde, zeigt sich sehr gut im Vergleich zweier Bilder, die kurz hintereinander entstanden.

Die badende Bathseba ist ein Motiv aus dem Alten Testament, das in dieser Zeit neu ausgegraben wurde, da es thematisch viel Nacktheit erlaubte, die sich allerdings eher im katholischen Kontext durchsetzte. Nach 2 Sam 11 sah König David die verheiratete Bathseba auf dem Flachdach des Königspalastes baden und entbrannte nach ihr. Cranachs Gemälde entstand 1526 für den Kreis der Reformatoren um Martin Luther und ist eine ausnehmend schamhafte Variante. Das legendäre Bad der Bathseba auf dem Dach des Palastes wird hier zu einem äußerst verklemmten Fußbad im Kreise der Freundinnen. Auch der König mit der Harfe darf nicht einmal allein seiner Schaulust nachgehen. Von Sinnlichkeit, geschweige denn Erotik, ist in diesem Bild kaum etwas zu spüren. Dieses an den Haaren herbeigezogene Fußbad tut sogar der Bibel letztlich unrecht und „lässt sich nur mit der protestantischen Atmosphäre erklären, in der es gemalt wurde".[28]

Zwei Jahre später entstand Cranachs „Urteil des Paris" für einen weltlichen Auftraggeber. Da er auch dieses Motiv über ein Dutzend Mal gemalt hat, lässt sich nicht mehr mit Sicherheit sagen, für wen es entstand. Ohne jede falsche Scham tänzeln die drei göttlichen Grazien nackt vor Paris nur mit einem durchscheinenden Schleier um die Scham und ganz noch im Geschmack der Spätgotik mit leicht gewölbtem Bauch und eher hoch angesetzten, kleinen kugelförmigen Brüsten. In noch mittelalterlicher Manier sitzt Paris in der Ritterrüstung vor den drei Schönen, während der ebenfalls gepanzerte Gott Merkur ihn zur Wahl der Schönsten auffordert. Es sind völlig unterschiedliche Mentalitäten, aus denen diese beiden Bilder innerhalb kurzer Zeit entstanden. Durch die Trennung von weltlicher und sakraler Kunst war im mythologischen Kontext plötzlich alles möglich, was im religiösen verpönter war denn je. Die Bathseba-Szene verrät in ihrer überzogenen Schamhaftigkeit sogar den biblischen Text.

28 Bonnet, Die Badende, S. 46.

Die Nackten in den geheimen Kabinetten

Ein stets betrunkener Kesselflicker namens Christoph Schlau liegt auf der Straße, da man ihn sturzbetrunken aus dem Gasthaus geworfen hatte. Ein vorbeikommender Lord nimmt ihn mit und macht sich einen Spaß mit ihm. Die Order an seine Diener lautet: „Tragt ihn behutsam in mein schönstes Zimmer und hängt umher die lüsternen Gemälde." Wenn er wieder aufwacht, sollen diese ihm den Kopf verwirren. Mit dieser Szene beginnt Shakespeares „Der Widerspenstigen Zähmung" (1592) und sie belegt, dass schon ländliche Lords hatten, was für das große regierende Europa in diesem Jahrhundert selbstverständlich war: lüsterne Gemälde.

Neben der Trennung von religiöser und weltlicher Kunst kam es im 16. Jahrhundert auch zu einer Trennung zwischen öffentlicher Kunst für das breite Publikum und der durchwegs erotischen Kunst, die ausschließlich dem privaten Gebrauch und einem kleinen Kreis vorbehalten war. Das geht bis zu jenen „lüsternen Gemälden", die in geheimen Kabinetten hingen, manchmal sogar hinter Vorhängen versteckt. Nur für erlauchten Besuch oder zu besonderen (vermutlich erotischen) Anlässen wurden sie sichtbar gemacht.

Ob man hier schon von „beginnender Pornografie"[29] sprechen möchte, hängt von der Definition ab. Ein bisschen zumindest erinnert es an die gehobenen Manager, die noch vor gar nicht so langer Zeit in ihren edlen Aktenkoffern zuunterst das neueste Playboy-Heft mitführten. Selbstverständlich nur wegen der hochwertigen literarischen Beiträge, die europäischen Fürsten interessierten sich ja auch nur für die griechisch-römische Mythologie. Mit Sicherheit waren es Akte, die erotischer Selbstzweck waren, keine Geschichten erzählten und keinen tieferen Symbolgehalt mehr besaßen. Sie dienten primär der männlichen oder auch der ehelichen Schaulust.

Der Herzog von Urbino bestellte bei keinem Geringeren als Tizian jenes Bild, das als die „Venus von Urbino" in die Geschichte einging. Das Bild befand sich im privaten Kabinett des Herzogs, wo er viele wertvolle Gegenstände aufbewahrt hatte. Ob Tizian dabei seine Ehefrau oder Kurtisane porträtiert hatte, ist noch offen. Vermutlich aber ließ der Herzog es malen, um seine bei der Hochzeit noch minderjährige Gattin auf die ehelichen Freuden einzustimmen.

---

29 Bologne, Nacktheit und Prüderie, S. 249.

Auch Tizian, einer der herausragenden Künstler der Hochrenaissance, malte, was die fürstlichen Herren begehrten, nebst großartigen religiösen Gemälden natürlich. Im Vergleich zu seiner „Danae", so ein zeitgenössischer päpstlicher Gesandter, soll seine „Venus von Urbino" eine „Theaternonne"[30] sein. Solche Werke wurden dann vom Meister persönlich oder seiner Werkstatt gleich mehrmals gemalt, so gut verkauften sie sich.

Der wahrscheinlich berühmteste Sammler „lüsterner Gemälde" war kein Geringerer als König Philipp II. von Spanien. Sein Vater Karl V. war der letzte Habsburger-Kaiser, in dessen Reich die Sonne nicht unterging und der als Erster seine Herrschaft zurücklegte. Sein Sohn Philipp, der den spanischen Anteil des Reiches übernahm, war weniger Feldherr wie sein Vater, sondern eher ein Schöngeist, allerdings mit strengen moralischen Anschauungen. Mit der Spanischen Inquisition an seiner Seite wurde er zu einer der führenden Figuren der katholischen Gegenreformation, die zumindest in Spanien auch die Kunstwerke kontrollierte, damit nichts Unanständiges oder Anstößiges erscheine. Sein Palast, der Escorial, wurde freilich nicht kontrolliert, denn dort hing in seinen privaten Gemächern alles, was sonst verboten war. Der große Star unter den Malern des spanischen Hofes war wieder Tizian: „Für den spanischen König waren diese erotischen Phantasien ein persönliches Vergnügen."[31]

Mit dem Zyklus der „Mythologischen Bilder der Poesie" schuf er zwischen 1551 und 1562 für Philipp II. eine Reihe großer mythologischer Szenen, von denen eine lasziver war als die andere. Im Jahr davor porträtierte er den jungen Philipp als Orgelspieler vor der lustvoll sich anbietenden Venus. Das eingangs schon erwähnte Bild „Venus und der Orgelspieler" blieb allerdings nicht ganz im Verborgenen, denn der geschäftstüchtige Tizian und seine Werkstatt kopierten das großformatige Bild wieder mehrfach für andere Auftraggeber. Auch Philipp's Schwager Kaiser Rudolf II. sammelte in Prag eine bedeutende Anzahl Bilder erotischen Inhalts. Seine „Prager Sammlung" wurde 1648 sogar zum Gegenstand des Prager Kunstraubs, bei dem auf Befehl der Königin Christina von Schweden über 700 Gemälde in die Hände der Schweden gingen, die dann in verschiedene schwedische Schlösser kamen und später quer durch ganz Europa verkauft oder verschenkt wurden.

30 Vgl. Poeschel, Starke Männer, schöne Frauen, S. 68.
31 Poeschel, Starke Männer, schöne Frauen, S. 69.

Viele Bilder, die in den geheimen Kabinetten der Herrschenden hingen, gehören heute zu den bedeutendsten Werken der Kunstgeschichte. In den Museen hängen sie vergleichsweise steril und harmlos neben religiösen Gemälden. Aus der Entstehungszeit besehen sind sie aber gleichzeitig Ausdruck der Doppelbödigkeit der katholischen Gegenreformation. Die Sexualität ist eine starke Kraft und es scheint fast wie ein systemisches Naturgesetz zu sein: Je strenger die Moral, desto größer wird die Doppelmoral.

Am Beispiel der nackten Judith

Das Nackte bleibt allerdings im 16. Jahrhundert nicht völlig auf antike Göttinnen beschränkt, das Heilige und das Nackte klaffen in der Kunst nicht völlig auseinander. Vor allem in der katholischen Bilderwelt gibt es diesbezüglich keinen unüberwindlichen Graben, wie in vielen Details noch zu zeigen sein wird. Gerade die biblischen Stoffe boten nämlich sehr viel legitimen Vorwand zur Darstellung zumindest teilweiser Nacktheit und wenn es in der Bibel nicht ganz so steht, malte sich die Phantasie eben den Rest aus. Als Vorgriff sei hier zur Illustration die alttestamentliche Geschichte von Judith und Holofernes im Buch Judith vorgestellt. Sie war eine junge Witwe von „schöner Gestalt und blühendem Aussehen" (Jdt 8,7) und beschloss, ihre bedrängte Heimatstadt Betulia vor dem grausamen assyrischen Feldherrn Holofernes zu retten. Sie zog ihre schönsten Kleider an, schmückte sich und ging in das feindliche Lager, wo der Feldherr sie sofort begehrte. Charmant sorgte sie dafür, dass er so viel gegessen und vor allem getrunken hatte, dass er an sein Begehren nicht mehr dachte, sondern einschlief. Judith nutzte die Gelegenheit und hieb ihm den Kopf ab. Darauf flüchtete sie mit ihrer Dienerin und dem versteckten Haupt aus dem Lager. Als am nächsten Tag die feindlichen Assyrer den Kopf ihres so erfolgreichen Feldherrn vom Stadttor baumeln sahen, flüchteten sie Hals über Kopf und die Stadt war gerettet.

Während im Mittelalter die Geschichte von Judith als Bild fast nur in illustrierten Bibelausgaben vorkam, wurde die heroische Frauengestalt ab der Renaissance zu einem der Lieblingsthemen. Eine biblische Story mit „Sex and Crime" kam dieser Zeit gerade recht. Die Hochrenaissance des 16. Jahrhunderts interessierte sich allerdings vornehmlich für die Erotik der ganzen Szenerie. Die anziehende Erscheinung der Judith und der grausame Kitzel der

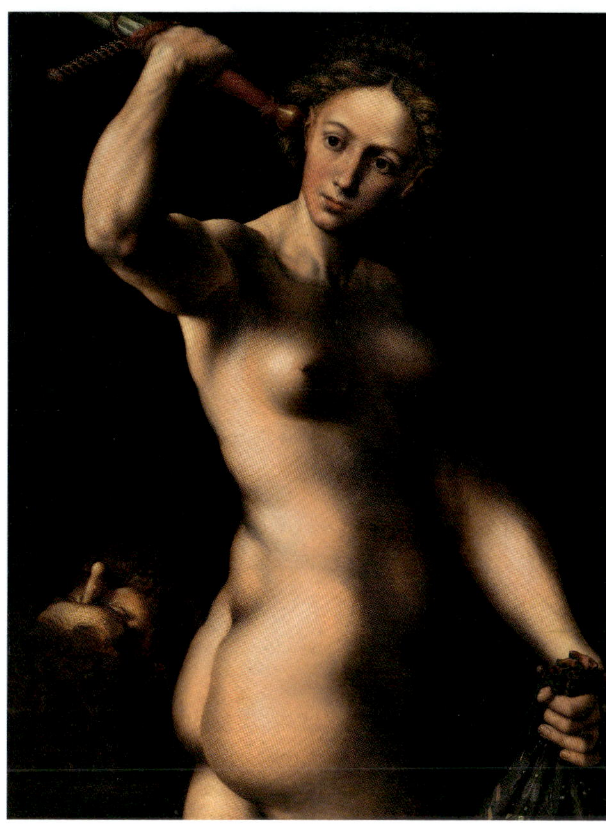

Hauptsache nackt!
Jan Sanders van Hemessen: Judith, 1540

Enthauptung rückten immer mehr in den Vordergrund. Der biblischen Geschichte nach hatte sie ihr bestes Kleid angelegt, doch es war nur eine Frage der Zeit, bis man auch auf dieses Kleid vergaß.

Der Erste, der Judith nackt darstellte, war 1525 der sexuell fast besessene Maler Hans Baldung Grien. Bald folgte ihm eine Reihe von Niederländern wie Jan Sanders van Hemessen mit seiner Judith von 1540. Sein Bild ist bereits ein Grenzfall. Die Geschichte dahinter geht zunehmend verloren, auch wenn man das Haupt des Holofernes und den Schwertknauf gerade noch sieht. Die Spannung des Bildes resultiert vor allem aus dem Hell-Dunkel und der gehobenen Hand der durchaus androgynen Judith. Aber auch diese Spannung geht bei längerer Betrachtung zunehmend verloren, da die nackte Figur in keinen erzählerischen Zusammenhang mehr eingebunden ist. Es ist nicht mehr eine Illustration der biblischen Geschichte, sondern hat sich verselbständigt zu einer Art pseudosakralem Akt.

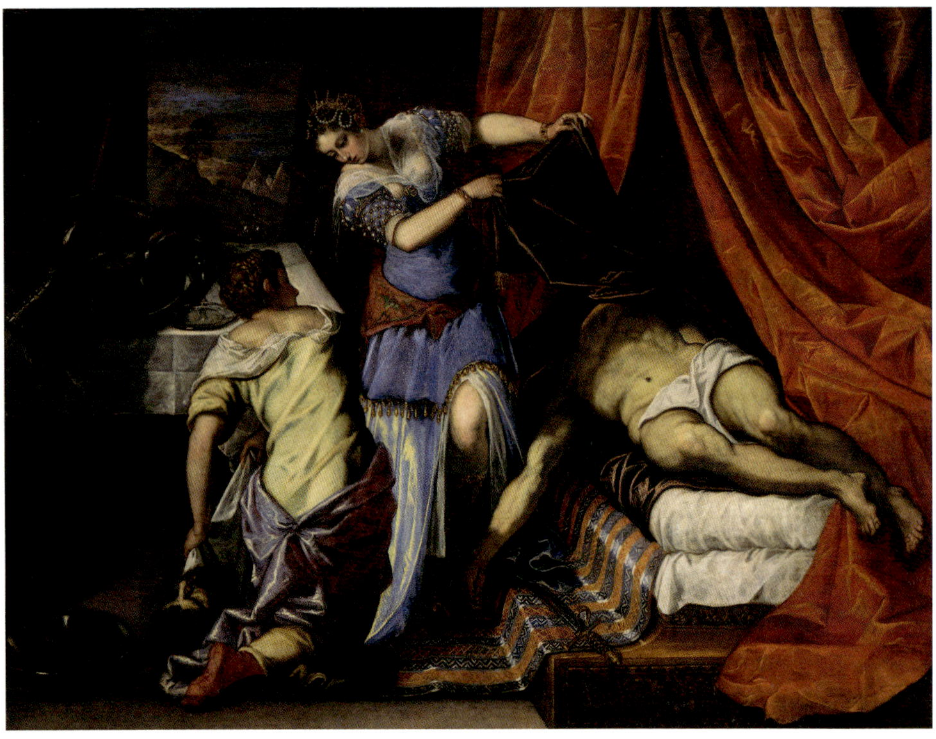

Weniger nackt ist noch spannender.
Jacopo Tintoretto: Judith und Holofernes, 1577

Der Venezianer Jacopo Tintoretto, der in Bildern wie diesem bereits den Bogen zum Barock schlägt, kommt in seiner Judith ganz ohne ihre Nacktheit aus. Dafür liegt der bereits kopflose Feldherr nackt mit Lendentuch in Schrägsicht auf dem Bett, eine Anspielung auf sein erregtes Ansinnen, das der biblischen Geschichte entspricht. Judith ist, wie in der Bibel erzählt, wunderschön gekleidet, das nackte Knie blitzt leicht hervor und das Dekolleté ist so gestaltet, wie es den Feldherrn eben verführen sollte. Die Dienerin ist bei Tintoretto keine alte Frau, sondern eine jugendliche Partnerin mit ansehnlichem Rückenausschnitt. Solche Bildentwürfe sind eher die von großen Künstlern und vermutlich ist sein Bild wesentlich erotischer als die gänzlich nackte Judith des Hemessen. Sich auszuziehen allein macht offensichtlich noch nicht die Erotik aus. Erotik braucht Geschichten, Zusammenhänge und Umgebung, braucht das Spiel von Verbergen und Entbergen, braucht Spannung. Vielleicht ist gerade deshalb auch das Zusammenspiel vom Heiligen und Nackten so spannend.

Michelangelo und seine nackten Männer

Am Anfang des 16. Jahrhunderts steht künstlerisch gesehen ein fast erratischer Block, der im Spiel vom Heiligen und Nackten auch der homoerotischen Perspektive zum Recht verhilft: Michelangelo Buonarotti (1475–1564). Michelangelo kam in den toskanischen Bergen östlich von Florenz zur Welt und begann schon mit dreizehn Jahren in Florenz eine Lehre als Bildhauer. Bald erkannte Lorenzo de' Medici seine Begabung und nahm ihn in seinen Palast auf. In diesem Milieu kommt ein Thema ins Spiel, das für Michelangelos Umgang mit Nacktheit essenziell wurde: Michelangelo war homosexuell. Diese Tatsache ist heute unbestritten, auch wenn es die bürgerliche Geschichtsschreibung lange Zeit ignorierte. Seit dem 14. Jahrhundert aber, und möglicherweise spielte das eben auch in den Hof der Medici hinein, „existierte eine ausgedehnte homosexuelle Subkultur, die im Florenz der Renaissance ziemlich offen zu Tage trat".[32] Noch im 16. Jahrhundert gab es im Deutschen den Ausdruck „florenzen" für homosexuellen Verkehr und das Grimmsche Wörterbuch führt noch im 19. Jahrhundert den Ausdruck „Florenzer" für Päderasten. Worum es dabei genau ging, lässt sich nicht mehr konkret rekonstruieren. Es dürfte ein Konglomerat aus gelebter gleichgeschlechtlicher Beziehung, Päderastie und Bisexualität gewesen sein.

Ob Michelangelo seine Homosexualität je ausgelebt hat, lässt sich nicht sicher sagen. Er war ein strenggläubiger Mann mit hohen moralischen Ansprüchen, ein „Genie mit Hemmungen", wie es einmal hieß, ein vorsichtiger, verletzbarer Mensch mit einer vermutlich eher scheuen Keuschheit. Im Wesentlichen dürfte er seine Sexualität eher in der Kunst ausgelebt, geformt und kompensiert haben. Dazu gehören nicht nur seine künstlerischen Werke – sein „sterbender Sklave" im Louvre stirbt eher den sogenannten ‚kleinen Tod' in einem Orgasmus –, sondern auch die erotischen Sonette an seinen Schüler Tommaso Cavalieri.

Papst Julius II. hatte den verwegenen Plan, die neue Peterskirche über sein eigenes Grabmal bauen zu lassen, mit dessen Ausgestaltung er schon Michelangelo als Bildhauer engagiert hatte. Vermutlich war es der Architekt Bramante, der seinen Rivalen gerne aus der prominenten Baustelle draußen gehabt hätte, der dem Papst die überhebliche Idee ausredete. Stattdessen verpflichtete

32 Reinhard, Lebensformen Europas, S. 88.

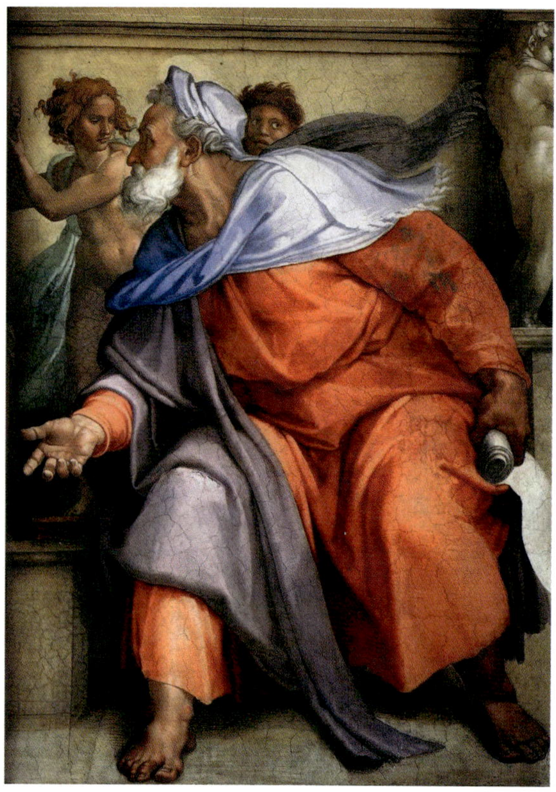

Michelangelo als Ezechiel mit vermutlich seinem Gehilfen
Detail der Decke der Sixtinischen Kapelle, um 1510

Julius II. Michelangelo zur Ausmalung der Decke der Sixtinischen Kapelle, der päpstlichen Hauskapelle, benannt nach ihrem Erbauer Sixtus IV. Während Michelangelo an der Decke arbeitete, malte übrigens nur ein paar Meter weiter Raffael in den Privatgemächern (Stanzen) des Papstes. Julius II. musste den berufenen Bildhauer buchstäblich zum Malen zwingen, dafür hatte sich Michelangelo aber ausbedungen, dass er malen kann, was er will, und dass er die Decke verhängen durfte, bis alles fertig war. Vereinbart war einzig das Thema der Schöpfungsgeschichte. Michelangelo malte vier Jahre und sehr mühevoll im Alleingang zwischen 1508 und 1512 an dieser Decke. Als sie am Allerheiligensonntag 1512 enthüllt wurde, musste es ein überwältigendes Erlebnis gewesen sein, denn so etwas gab es vorher einfach noch nicht.

Viele Details dürften erst später aufgefallen sein. So zum Beispiel seine zwanzig überlebensgroßen „Ignudi“, völlig nackte junge Männer in unterschiedlichen Stellungen jeweils an den Ecken der biblischen Bildfelder, Figuren, die zu keiner biblischen Erzählung gehören. In den Übergängen der Zwickel zu

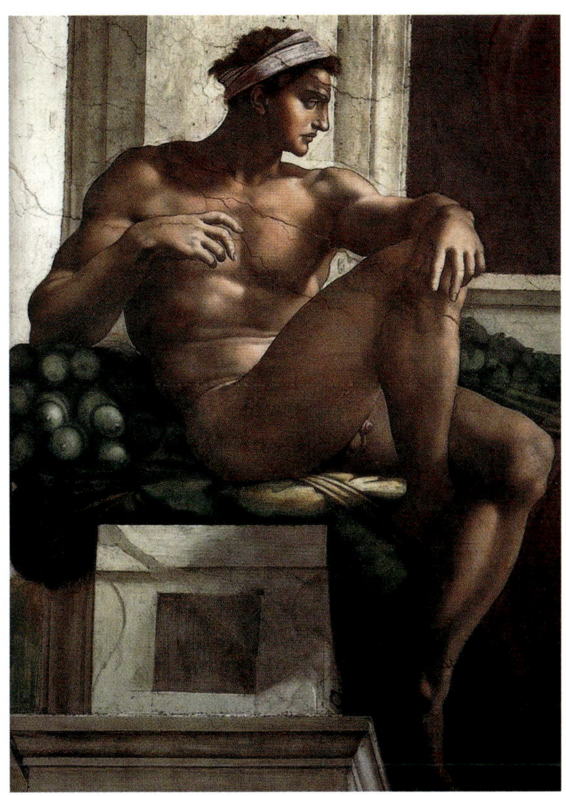

Einer der vielen nackten Männer an der Decke der päpstlichen Hauskapelle

den Propheten und Sybillen kauern wieder 24 kleinere, monochrom gehaltene Nackte und hinter den großen alttestamentlichen Figuren tummelt sich noch einmal eine bedeutende Zahl nur teilweise bekleideter junger Männer. Im Propheten Ezechiel hat sich Michelangelo vermutlich selbst porträtiert und der junge Mann, zu dem sich der alte Prophet umschaut, könnte sein Schüler Cavalieri sein, an den seine Sonette gerichtet waren.

Diese „Ignudis" an der Decke kann man aus verschiedenen Blickwinkeln betrachten. Formal lockern sie den ganzen Reigen der Bilder der Schöpfungsgeschichte auf und bringen viel Bewegung und Lebendigkeit in die Gesamtwirkung der Decke. Nachdem es im Bildzyklus selbst um die Schöpfungsgeschichte geht, wurden die Nackten damals als Bild für die Menschen als Geschöpfe Gottes gedeutet. Der Mensch als solcher – und nicht seine modische Kleidung – ist ein Lobpreis des allmächtigen Schöpfergottes. Mitten im Zentrum der katholischen Kirche entsteht damit eine völlig neuartige Symbiose des Nackten und Heiligen, die keinen Widerspruch mehr kennt: Gerade in seiner Nacktheit, wie Gott ihn schuf, ist der Mensch Abbild des Schöpfers. So betrachtet hat Michelangelo theologisch gesehen das Thema der Schöpfungsgeschichte überaus ernst genommen.

Darüber, dass Michelangelos „Menschen" alle Männer sind, war vielleicht manch ein Kleriker froh, weil er nackte Frauen für gefährlicher gehalten hätte. Der schwule Künstler selbst fand hier einen Ausdruck für seine Sehnsüchte, konnte seinen Phantasien und Bedürfnissen Gestalt geben und verarbeitete damit auch sein persönliches Begehren. Dass er das ausgerechnet an der Decke der päpstlichen Hauskapelle tat, mag angesichts der Jahrhunderte langen kirchlichen Haltung zur Homosexualität pikant erscheinen, man darf es aber auch als starkes Zeichen sehen.

Das Konzil und die Hosenmaler

Zwanzig Jahre später bekam Michelangelo von Clemens VII. den Auftrag, auch noch die Stirnseite der Kapelle mit dem Jüngsten Gericht auszumalen. Nach dem baldigen Tod des Papstes drängte auch sein Nachfolger Paul III. auf die Ausführung des Werkes. Weitere fünf Jahre arbeitete Michelangelo von 1536 bis 1541 an diesem Fresko und stellte es im Alter von 66 Jahren fertig. Auch wenn er homoerotische Elemente wie das phallische Gerangel um die Geißelungssäule rechts oben eher verbarg, zeigt sein Jüngstes Gericht eine noch nie dagewesene Fülle an menschlicher Nacktheit an einem der heiligsten Orte der katholischen Christenheit und die war nun definitiv manchen zu viel. Selbst wenn bei der Auferstehung des Fleisches am Jüngsten Tag die Verstorbenen nicht bekleidet aus den Gräbern auferstehen, wie es Luca Signorelli in seinem Zyklus im Dom von Orvieto schon Ende 15. Jahrhundert deutlich machte, empfand der legendäre Kardinal Carafa diese nackte Fülle als amoralisch und obszön.

Kurz darauf begann das Konzil von Trient (1545–1563), das den Startschuss für die Gegenreformation bildete und aus dem Heiligen und Nackten wieder Gegenpole machte. Ein eigenes Papier zum Thema christlicher Kunst kam nicht mehr zustande, aber in einem Dekret der letzten Sitzung gab es zwei Absätze zu den Reliquien und Bildern. Es wurde festgehalten, dass „im heiligen Gebrauche der Bilder aller Aberglaube abgeschafft, aller schändliche Gewinn getilgt und endlich alles Schlüpfrige vermieden [werden soll], so dass keine Bildnisse mit verführerischer Schönheit gemalt oder ausgeziert [werden]". Im heiligen Hause Gottes soll auch „nichts Undenkliches, nichts linkisch und stürmisch Angepasstes, nichts Unheiliges und nichts Unehrbares erscheinen".[33]

Für Michelangelos Jüngstes Gericht hatte das Konzil Folgen, denn kurz vor seinem Tod 1564 wurde beschlossen, dass die diversen Genitalien übermalt werden müssen. Beauftragt damit wurde Michelangelos Schüler Daniele da Volterra, der deshalb als „Braghettone", als „Hosenmaler", in die Geschichte einging. Angeblich soll er über 300 Stellen nicht mit Hosen, aber mit leichten Lendentüchlein übermalt haben. Bei der großen Restauration Ende des letzten Jahrhunderts wurden diese Übermalungen zwar entfernt, allerdings stellte sich heraus, dass Daniele da Volterra an manchen Stellen den Putz abgeschlagen hatte, um die Lendenbedeckung aufzubringen, sodass einige seiner Spuren heute noch sichtbar sind.

Dass nur das Jüngste Gericht „Höschen" bekam und nicht die „Ignudi" an der Decke, dürfte einen praktischen Grund gehabt haben. Kaum jemand starrt während der Messe längere Zeit an die Decke, während das Frontalgemälde hinter dem Altar ständig sichtbar ist. Aufgrund der leichten Verführbarkeit unserer Augen wäre es sicher möglich gewesen, dass die diversen Geschlechtsteile die Köpfe der Mitfeiernden mehr gebannt hätten als der Ablauf der Liturgie. Als noch während der Entstehung der päpstliche Zeremonienmeister meinte, dieses Fresko wäre für ein Thermalbad eher geeignet als für eine Kapelle, porträtierte ihn Michelangelo als einen der Höllenfürsten.

Nicht zuletzt besitzt auch das berühmteste Bild der Sixtina, die Erschaffung Adams, eine gewisse Doppelbödigkeit. Nackt liegt der stattliche Mann im Grünen und wartet auf seine Beseelung durch den Finger des Schöpfers. Biblisch gesehen ist es ein noch unbeseelter Körper, mit den Augen eines schwulen Mannes ein laszives Angebot, so wie er daliegt und schaut. Auffallend ist, dass Michelangelo diesem ausgewachsenen Mannsbild die Genitalien eines Knaben malte. Der kleine Penis sollte zweifellos das Thema Sexualität zurückhalten. Ein Penis in der üblichen Größe eines solchen Mannes hätte in den Augen von Frauen wie Männern die Akzentsetzung des Bildes sofort verschoben.

Michelangelo trieb in der Sixtinischen Kapelle das Thema vom Heiligen und Nackten bis an die Grenze und vielleicht auch darüber hinaus; und er

33 Vgl. http://www.kathpedia.com/index.php?title=Cum_catholica_ecclesia.

wird uns hier noch zweimal begegnen. Wichtig ist, dass dies in der päpstlichen Hauskapelle möglich war und auf unbestritten hohem künstlerischem Niveau. Die Touristenmassen, die von grimmigen Wärtern heute durch die Kapelle geschleust werden, ahnen vermutlich nicht einmal, an welchem kulturhistorischen Punkt sie sich befinden.

Die Hexenverfolgung und der sexuelle Wahn

Ein Kapitel über das 16. Jahrhundert kann man nicht abschließen ohne zumindest einen Hinweis auf die grausamsten Ereignisse dieser Zeit: die Hexenverfolgung. Ihr Höhepunkt liegt zwischen 1550 und 1650 und auch hier gilt es mit landläufigen Klischees aufzuräumen. Die Hexenverfolgung war kein Ereignis des finsteren Mittelalters, sondern spielte sich in der frühen Neuzeit ab, in der Zeit von Humanismus und Aufklärung. Im Mittelalter gab es vereinzelte Hexenprozesse, die aber oft nicht weiterverfolgt wurden. Obwohl manche Theologen bereits begannen, sich über Teufelspakte Gedanken zu machen, galt in der mittelalterlichen Theologie noch die Grundüberzeugung, dass der Hexenglaube ein Aberglaube sei.

Viele Faktoren spielten hinein in diese grausame Volksbewegung von den Nachwirkungen der Pest über die sogenannte „Kleine Eiszeit", die ab dem 15. Jahrhundert immer wieder zu lokalen Hungersnöten führte, von der Ausbreitung der Syphilis bis hin zu verheerenden Kriegen. Offensichtlich kam das Volk zu der Überzeugung, dass sich diese Dinge leichter ertragen lassen, wenn man einen Schuldigen hat, einen Sündenbock, den man opfern konnte. Daraus entstand eine Massenhysterie mit unzähligen Anklagen und Prozessen, die von weltlichen Institutionen angestrengt und vor staatlichen Gerichten abgehandelt wurden.[34]

Die Opfer waren auch nicht nur Frauen, in Skandinavien beispielsweise wurden fast nur Männer als Hexen verbrannt. In der gut erforschten Steiermark waren es je nach Region und Welle der Verfolgung mehr Frauen oder mehr Männer. Unter dem Strich bildeten die Frauen sowohl die Mehrheit der Opfer wie auch die Mehrheit der Denunzianten, zumal diese, so perfide war

34 Eine sehr gute Zusammenschau der aktuellen Forschungslage bietet der Wikipedia-Artikel zum Thema „Hexenverfolgung".

es ausgedacht, einen Teil des Vermögens der Delinquenten zur Belohnung bekamen.

Die Hexenverfolgung ging nicht primär von der Kirche aus, sondern war eine hysterische Basisbewegung des Volkes, des Pöbels, wie es hieß. Beide christlichen Konfessionen spielten dabei eine zwiespältige Rolle. Der fanatisierte dominikanische Inquisitor Heinrich Kramer mit seinem „Hexenhammer“ mischte ordentlich mit und durch seine guten Kontakte nach Rom gelang es ihm, Innozenz VIII. eine Hexenbulle (1484) abzuringen, die sein Wirken päpstlich sanktionierte. Gleichzeitig verurteilte die Kölner Inquisition Heinrich Kramer, weil seine Praktiken nicht im Einklang mit der katholischen Lehre stünden und der Bischof von Innsbruck ließ ihn schlicht des Landes verweisen. Die Hexenverfolgung war also nicht etwas, das zuerst die Kirche von oben verordnet hätte. Das Klischee, dass die katholische Kirche die alleinige Urheberin der Hexenverfolgung sei, ist eher eine Erfindung des Preußischen Kulturkampfes des 19. Jahrhunderts. Sie war auch keine Sache der kirchlichen Inquisition, im Gegenteil, denn dort, wo die Inquisition tatsächlich funktionierte wie in Spanien und Portugal, kam es zu keinen Hexenverbrennungen. Die Aufgabe der neuzeitlichen Inquisition war viel eher, regulierend einzuschreiten und die Sache dem Mob aus der Hand zu nehmen. Trotzdem gab es natürlich einzelne, fanatisierte Inquisitoren vor allem in den deutschsprachigen Gebieten. Luthers Hexenpredigt klang übrigens auch nicht viel milder als Kramers Hexenhammer. Gleichzeitig waren es aber auch Theologen und Kirchenmänner, die immer wieder dagegen auftraten und zu Gegnern der Hexenverfolgung wurden.

Wieweit der Hexenwahn in unser Thema hineingespielt hat, lässt sich nicht so einfach nachzeichnen. Neid und Eifersucht spielten bei den Denunzierenden sicher eine Rolle und in der Schaulust der öffentlichen Verbrennungen war zweifellos auch sexuell unterlegter Sadismus dabei. Eine zwanghafte Moral kann zu zwanghaften sexuellen Formen führen und ohne derartige Obsessionen lässt sich eine solche Massenhysterie nicht erklären. Schon allein die wiederholten und detailgenauen Befragungen zum sexuellen Verkehr mit dem Teufel zeugen von dieser perversen sexuellen Gier.

Vom nackten Überdruss

Die Kunstgeschichte ist ein weites Feld und selbstverständlich gibt es immer Ausnahmen und Unerwartetes. Als unlängst in meiner Heimatgemeinde Götzis/Vorarlberg die Wandmalereien der „Alten Pfarrkirche" restauriert wurden, traten manche Details viel stärker zum Vorschein. Die Chorbogenwand zeigt eine riesige Darstellung des Jüngsten Tages mit der Auferstehung des Fleisches, dem Gericht mit Christus als Weltenrichter, mit Himmel und Hölle. Die eher flüchtigen Seccomalereien stammen von Hans Jakob Noppis und sind mit „161?" datiert.

Dass es in der Hölle Nackte gibt, ist im christlichen Universum nicht überraschend. Im höllischen Gruselkabinett sind die einzelnen Laster dargestellt und auch beschriftet. Über das nackte Paar läuft das Schriftband „Unkhaschatt", das frühneuhochdeutsch die Abteilung der Unkeuschheit markiert. Überraschend ist aber, dass es oben im Himmel ebenfalls Nackte gibt. Hier handelt es sich um die neu Auferstandenen, die in den Himmel gekommen und, theologisch konsequent gedacht, wie Gott sie schuf aus den Gräbern gestiegen sind. Die Kirchenväter, wie in dem Bildausschnitt, und die ganzen weiteren Heiligen sind selbstverständlich standesgemäß bekleidet, von der braunen Kutte des Franziskus bis zum Ornat mit Reichskrone bei Karl dem Großen. Im unteren Teil der Chorbogenwand ist die Auferstehung des Fleisches sehr eindrücklich dargestellt, einer Frau mit langen blonden Haaren hilft der Erzengel Michael sogar eigenhändig aus dem Grab. Dass die Toten am Ende der Zeiten nicht bekleidet aus den Gräbern steigen, versteht sich eigentlich von selber, doch dargestellt wird es selten so konsequent. Nackte mitten unter den prominenten Heiligen des Himmels sind tatsächlich eine ikonografische Rarität.

Der Boom des Nackten führte allerdings schon im 16. Jahrhundert zu einem gewissen Überdruss. Der Manierismus, die kunstgeschichtliche Strömung zwischen Hochrenaissance und Barock, brachte auch in religiösen Szenen eine kaum mehr überschaubare Fülle an Nacktem hervor.

Oft genug sind es unnatürliche Schönheiten zwischen geglätteten Körpern und ordentlichen Muskelbergen – Hemessens Judith (siehe oben) vereint beides – und nicht selten mit einer gezielten Künstlichkeit. Die Erotik wird zunehmend kühl und manchmal zeigt sich sogar ein Zug perverser Sexualität in religiösen Szenen. Die vielen wahllosen Nackten brachten aber „nicht nur

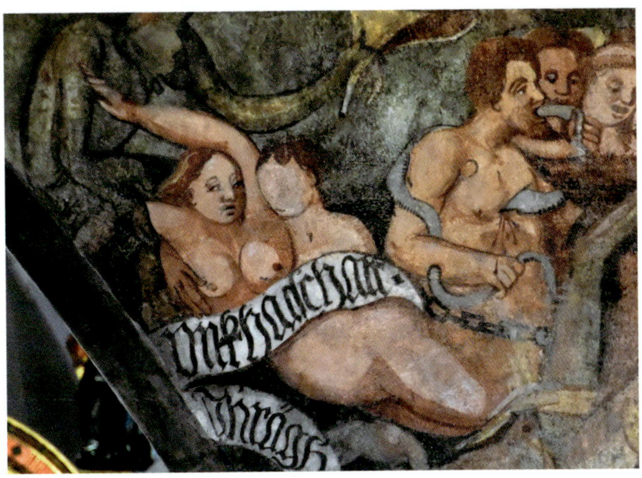

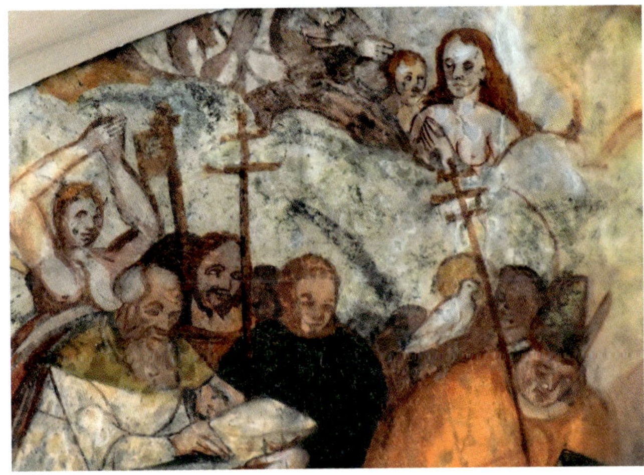

Nackte in der Hölle und im Himmel
Hans Jakob Noppis, Chorbogenwand Alte Pfarrkirche Götzis, 161?

die Kirche auf, sondern ermüdeten auch so manche Betrachter".[35] Vermutlich kennen wir es ähnlich aus unserer Zeit, dass eine fast wahllose Fülle an Nacktem irgendwann den Reiz nicht mehr steigert, sondern eher zum Überdruss führt. Die sexuelle Revolution im Zuge der 68er-Bewegung war historisch bedeutsam als Befreiung vom bürgerlich-kirchlichen Moralkorsett. Alles wurde möglich und trotzdem zeigte sich beizeiten, dass tabulose Liberalität auch nicht unbedingt allzu erotisch ist.

Zur paradoxen Ehrenrettung der Moral: So sehr die offizielle Moral versuchte, die Sexualität massiv zu regulieren bzw. zu unterdrücken, hat sie letzt-

35 Poeschel, Starke Männer, schöne Frauen, S. 88.

lich viel zur Erhöhung und Kultivierung des erotischen Reizes beigetragen. Die Schamgrenze wurde im 16. Jahrhundert erhöht, was zweifellos auch zu inneren Ängsten, Konflikten und Selbstzwängen führte. Die Wirkung ging aber ebenso in eine andere Richtung. Die Bekleidung wurde immer verdeckender und gleichzeitig immer hübscher, was die Exklusivität des Darunters nur noch anregender machte, die dauernde Aufmerksamkeit erhöhte und damit den erotisch-sexuellen Reiz. In diesem Sinne führte die Erhöhung der Schamgrenze durchaus auch zu einer Kultivierung der Erotik.

BAROCKE MALEREI ZWISCHEN NACKTHEIT UND PRÜDERIE

Die moralischen Zustände im Rom der Renaissancepäpste waren legendär und führten nicht zuletzt zur westlichen Kirchenspaltung. Gleichzeitig war es für die Kunst der Hochrenaissance eine äußerst fruchtbare Zeit, bis es mit dem Manierismus zum nackten Überdruss kam. Im Zuge der Gegenreformation folgte eine Reihe gestrenger Päpste, die sich konsequent um die Vorgaben des Konzils von Trient bemühte. Clemens VIII. gehörte noch am Ende des 16. Jahrhunderts in Bezug auf die Kunst zu den ganz Strengen. Fast besessen von Angst vor Nacktheit beklagte er die lasziven Darstellungen des hl. Sebastian oder der hl. Maria Magdalena und wollte sogar Kruzifixe verhängen. In Frankreich kam es unter König Heinrich IV. zur Zerstörung oder Übermalung unzähliger „anrüchiger" Gemälde, ein Zerstörungswahn, der an die Scheiterhaufen Savonarolas erinnert. Diese Strenge hielt in Frankreich unter dem Einfluss des Jansenismus noch längere Zeit an. Doch, und das zeigt auch das 17. Jahrhundert, ist die Sexualität eine zu starke Kraft, als dass man das „Problem" durch Verdrängung lösen könnte.

Nach dem „Sacco di Roma", als Söldner von Kaiser Karl V. 1527 die Stadt Rom überfielen und plünderten, wurden die Habsburger zur entscheidenden Macht der zunächst sehr gestrengen Gegenreformation. Das spielte dann letzt lich auch hinein in den Dreißigjährigen Krieg (1618–1648). Dem eher sinnenfreudigen italienischen Katholizismus trat mit Spanien und Österreich eine düstere und lustfeindliche Variante entgegen. Gegenüber der gestrengen protestantischen Moral dürften aber die katholischen Bemühungen zur Disziplinierung nicht ganz so erfolgreich gewesen sein. Vor allem betrifft das Rom, die Stadt des Papstes. Ende des 16. Jahrhunderts sollen von den etwa 100.000 Einwohnern Roms wieder über 10 % Kurtisanen gewesen sein. Als Anfang des 17. Jahrhunderts eine Reihe äußerst kunstsinniger Päpste an die Macht kam, wurde genau dieses Rom wiederum zum Nährboden einer neuen Kunstentwicklung, dem Barock. Vielleicht gehört ein Stück Unordnung zur Lebendigkeit des Lebens und zu fruchtbarer Kreativität.

Mit dem Barbarini-Papst Urban VIII. (1623–1644) „begann eine Epoche von überwältigender Weltlichkeit, hoher Sensibilität, sentimentaler Devotion und offener Bigotterie".[36] Die in vielen Dingen auch fragwürdige Restauration des Katholizismus führte in die Epoche der großen Barockmeister. Urban VIII. förderte durch eine rege Bautätigkeit die künstlerische Prachtentfaltung der römischen Kirche; nicht zuletzt wurde die neue Peterskirche nach 120 Jahren 1626 endlich eingeweiht. Damit war auch eine gegenreformatorische Spitze verbunden: Durch die Pracht der Bauten sollten die Menschen und vor allem die vielen Rom-Pilger von der Größe der katholischen Kirche überzeugt werden. Nördlich der Alpen setzte die Entwicklung des Barocks, verzögert durch den Dreißigjährigen Krieg, erst wesentlich später ein.

Kunst als Versinnlichung des Glaubens

Als Gegenreaktion auf die intellektuelle Künstlichkeit des Manierismus versuchte die barocke Malerei wieder bei der Renaissance und beim Schönheitsideal der Antike anzuknüpfen, auch wenn die Themen mit mehr Dynamik und Bewegung versehen wurden. Die antiken Götter und Helden waren wieder hoch im Kurs und gehörten in der Barockzeit zum Bildungsstandard in ganz Europa. Damit war erneut ein weites Feld zur Darstellung üppigster Nacktheit geschaffen. Wenn die Themen historisch oder mythologisch waren, galt sie als durchaus legitim und die Bilder mussten nicht mehr hinter den Vorhang privater Kabinette. Für den privaten Gebrauch empfahl sogar der einflussreiche Arzt und Kunstliebhaber Giulio Mancini, anregende Bilder in den Schlafzimmern aufzuhängen, da diese die Zeugung von schönen und gesunden Kindern fördern können.

Vermutlich wurde in keiner Epoche so viel gemalt wie im Barock. Unzählige Kirchen entstanden oder wurden barockisiert und dazu gehörte neben der Deckenmalerei mindestens ein großes Altarbild, das den Kern der neuen Hochaltäre ausmachte. Darüber hinaus galt es immer mehr als angemessen und schick, sowohl für den Adel wie das aufkommende gehobene Bürgertum, die eigenen Wohnungen, Villen oder Paläste mit Malereien auszuschmücken. In den Niederlanden beispielsweise produzierten in der Mitte des 17. Jahrhunderts etwa 700 Maler jährlich etwa 70.000 Gemälde.

36 Poeschel, Starke Männer, schöne Frauen, S. 91.

Die Malerei wurde im Laufe des 17. Jahrhunderts allerdings immer stärker funktionalisiert, sei es von der Kirche als Glaubensbelehrung im Zuge der Gegenreformation oder zur Verherrlichung von Regenten an den absolutistischen Höfen. Die Wand- und Deckengemälde waren im Barock als Gesamtkunstwerk in die Architektur einbezogen, was nicht selten den Blick auf das einzelne Bild verstellt und den Eindruck des Dekorativen aufkommen lässt. Sowohl für die Altäre wie für den privaten Kontext gab es weiterhin die Tafelmalerei, die zunehmend zum Sammelobjekt wurde. Auch die thematische Vielfalt war vermutlich noch nie so groß wie im Barock.

Für die religiöse Malerei gab es eine entscheidende Weichenstellung. Entgegen den strengen Reformparteien entdeckten die Jesuiten die Kunst als Waffe gegen die Reformation. Es ging nicht nur darum, den bilderarmen Protestanten die Schönheit der katholischen Bilderwelt entgegenzusetzen, sondern auch um eine ästhetische Versinnlichung des Glaubens: „Die katholische Kunst des 17. Jahrhunderts ist bemüht, die unsichtbare Welt berührbar, unmittelbar zugänglich zu machen, um die Gläubigen in den Zustand einer ekstatischen Identifikation mit Christus und den Heiligen zu versetzen.“[37] Es ging um eine Versinnlichung des Glaubens, in der Geist und Fleisch in neuer Weise und jenseits blutleerer Frömmigkeit zusammenwirken sollten. Vor allem Leiden und Ekstasen heiliger Männer und Frauen, der Schrecken und die Glorie des Martyriums sollten wirkmächtig zum Ausdruck gebracht werden.

Dieser Anspruch war hoch und für viele Maler zu hoch. Es entstand zwar eine regelrechte Masse an religiösen Bildern, aber nur wenige Künstler erreichten einen die Zeiten überdauernden Rang. Nacktheit war in den religiösen Bildern grundsätzlich verpönt, sieht man einmal von den nicht mehr zählbaren nackten Kinderengeln in den barocken Kirchen und den zunehmend prachtvollen Dekolletés der heiligen Damen ab. Dennoch gab es biblische Nacktszenen (siehe weiter unten), die wegen der Thematik auch die Darstellung von Nacktheit legitimierten. Solche Bilder waren dann aber eher für das häusliche Ambiente gedacht und weniger für Kirchen.

Den einzelnen Verästelungen der barocken Malerei nachzugehen, würde hier den Rahmen sprengen. Deshalb soll das Thema vom Nackten und Heiligen exemplarisch an vier der bedeutendsten Künstler des Barocks aufgezeigt

37 Walters, Der männliche Akt, S. 152.

werden. Dabei wird deutlich, wie sehr in der hohen Kunst des Barocks das Verhältnis des Heiligen und Nackten zu einer kreativen Spannung führt.

Bernini: Die Ekstase der heiligen Teresa

Die Ekstase war etwas, das den römischen Bildhauer und Architekten Gian Lorenzo Bernini (1598–1680) wohl ein Leben lang beschäftigte. In noch jugendlichen Jahren ließ er die heiligen Laurentius und Sebastian in fast schon aufdringlicher Sinnlichkeit ihr Martyrium quasi ausschmachten. Es ist beinahe schon masochistische Lust, in der die beiden Märtyrer jeweils ihre Qualen auskosten.

Um die Lebensmitte schuf er zu diesem Thema sein Meisterwerk: Die Ekstase der heiligen Teresa. Bei christlichen Mystikerinnen gibt es die Tradition der mystischen Vereinigung mit Christus, die sie eigenen Schilderungen nach auch körperlich intensiv erleben. Mechthild von Magdeburg schilderte schon im Mittelalter, wie diese mystische Vereinigung ihren ganzen Körper durchzuckte. Durchaus ähnlich beschrieb die Mystikerin Teresa von Ávila im 16. Jahrhundert ihr Erleben, als ihr ein Engel einen goldenen Pfeil ins Herz stieß:

„Der Engel war eher klein als groß, sehr schön, und sein Antlitz leuchtete in solchem Glanz, dass er zu jenen Engeln gehören musste, die ganz vom Feuer göttlicher Liebe durchleuchtet sind. In der Hand des Engels sah ich einen langen goldenen Pfeil mit Feuer an der Spitze. Es schien mir, als stieße er ihn mehrmals in mein Herz, ich fühlte, wie das Eisen mein Innerstes durchdrang, und als er ihn herauszog, war mir, als nähme er mein Herz mit, und ich blieb erfüllt von flammender Liebe zu Gott. Der Schmerz war so stark, dass ich klagend aufschrie. Doch zugleich empfand ich eine so unendliche Süße, dass ich dem Schmerz ewige Dauer wünschte.“[38]

Im Grunde nichts anderes als Teresa von Ávila selber schilderte, hat Bernini in der Kirche Santa Maria della Vittoria in Rom in feinsten, weißen Carrara-Marmor gehauen. Die Coronaro-Kapelle im linken Seitenarm der Kirche hat er als eine Art Schauraum gestaltet und in der Mitte, fast wie in einem Tabernakel, steht erhöht und vom Licht mit goldenen Strahlen erleuchtet seine Skulptur. Die Heilige in ihrer Verzückung scheint wie ermattet auf eine

38 Https://de.wikipedia.org/wiki/Teresa_von_Avila.

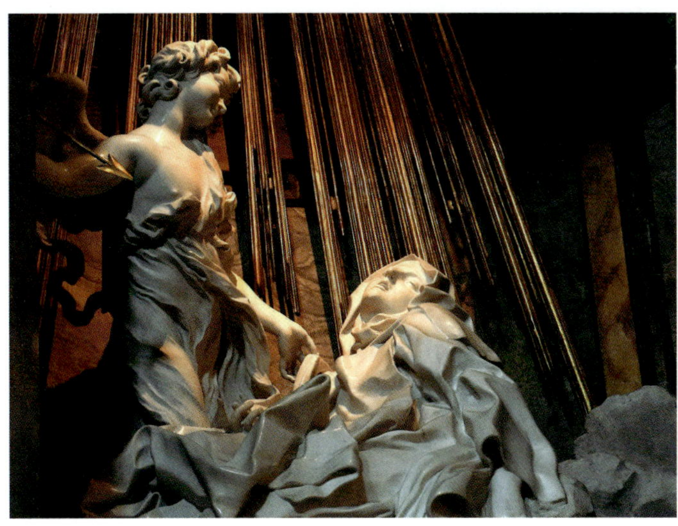

Die heilige Teresa von Ávila in der mystischen Ekstase
Gian Lorenzo Bernini, Santa Maria della Vittoria, Rom, um 1646

Wolke hingesunken zu sein. Das schwere Gewand wirft dichte Falten auf. Der hübsche, leicht androgyne Engel schaut auf sie herab mit einem Lächeln, das man sowohl als kumpelhaft wie als lasziv ansehen kann. In der Rechten hält er den goldenen Pfeil, mit dem er ihre Brust durchbohren wird. Die Linke hebt behutsam ihr Kleid auf der Höhe ihres Herzens, ein Blick, der nur dem Engel gegönnt ist und nicht den Betrachtenden. Den Kopf legt die Heilige zurück, um das fließende himmlische Licht von oben empfangen zu können, während der sinnliche Mund leicht geöffnet ist.

Derartige mystische Erlebnisse sind Grenzerfahrungen, die durchaus erotische Momente beinhalten können. Die Spannung des Geschehens, die zerfließenden Grenzen hat Bernini wie für alle Zeiten im harten Marmor festgehalten, wobei auch der Marmor selber optisch wie zu zerfließen scheint. Ohne Nacktheit und ohne jede Anrüchigkeit hat er auch die erotischen Momente zugelassen, ohne das Erleben der Heiligen damit in irgendeiner Weise zu banalisieren. Solches vermag letztlich nur große Kunst.

Caravaggio und Rembrandt: Der neue Realismus

Am Beginn der barocken Malerei bestach in Rom Caravaggio (1571–1610) mit einem völlig neuen Realismus. Die Art, wie er seine Bildentwürfe in alltägliche Sujets umsetzte und mit seiner Hell-Dunkel-Malerei zuspitzte, war völlig neu. Die Dramaturgie der Bilder ist derart auf den Punkt gebracht, dass man das Gefühl hat, es ereignet sich immer gerade jetzt. Sieht man einmal von den nackten, knabenhaften Jünglingen (Cupido, Johannes der Täufer u. a.) ab, mit denen er vermutlich die homosexuelle römische Subkultur belieferte, bedient sich Caravaggio in den großen religiösen Gemälden keiner Nacktheit und braucht sie auch nicht. Dafür stand ihm bei der „Pilgermadonna“ (1605) vermutlich eine stadtbekannte Prostituierte Modell. Trotzdem ist das Bild in keiner Weise ordinär, sondern er kreierte einen völlig neuen Typ der Madonna als durchaus attraktive und gleichzeitig sehr bodenständige und selbstbewusste Frau, ein Gegenstück zu den vergleichsweise glatten und fast schon geschlechtslosen Madonnen Raffaels. So wie Caravaggio in seinem neuen Realismus traditionelle religiöse Motive in alltägliche Situationen herunterbricht, schafft er Neues, das auch wieder neu bewegen und berühren kann.

Von ihm beeinflusst war Rembrandt van Rijn (1606–1669), das protestantische Gegenstück zu seinem holländischen Malerkollegen Rubens, der aber als Maler letztlich in Armut starb. Vielleicht war gerade seine religiöse Malerei zu realistisch und auch zu privat für große kirchliche Aufträge; und nicht zuletzt hatte Rubens auch seine eigene Vermarktung besser verstanden. Immer wieder beschäftigte Rembrandt sich mit den beiden badenden Frauen des Alten Testaments: Susanna, die von zwei alten Voyeuren beobachtet wird (siehe weiter unten), und Bathseba, die König David im Auge hat.

David hat Bathseba beim Bad auf der Dachterrasse beobachtet und begehrt sie. Er schickt ihr einen Brief, vermutlich mit einem entsprechenden Angebot an die verheiratete Frau, deren Mann gerade im Krieg ist. Rembrandt schuf ein sehr privates Bild dieser nackten Frau, das mit Sicherheit nicht als Altarbild gedacht war. Bathseba sitzt auf einem weißen Tuch, das auch ihre Scham dezent verdeckt. Eine ältere Frau in orientalischer Gewandung ist dabei, ihre Füße zu waschen oder zu pflegen. Bathsebas nackter Körper ist sehr realistisch gemalt mit allen wohlgeformten Rundungen. Die erotische Sinnlichkeit ihres Körpers war auch der Grund für den Brief. Im Gegensatz zu den meisten Darstellungen mit Bathseba im Bade fehlt hier König David völlig. Er ist einzig präsent durch den Brief, den die junge Frau in der rechten Hand hält: die Einladung zum Ehebruch.

Die Sinnlichkeit der Darstellung steht im Gegensatz zum nachdenklichen, wenn nicht schon traurigen Gesicht der Frau. Sie ist vermutlich noch nackt vom vorhergehenden Bad, die alte Frau vollendet das Bad oder macht sie fertig

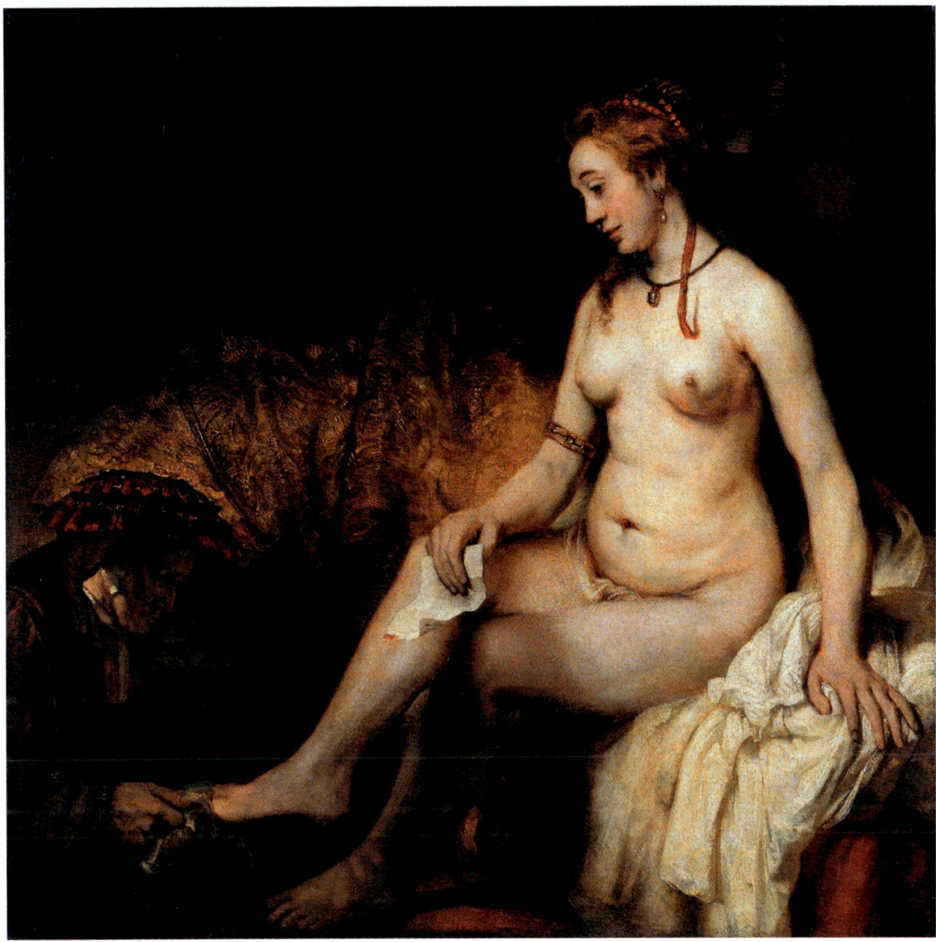

Bathseba hat gerade den Brief von König David mit der Einladung erhalten.
Rembrandt: Bathseba mit Davids Brief, 1654

zum Ausgehen. Die widerstrebenden Gefühle, die diese Situation für die schöne Frau birgt, werden in dem lebensgroßen Gemälde regelrecht greifbar: der Stolz, vom König begehrt zu werden, die Abneigung, den eigenen Ehemann zu verletzen, die Scham über eigene Gefühle, die Aussichtslosigkeit, dem Wunsch des Königs zu entkommen. Es ist ein Akt, in dem die vorangegangene Geschichte weiterwirkt, auch wenn sie nur in einem Blatt Papier dingfest wird. Es ist kein Akt, in dem es um die vordergründige Darstellung weiblicher Nacktheit geht. Es ist ein intimer Einblick in die persönliche Situation einer Frau, der bei aller Nacktheit letztlich mehr verrät als er zeigt.

Rubens: Grenzgänger zwischen Nacktheit und Prüderie

Peter Paul Rubens (1577–1640) war der große Starmaler des katholischen Barocks, der sich außerdem selber gut zu vermarkten wusste. Da er auch in diplomatischen Diensten für habsburgische Herrschaften tätig war, verbreitete sich seine Bekanntheit in ganz Europa. Rubens verkehrte in den höchsten Kreisen, war bekannt, beliebt und als Maler sehr begehrt. Die Aufträge häuften sich dermaßen, dass er in seinem späteren Wirken fast nur noch die Skizzen entwarf und die Gemälde von seinen Schülern ausführen ließ. Angeblich ist er der Maler, der am meisten Fläche überhaupt bemalte, ein vielschaffender Künstler mit einer großen Malschule, etwa 1500 Bilder tragen seinen Namen. Gleichzeitig haben wenige Künstler auf ihre Zeit einen so nachhaltigen Einfluss ausgeübt.

Auch Rubens malte, was gefiel oder eben nachgefragt wurde, und die Nachfrage ging auch in der Barockzeit nicht nur nach religiösen Motiven, Gegenreformation hin oder her. So bediente er ohne falsche Skrupel das damalige Bedürfnis nach Nacktheit, legitimiert im Rahmen mythologischer Begebenheiten aus der griechisch-römischen Geschichte. Da der männliche Akt ab dem 17. Jahrhundert zunehmend aus der Kunst verschwand, sieht man einmal vom hl. Sebastian ab, sind es vor allem ungezählte nackte Damen, die sich auf seinen großformatigen Bildern tummeln als antike Göttinnen, Grazien und Nymphen, bedrängte, entführte und verführende in allen denkbaren Posen. Die vielzitierte Aussage, dass Rubens für den weiblichen Akt getan habe, was Michelangelo für den männlichen getan hat, ist unbestreitbar.

Wie kaum ein anderer war Rubens der Maler des Fleisches. Er wollte keine abgemalten Marmorstatuen, sondern Körper aus Fleisch und Blut: Lebendige Leiber „haben bestimmte Einbuchtungen, die jeden Augenblick ihre Gestalt verändern und dank der Biegsamkeit der Haut bald zusammengezogen, bald ausgeweitet werden, was die Bildhauer für gewöhnlich vernachlässigen".[39] Seine Frauen sind das ziemliche Gegenteil von Photoshop-geglätteten Pin-up-Girls. Gerade diese „Einbuchtungen" im weiblichen Körper sind es, die es Rubens ganz besonders angetan haben, weshalb seine Aktfiguren auch immer in Bewegung sind. Die sogenannten Rubensfrauen sind von einer fleischli-

39 Zit. nach Walters, Der männliche Akt, S. 149.

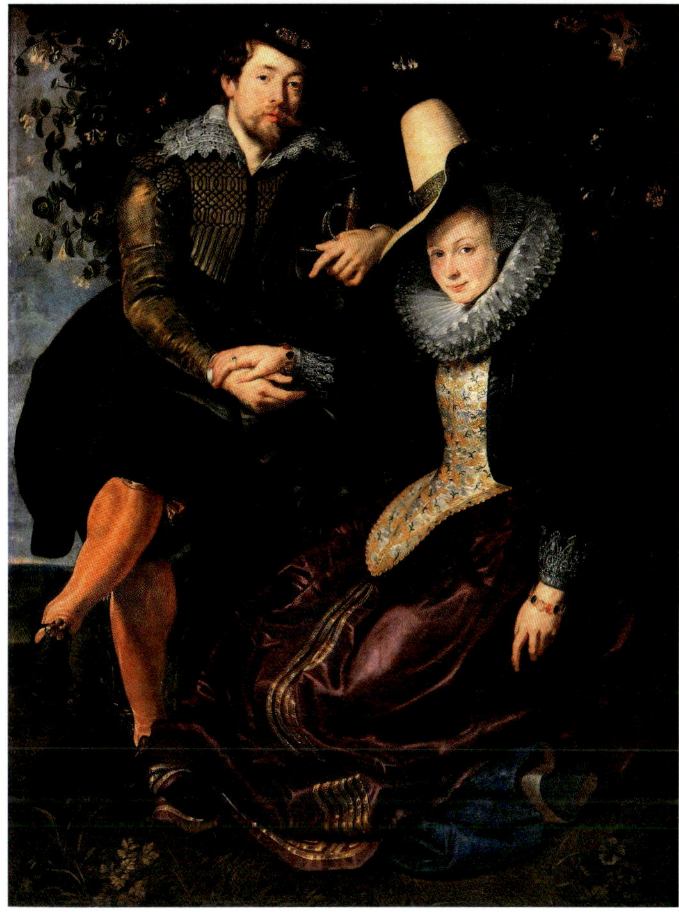

Der Maler Peter Paul Rubens mit seiner ersten Gattin, züchtig gekleidet im Stil der Zeit: *Rubens und Isabella Brant in der Geißblattlaube, 1609*

chen Fülle – Rubens' persönliches Schönheitsideal –, aber sie sind nie unförmig, sondern von einer höchst sinnlichen Fleischlichkeit. Ihn interessierte die Haut, wie sie sich spannt oder wie sie erschlafft, wie sie sich in der Bewegung streckt oder faltet. Ihn faszinierte die leuchtende Fleischesfarbe, der Schimmer der Haut, für den er eigene Maltechniken entwickelte, damit er wie Perlmutt in allen farblichen Schattierungen das Licht reflektierte. Seine Malerei lebt von einer überbordenden Freude an der sinnlichen Erscheinung und der gemalte Akt war inzwischen ehrbar geworden.

Die nackten Frauen des Rubens dürfen aber eines nicht vergessen lassen: Die Barockzeit war keinesfalls so nackt, wie die Nackten auf den Bildern, ganz im Gegenteil. Kurz vor der Hochzeit malte Rubens sich selber mit seiner Verlobten Isabella Brant in einer Geißblattlaube. Das Geißblatt galt als Symbol der

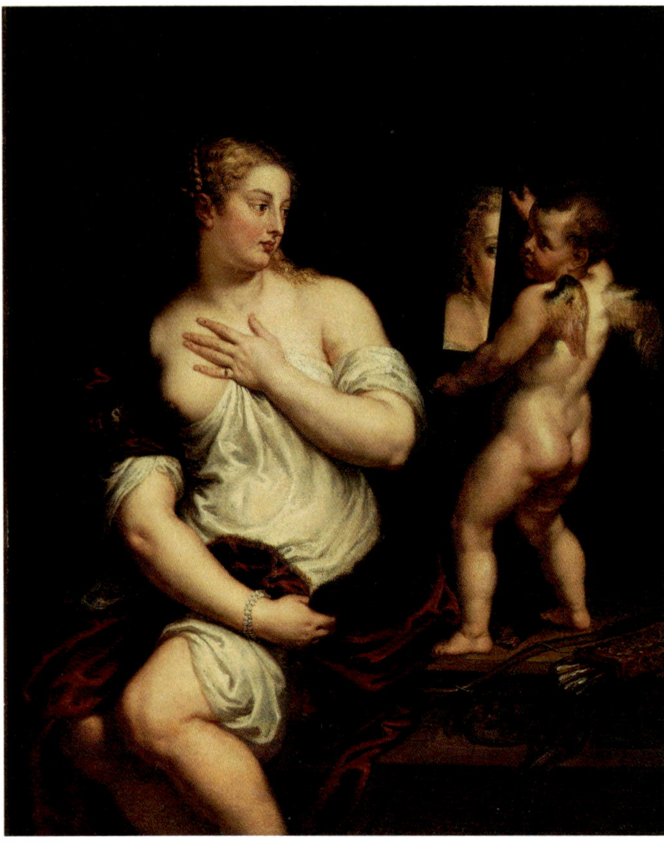

Etwa zur selben Zeit stand sie ihm Modell für ein ganz anderes Bild. *Rubens: Venus und Cupido, zwischen 1606 und 1611*

Treue und bezog sich damit auf die gewünschte langwährende Ehe; und so viel man weiß, war Rubens auch ein treuer Ehemann. Beide blicken aus dem Bild heraus, nur ihre jeweils rechte Hand ist aufeinandergelegt, nichts von inniger Umarmung oder gar einem Kuss. Steif, wie man es heute empfindet, sitzen sie völlig zugeknöpft in äußerst züchtiger Kleidung da, die der strengen spanischen Hoftracht noch verpflichtet ist. Sie ist aber nichts anderes als die damals übliche Bekleidung des angesehenen Bürgertums.

Etwa in derselben Zeit entstand eine der frühen Venus-Darstellungen und da sieht die Bekleidung schon ganz anders aus. Da gibt es die knackige Rückenansicht des nackten Cupidos, die freie Brust und den offenen Oberschenkel der Liebesgöttin. Vermutlich hatte ihm seine Gattin für diese Venus sogar Modell gestanden. Im privaten Umgang war man züchtig, die offizielle Ehe- und Sexualmoral war immer noch streng, wenn auch auf katholischer Seite vielleicht etwas „schlampiger“ gehandhabt. Doch die Nacktheit der antiken Göttinnen

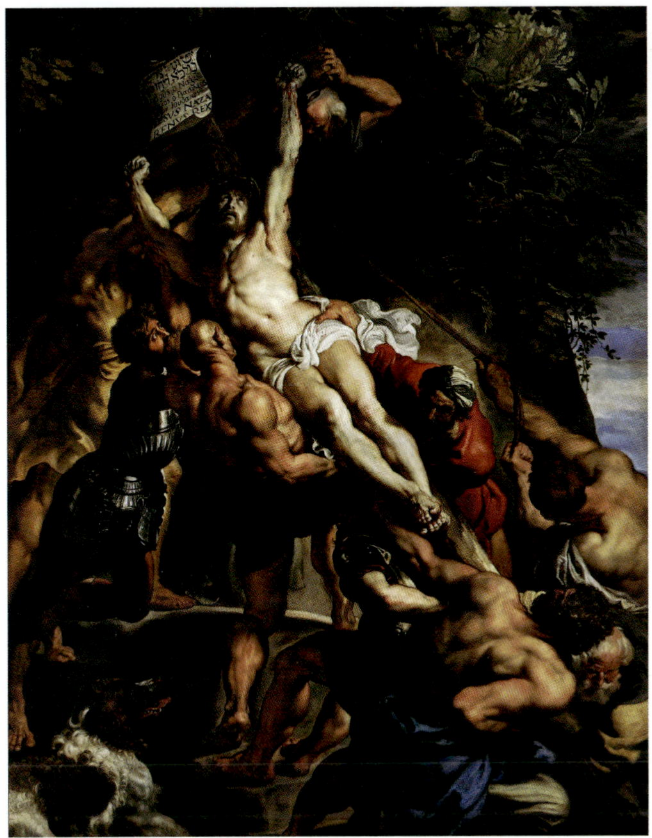

Der fleischgewordene Gottessohn in einem heroischen Akt
Rubens: Die Kreuzaufrichtung, Mittelteil, Kathedrale Amsterdam, 1610

musste nicht mehr versteckt werden. Man durfte sie zeigen und anschauen, sich an ihrem Anblick erfreuen und vermutlich diente sie auch der ehelichen Anregung, der „Ehehygiene“, wie es heute in der Therapeutensprache heißt.

In der religiösen Kunst aber galt Nacktheit zumindest offiziell als verpönt. Auch hier war es Peter Paul Rubens, der das Ziel der Jesuiten für die neue religiöse Malerei wie kein anderer umsetzte. Neue Bildwelten sollten geschaffen werden, die dem christlichen Glauben eine sinnliche Gestalt geben, die zutiefst treffen, berühren, wenn nicht gar überrumpeln. Als seine „Kreuzaufrichtung“ in der Kathedrale von Amsterdam 1610 erstmals enthüllt wurde, war es für die Kleriker wie für die Gläubigen ein überwältigendes Erlebnis. Schon allein das Format von 462 x 341 cm für ein Altarbild sprengte jeden bisherigen Rahmen. Es war ein neues Motiv, das in der Bibel so nicht beschrieben wird: Christus ist bereits ans Kreuz genagelt und eine Reihe von Soldaten ist dabei, das Kreuz mit dem mächtigen Körper aufzurichten.

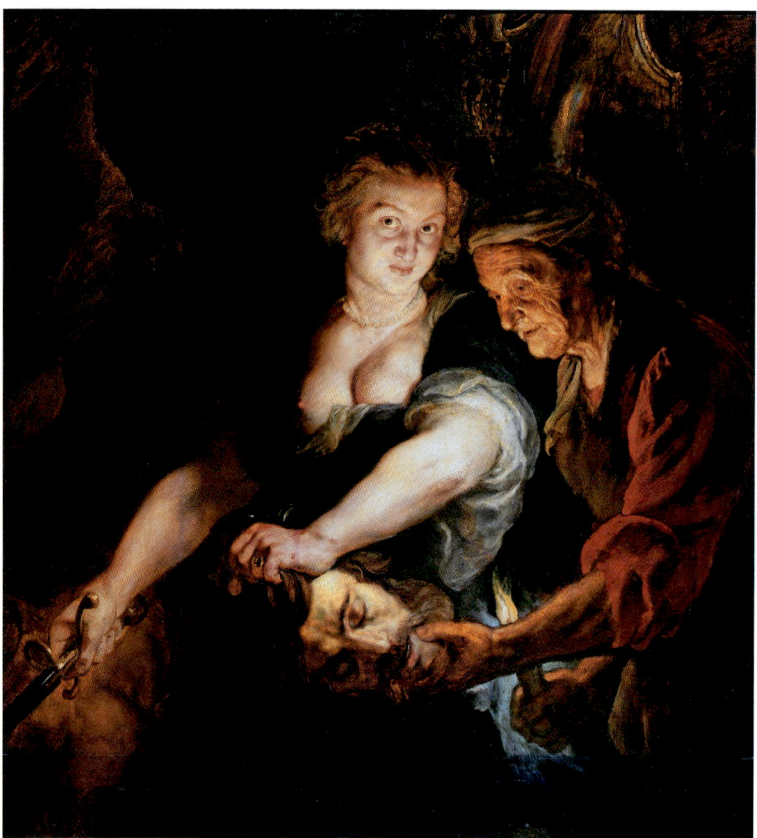

Die Brüste der Judith wurden Holofernes zum Verhängnis. *Rubens: Judith mit dem Haupt des Holofernes, 1616*

Ähnliche Gemälde seines Zeitgenossen Rembrandt sind im Vergleich dazu eher von einer verinnerlichten Spiritualität, damit mehr dem Protestantismus verpflichtet und fast schon körperlos. Hingegen ist der Körper Christi des Rubens am sich aufrichtenden Kreuz ein heroischer Akt, auch wenn selbstverständlich das Lendentuch die Scham verbirgt (vgl. unten Kapitel „Göttliche Nacktheit"). Ein mächtiger Männerkörper ist da ans Kreuz geschlagen, schwer und muskulös, durch die Streckung am Kreuz treten alle Muskeln kräftig hervor. Das Licht von oben lässt den Körper Christi wie von innen heraus leuchten, während sein Blick ohne gebrochene Leidensgesten zuversichtlich zum Himmel geht. Kaum einmal hat ein Künstler den fleischgewordenen Gottessohn wirklich derart Fleisch werden lassen.

Soweit es überblickbar ist, hat Rubens das Thema Nacktheit in seinen religiösen Werken tatsächlich ausgelassen, auch wenn er in zwei biblischen Geschichten, die es nahelegen, auf die nackten Brüste der Protagonistinnen nicht verzichtet hat. Auch Rubens hat das Thema „Judith und Holofernes“ mehrfach behandelt. 1616 entstand ein eindrucksvolles Gemälde, das zweifellos für den privaten Gebrauch gedacht war und nicht für eine Kirche. In der Lichtdramaturgie lehnt sich Rubens an Caravaggio an. Die Dienerin hat die einzige Lichtquelle in der rechten Hand, eine Kerze, die sie mit ihrer Linken abdeckt. Das fast grelle Licht trifft nur auf Judiths Unterarm, ihre Brüste und ihr Gesicht. Der Rest bleibt im fast goldenen Halbdunkel des Kerzenlichts, das auch das faltige Gesicht der alten Dienerin sehr schön hervortreten lässt. Die Dunkelheit passt zur Zeit der Erzählung, denn die beiden warteten, bis die nächtliche Dunkelheit und Stille über das feindliche Lager kam, bis Judith Holofernes enthauptete und beide aus dem Lager flohen.

Und das geöffnete Dekolleté? Das ist nun Rubens’ Erfindung, aber es kann durchaus aus der biblischen Geschichte heraus gedacht werden. Vielleicht führte Judith dem Feldherrn nochmal vor Augen, worauf er entbrannte und sich in Vorfreude völlig betrank. Das geöffnete Dekolleté bei Rubens dramatisiert die Erzählung zusätzlich. Es zeigt ganz plastisch, dass diese Frau bereit ist, alles zu wagen, um ihre Stadt zu retten und dass sie dabei vor nichts zurückschreckt. Judith blickt zu den Betrachtenden, während sie im ausgestreckten rechten Arm das Schwert hält, mit dem sie soeben dem furchtlosen Feldherrn den Kopf abgeschlagen hat, den sie in der blutbefleckten linken Hand hält. Dieser Ansatz von Nacktheit hat nichts Aufgesetztes. Vielmehr wagt Rubens hier einen Grenzgang, eine faszinierende Auslotung des Themas vom Heiligen und Nackten, das Judith zu einer gleichzeitig attraktiven und respektgebietenden Frau macht, mit der nicht so leicht Kirschen essen ist.

Das zweite Beispiel stammt ebenso aus dem Alten Testament. Die Israeliten waren wieder einmal im Streit mit den Philistern, doch diesmal hatten sie eine Wunderwaffe: Samson mit seiner unbesiegbaren Kraft. Die Philister setzen die attraktive Delilah auf Samson an, damit er ihr das Geheimnis seiner Kraft verrate. Dreimal führte er sie auf die falsche Spur, doch Delilah ließ nicht locker, denn inzwischen hatte sich Samson in die Schöne verliebt: „Und es geschah, als sie ihm mit ihrem Gerede jeden Tag zusetzte und ihn bedrängte, wurde er es zum Sterben leid; er legte ihr sein ganzes Herz offen.“ (Ri 16,16) Keine Spur von Sex in der biblischen Geschichte! Etwas später heißt es lapidar: „Delilah ließ Samson auf ihren Knien einschlafen“, nachdem er ihr verraten hatte, dass seine Kraft in seinen Haaren liegt. Ab dem 17. Jahrhundert wurde aus dieser biblischen Geschichte zunehmend eine „Sex-and-Crime-Story“ bis hin zu Ca-

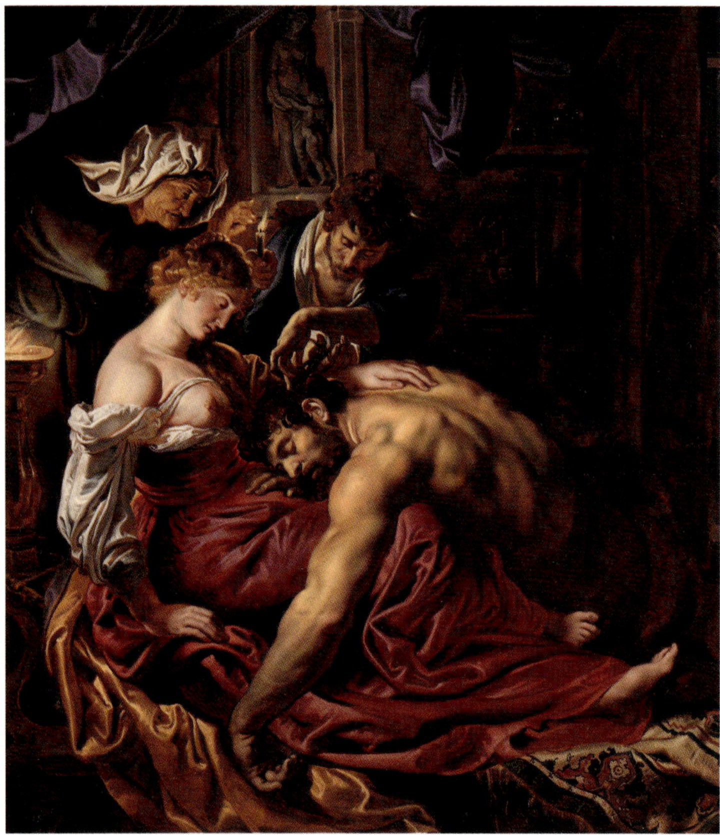

Die Brüste der Delilah haben Samson seine Kräfte gekostet. *Rubens: Samson und Delilah, 1609*

mille Saint-Saëns' gleichnamiger Oper mit der wunderschönen, schwül-erotischen Verführungsarie der Delilah. Schließlich ist es von der Dramaturgie der Erzählung her auch wesentlich spannender, wenn Samson ihren verführerischen Reizen erlegen ist, als dass er sein großes Geheimnis nur verrät, weil sie tagelang auf ihn eingeredet hat. Und was heißt schon „auf ihren Knien eingeschlafen"? Und warum?

Auf raffinierte Weise erzählt Peter Paul Rubens die Geschichte, in der dem Unbesiegbaren zuletzt die Haare abgeschnitten werden. Vordergründig zumindest hält er sich an den biblischen Text: Samson ist auf Delilahs Knien eingeschlafen. Aber warum? Rubens deutet es nur an und lässt es delikat offen. Allerdings ist Samson nackt, nur ein Pelz liegt um sein Hinterteil. Wurde ihm bloß vom Zuhören so heiß? Aber auch Delilah hat ihre Brüste entblößt und es ist nicht anzunehmen, dass der Prachtkerl nur vom Betrachten der Brüste eingeschlafen ist. Andererseits gibt es keine Liegestatt, wo man sich das vorstellen könnte, was das Bild an Vorstellungen erweckt. Die Phantasien, die das Bild bei den Betrachtenden unmittelbar auslöst, dürften eindeutig sein: Samson ist nach einem aufregenden Verkehr mit Delilah ermattet auf ihren Knien eingeschlafen. Doch Rubens erzählt das nirgends wirklich, es sind nur die nackten Elemente, die er in sein Bild hineinpackt und die solche Phantasien auslösen und zwar immer und immer wieder. Es ist ein Bild, das auf fast anständige Weise eine biblische Geschichte erzählt und dabei einen Geschlechtsverkehr phantasiert.

Das Gemälde war auch in der Atmosphäre der Gegenreformation durchaus vertretbar, weil es gleichzeitig als Warnung vor den Folgen der Leidenschaft interpretiert werden konnte und Delilah mit ihren nackten Brüsten schließlich die böse Verführerin ist. Der Auftraggeber war kein Geringerer als der Bürgermeister von Antwerpen, Nicolaas Rockox, der es offensichtlich in seinem Speisezimmer über dem großen Kamin aufgehängt hatte. Von Frans Francken gibt es nämlich ein zwischen 1630 und 1635 entstandenes Bild, das genau dieses Speisezimmer mit Rubens' Gemälde über dem Kamin zeigt. Die Familie und alle Gäste des Hauses sind hoch zugeknüpft gekleidet, doch über dem

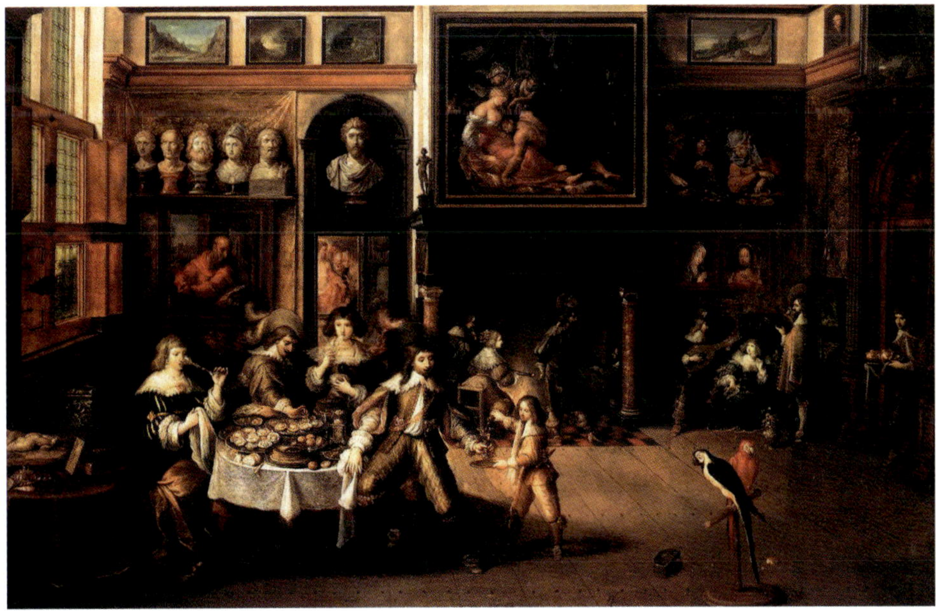

Die verführerische Delilah über dem Kamin des züchtigen Bürgermeisters
Frans Francken: Rubensbild Delilah im Speisezimmer des Bürgermeisters Rockox, zwischen 1630 und 1635

Kamin leuchtet der nackte Busen der Delilah und alle dürfen raten, warum der schöne Samson eingeschlafen ist – vielleicht ein kreativer Kompromiss der katholischen Gegenreformation im Barock. Würde man sich heute solches noch trauen? Die beiden Bilder der Judith und der Delilah zeigen, dass bei Rubens das Heilige und das Nackte sich nicht in schlüpfrigen Vordergründigkeiten erschöpfen. Vielmehr stehen die beiden Pole in einer überaus kreativen Spannung, einer Spannung, die ab dem 18. Jahrhundert zunehmend verloren geht.

DAS ROKOKO UND DAS SCHÄFERSTÜNDCHEN

Dem Rokoko des 18. Jahrhunderts wird ein ambivalentes Schamgefühl nachgesagt. Nicht dass sich an der offiziellen Sexualmoral etwas geändert hätte, aber gerade in den gehobenen aristokratischen Kreisen machte sich ein neues Lebensgefühl breit, welches letztlich auf geradem Wege in die Französische Revolution führte. Die Frauen waren immer noch eingepackt, wenn nicht eingeschnürt in eine Fülle prächtiger Stoffe, aber man empfand eine zunehmende Lust am Ein- und Auspacken. Margaret Walters bringt es so auf den Punkt: „Rokoko – das ist Kunst des Striptease."[40] Es scheint tatsächlich, als würden die Kleider an sich schon erregen wie Fetische.

Die Aristokratie dieses Jahrhunderts machte sich seine Moral selber, wenn auch manchmal in fast kindlicher Form. Das Pathos des Barocks überforderte zunehmend und an dessen Stelle traten Anmut, Eleganz und Grazie, Äußerlichkeiten, die bald zum frivolen Dekor wurden. Man pflegte „ein leichtherziges Lebensgefühl in meist raffinierten, bisweilen aber auch eher platten Formen der Sinnlichkeit".[41] In den Gemälden von Fragonard sitzt ein junges Mädchen in wallenden Gewändern auf einer Schaukel, während sich der junge Mann gegenüber so platziert hat, dass er jedes Mal, wenn die junge Dame auf der Schaukel hoch kommt, den Blick unter ihre Gewänder hat. Ein anderes Mädchen mit erregten roten Wangen spielt mit dem buchstäblichen Schoßhündchen zwischen ihren nackten Beinen. Es wird die Fiktion einer vermeintlich „natürlichen" erotischen Frivolität geschaffen, die die große Kraft der Sexualität auf eine Folge erotischer Schäferstündchen reduziert. Wenn bei Tiepolo Zeus die Europa raubt, dann steht zusätzlich oben auf dem Wölkchen ein kleiner Putto, der mit starkem Strahl auf seine beiden Kollegen regelrecht von der Wolke hinunterpinkelt. Es ist eine Kunst, die sich im Modischen er-

40 Walters, Der männliche Akt, S. 169.

41 Poeschel, Starke Männer, schöne Frauen, S. 110.

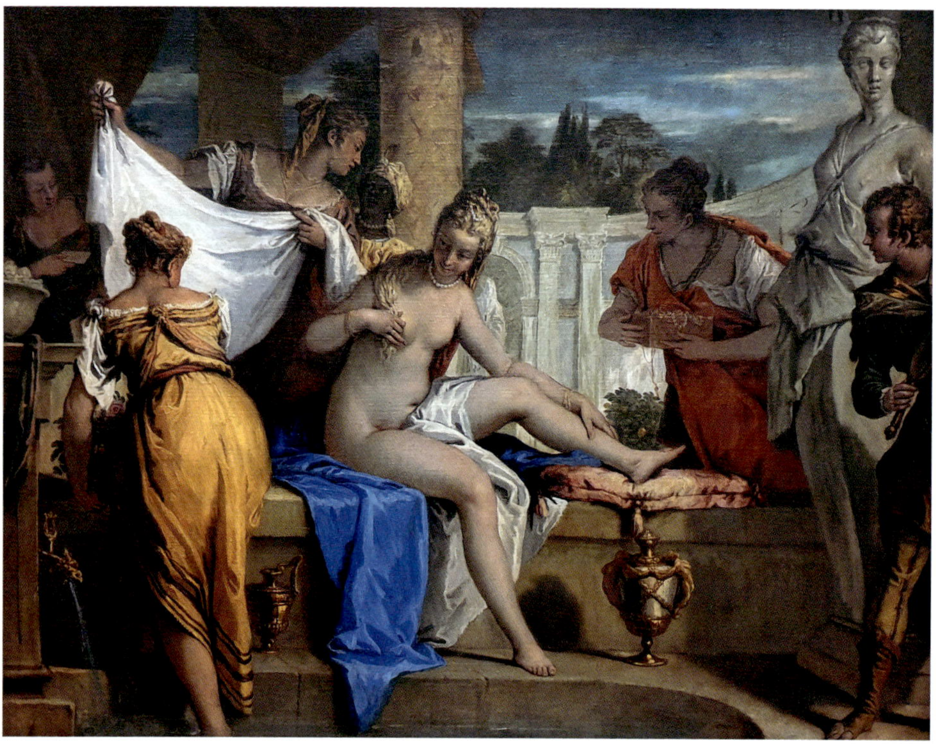

Bathseba im Bordell?
Sebastiano Ricci: Bathseba im Bade, 1725

schöpft, eine große Folge lasziver Zierlichkeiten, die im Grunde vermutlich Fluchten aus den Realitäten des Alltags waren.

In diesem gesellschaftlichen Milieu entstehen dann die ersten Bilder, die definitiv der Pornografie zugerechnet werden müssen. Der voyeuristische Blick in den geheimen Kabinetten des 16. Jahrhunderts hat eine solche Entwicklung vielleicht ahnen lassen, doch eine Venus von Tizian ist bei aller Schaulust immer noch hohe erotische Kunst. Doch wenn Paare beim Verkehr ohne rahmende Geschichte und ohne erotisch-andeutenden Impetus in eindeutiger Absicht dargestellt werden, liegt es auf einer anderen Ebene. Besonders beliebt für die frühe Pornografie war der Kupferstich, da dieser preisgünstig in hohen Auflagen verbreitet werden konnte.

Auch wenn noch eine Anzahl großartiger Kirchenbauten entstand, wie die Wallfahrtskirche Birnau oder die Wieskirche, spielte im höfischen Leben der Aristokratie die religiöse Kunst nicht mehr die Rolle wie im Barock. Bürgermeister Rockox hätte sich inzwischen vermutlich eher das schaukelnde Mädchen in seinem Speisezimmer aufgehängt als Rubens' wuchtige Delilah; so ernst wollte man es dann doch nicht haben. Zwingende, große Bildentwürfe stellen sich kaum mehr ein und nicht selten mischt sich die Frivolität der Zeit auch in die christlichen Bildmotive.

Sebastiano Ricci war einer der wichtigen venezianischen Maler dieser Zeit. Auch er malte die alttestamentliche Bathseba im Bade, doch der Duktus ist jetzt ein völlig anderer. Sollte der junge Mann am rechten Bildrand bereits König David sein, so wäre der korrektere Bildtitel viel eher: David besucht Bathseba im Bordell. War die biblische Geschichte ursprünglich ein legitimer Vorwand, wenn man will auch eine Ausrede, um Nacktheit darzustellen, hat sich hier der Bildtyp völlig verselbständigt. Bathseba ist umgeben von einer weißen Marmorstatue mit betonten Brüsten und weiteren Damen, die sie pflegen und dabei ihr prächtiges Dekolleté präsentieren bzw. ihr Hinterteil mit den hervorblitzenden Unterschenkeln. Die Geschichte, die sich dahinter abspielt, ist verloren gegangen, die gespaltenen Gefühle dieser Frau, wie sie Rembrandt eindrücklich gemalt hat, spielen keine Rolle mehr. Das biblische Thema dient nur noch der frivolen Präsentation von Nacktheit.

Im Laufe des 18. Jahrhunderts beginnen sich das Heilige und das Nackte zunehmend aus den Augen zu verlieren. Venus, die römische Liebesgöttin, war zwar immer noch ein beliebtes Motiv im weiblichen Akt – männliche Akte verschwinden fast zur Gänze –, doch zunehmend kommen die Akte ohne Motiv aus, ohne Geschichten, die sie erzählen und die sie legitimieren. Der Akt beginnt sich zu verselbständigen und laszive Motive können in jedem Bild auftauchen. Sieht man von einzelnen Ausnahmen ab, geht auch die religiöse Kunst gerade in der Deckenmalerei immer mehr ins Dekorative. „Himmlisches Gewimmel" wurde einmal genannt, was sich an den Decken von Kirchen des späten Barocks und Rokokos ereignet: immer mehr und immer mehr desselben.

In diesem Jahrhundert formieren sich Entwicklungen wie die Aufklärung, die schlussendlich in die sogenannte Moderne münden, und irgendwie scheint es, dass aus dem Thema vom Heiligen und Nackten „die Luft heraußen" ist. Die Spannung zwischen den beiden Polen geht allmählich verloren, was zur Folge hat, dass das Heilige immer steriler und blutleerer wird, während das Nackte zunehmend zur Pornografie verkommt.

DIE PRÜDERIE DER BEGINNENDEN MODERNE

„Ich habe nun genug Brüste und Hinterteile gesehen!"[42] Das erklärte kein Geringerer als Denis Diderot, einer der führenden Vertreter der Aufklärung des 18. Jahrhunderts. In die Mitte dieses Jahrhunderts fiel der Umbruch in die Moderne, der ins bürgerliche 19. Jahrhundert führte. Er begann mit der Philosophie der Aufklärung, der jedes obrigkeitliche Denken suspekt war und die im Namen von Empirismus und Rationalismus auf die Benutzung des eigenen Verstandes setzte. Der einzelne Mensch, das Individuum, rückte in den Vordergrund mit der Betonung seiner Freiheit und Selbstbestimmung. Politisch mündete die Aufklärung in die Französische Revolution, die unter dem Motto „Freiheit, Gleichheit, Brüderlichkeit" die gesellschaftspolitischen Verhältnisse umkrempelte. Die Politik sollte nicht mehr von oben kommen durch hierarchische Autoritäten, sondern, vorerst zumindest, vom Volk und seinen politischen Parteien. Die republikanischen Ideale haben allerdings nicht allzu lange gehalten und sind spätestens mit der Kaiserkrönung Napoleons obsolet geworden. Es folgten äußerst rigide Regime mit dem zweiten Königreich in Frankreich, dem System des Metternich im habsburgischen Österreich oder dem Viktorianischen Zeitalter in England.

Gleichzeitig war der Umbruch in die Moderne verbunden mit einem bedeutenden Aufschwung der Naturwissenschaften und der Medizin. Hinzu kam die beginnende Industrialisierung, verbunden mit der fortschreitenden Technisierung alltäglicher Lebenswelten, aber auch der Entstehung des Proletariats und neuer Formen der Verarmung. Ein weiterer, nicht unwesentlicher Bestandteil in diesem Konglomerat der Moderne war die Säkularisierung. Die engen Verbindungen von kirchlicher und politischer Macht, wie sie im Barock noch selbstverständlich waren, wurden zugunsten einer stärkeren Trennung von Kirche und Staat aufgelöst. Die Bindungen an die Religion wurden in

42 Zit. nach Walters, Der männliche Akt, S. 174.

vielen Bereichen gelockert oder aufgelöst, Fragen der Lebensführung zunehmend der menschlichen Vernunft zugeordnet.

Im Zuge dieser Entwicklungen hatte die Kirche als Hüterin der Moral immer mehr ausgedient. Das Heilige verliert an Bedeutung, doch hat das Nackte damit freie Bahn? Dem allgemeinen Klischee nach würde man glauben, jetzt breche das Zeitalter lebensfreundlicher Freiheiten an, doch das Gegenteil war der Fall. Arnold Angenendt bezeichnet das 19. Jahrhundert schlichtweg als das „Jahrhundert der Prüderie“[43]. An die Stelle von Religion und kirchlicher Moral trat ein neuer Moralismus im Namen des bürgerlichen Anstands und der damals gültigen Wissenschaft. Die These, dass durch die Säkularisierung diesbezüglich ein Fortschritt erzielt worden wäre, ist ein ziemlich hohles Klischee.

Ein Beispiel für die neue Prüderie ist die Anti-Onanie-Bewegung, die ausgehend vom 18. Jahrhundert bis weit ins 20. Jahrhundert hineinreichte. Als Kronzeuge dafür kann sogar Immanuel Kant gelten, der bekannteste Philosoph der Aufklärung. In seiner „Metaphysik der Sitten“ ist er diesbezüglich von unerbittlicher Klarheit. Aus seiner Sicht ist der Mensch sittlich nicht befugt, die Geschlechtsorgane „der bloßen tierischen Lust zu widmen“.[44] In der Selbstbefriedigung, bei Kant heißt es die „wohllüstige Selbstschändung“, sieht er ganz im traditionellen Jargon „eine Begierde wider den Zweck der Natur“. Soweit klingt es fast noch kirchlich, doch dann geht Kant viel weiter: Es sei eine den Menschen „selbst unter das Vieh herabwürdigende Behandlung seiner eigenen Person“. Aber auch das reicht dem Philosophen noch nicht: Die Onanie habe einen derart „hohen Grad der Verletzung der Menschheit in seiner eigenen Person“, dass er sie sittlich für noch verwerflicher hält als den Selbstmord.

Kant war damit nicht allein, da die Aufklärer in Fragen der Ehe- und Sexualmoral durchweg sehr streng waren, von den Revolutionären in Frankreich gar nicht zu reden, die in jeder Laszivität den Ausdruck jenes Regimes sahen, das sie vernichten wollten. Die vermeintlich rationale Sittlichkeit der Philosophen war das eine, doch bald wurde sie sekundiert von der Medizin ihrer Zeit. Onanie galt jetzt nicht mehr nur als Sünde, die man beichten konnte, sondern als gesundheitliche Selbstruinierung. Bis ins 20. Jahrhundert erschienen

43 Angenendt, Ehe, Liebe und Sexualität im Christentum, S. 187.

44 Dieses und die folgenden Zitate: Kant, Metaphysik der Sitten, 2. Teil, I. Ethische Elementarlehre, I. Teil, 1. Buch, § 7.

zahlreiche medizinische Traktate, die nachzuweisen glaubten, dass Onanie zur Austrocknung des Gehirns, der Erweichung des Rückgrats oder überhaupt zur Verkrüppelung der Geschlechtsorgane führe. Da im 19. Jahrhundert nicht nur die Moral, sondern jetzt auch die Erhaltung der Gesundheit zentrales Anliegen des Staates war, kam es zu einer breiten Anti-Onanie-Bewegung, unter der vor allem Knaben und junge Männer Unsägliches erleiden mussten bis hin zu grausamen Formen männlicher Genitalverstümmelung.[45]

Wenn die Sexualmoral einmal derart „wissenschaftlich" begründet daherkommt, würde man sich fast zurücksehnen nach der guten alten Sünde, die man beichten konnte, zumal gerade die katholische Kirche zwar in den Grundsätzen streng, aber in der Praxis eher mild war. Über die Sexualmoral hinaus wurden jetzt auch die Geschlechterrollen von Mann und Frau, vor allem die Unterordnung der Frau unter den Mann, „wissenschaftlich" fundiert und schlichtweg der „Natur des Menschen" zugesprochen. Was bisher als biblisches Gebot gepredigt wurde, galt jetzt als Naturgesetz, gegen das man sich kaum auflehnen konnte. Der Moralismus des 19. Jahrhunderts reicht weit in unsere Zeit herein und doch, so scheint es zumindest, hat fast nur die Kirche die Rechnung zahlen müssen für das, was man im Namen von Vernunft und Medizin den Menschen angetan hat. Die treibenden Kräfte von damals, die Aufklärung, das Bürgertum, die Philosophie oder die Medizin, sind heute keine greifbaren Gegner mehr, da bleibt nur noch die Kirche übrig.

Keine gute Zeit für das Heilige

Es war keine gute Zeit für das Heilige. „Alles Heilige wird entweiht, und die Menschen sind endlich gezwungen, ihre Lebensstellung, ihre gegenseitigen Beziehungen mit nüchternen Augen anzusehen"[46], schrieben 1848 Marx und Engels in ihrem „Kommunistischen Manifest". Dieser nüchterne und auch nicht zwingend ideologiefreie Blick war der Geist der Zeit und er betraf nicht nur die Religion, sondern auch die Mythen. In der Einleitung zu seiner „Kritik der Politischen Ökonomie" schreibt Karl Marx: „Ist die Anschauung der Natur und der gesellschaftlichen Verhältnisse, die der griechischen Phantasie und

45 Vgl. dazu Kucklick, Das unmoralische Geschlecht.
46 Marx/Engels, Manifest der Kommunistischen Partei, Nr. 465.

daher der griechischen [Mythologie] zugrunde liegt, möglich mit Selfaktors und Eisenbahnen und Lokomotiven und elektrischen Telegraphen? Wo bleibt Vulkan gegen Roberts et Co., Jupiter gegen den Blitzableiter und Hermes gegen den Crédit mobilier? Ist Achilles möglich mit Pulver und Blei? Oder überhaupt die Iliade mit der Druckerpresse oder gar Druckmaschine?"[47] Marx hat diese Zusammenhänge präzise auf den Punkt gebracht, wie sie sich auch in der Kunstgeschichte zeigen. Die künstlerische Produktion griechisch-römischer Göttinnen ging nicht nur wegen moralischer Bedenken zurück, sondern auch weil die mythologischen Hintergründe verloren gingen. Manche Bilder nackter Göttinnen im 19. Jahrhundert brauchten lange Bildtitel, da die Leute nicht mehr verstanden, was sie darstellten.

Verhängnisvoll wurde die Epochenwende für die Kirche. Für die Reformer war sie der Inbegriff des überkommenen gesellschaftspolitischen Systems und die Kirche selber fand kaum adäquate Antworten auf die neuen Entwicklungen. Die Kirche und die neuen Strömungen der Moderne wurden zu Gegenspielern. Man zog sich zunehmend zurück in das „Haus voll Glorie" und mauerte ohne tatsächliche Auseinandersetzung:

„Wohl tobet um die Mauern
der Sturm in wilder Wut.
Das Haus wird's überdauern,
auf festem Grund es ruht."[48]

Der „starken Türme Wehr" sollte von der Kirche alles abhalten, was ihr nicht wohlgesonnen bzw. eben „modern" war. Das ganze Bündel zeitgenössischer Strömungen von Charles Darwin bis Ignaz Semmelweis, von der aufkommenden Bibelwissenschaft bis hin zur Gewerkschaftsbewegung fiel alles unter „Modernismus", der lehramtlich pauschal verurteilt wurde. Im Syllabus, dem Verzeichnis der „Irrtümer der Gegenwart" von Papst Pius IX., wurden 1864 über achtzig modernistische Thesen von der Religionsfreiheit bis zur Mathematik verurteilt. Noch 1910 führte Papst Pius X. den sogenannten Antimodernisteneid ein, der von den Klerikern der katholischen Kirche abgelegt werden musste. Einzelne Fenster taten sich selbstverständlich immer wieder

47 Marx, Einleitung, Nr. 640.
48 3. Strophe des Liedes „Ein Haus voll Glorie schauet" von 1875.

auf, doch offiziell galt die antimodernistische Devise bis zum II. Vatikanischen Konzil.

Kaum irgendwo bildete sich diese Rückwärtsgewandtheit besser ab als im Kirchenbau. Auf den kühlen Klassizismus, eine Gegenbewegung zum überschwänglichen Rokoko, mit dem Rückgriff auf Formelemente des griechisch-römischen Tempelbaus folgte die Neugotik. Als in der Zeit des Nationalismus klar wurde, dass der gotische Kirchenbau primär eine französische Erfindung war, wechselte man in unseren Landen zur unverdächtig deutschen Romanik und entwickelte den neuromanischen Kirchenbau, dem gegen Ende des Jahrhunderts noch neubarocke Kirchen folgten. Man lebte im Grunde aus dem Fundus der Kunstgeschichte, wobei auch das Bürgertum als neuer Kulturträger keine entsprechenden ästhetischen Kriterien mehr entwickeln konnte. Nicht zuletzt fällt in diese Zeit die Entstehung des Kitsches.

Im Bereich der christlichen Kunst schaut es nicht viel vitaler aus. Der Kunsthistoriker Wolfgang Schöne hat schon vor Jahrzehnten pointiert erklärt: „Mit dem Ende der Barockkunst im dritten Viertel des 18. Jahrhunderts stehen wir auch am Ende der Bildgeschichte der christlichen Gottesgestalten in der abendländischen Kunst. Was folgt, ist nur noch Epilog."[49] Die christliche Kunst des 19. und 20. Jahrhunderts habe keine lebenskräftigen Gottesgestalten mehr hervorgebracht, worin ihm nicht zu widersprechen ist. Die in Massen einsetzende Produktion von Devotionalien und Heiligenbildchen darf man da ruhig außer Acht lassen, doch schon das kalte Pathos des Klassizismus verlor viel an verbindlicher Wirkung. Die Gestalten der Nazarener, die die Kirchenkunst dieses Jahrhunderts weitgehend beherrschten, wirken steif, temperamentlos und blutleer. Selbstverständlich gab es immer wieder einzelne Künstler der Moderne bis ins 20. Jahrhundert mit großartigen religiösen Bildentwürfen: der „Gelbe Christus" von Paul Gauguin, die berührenden Christusköpfe eines Georges Rouault oder Alexej von Jawlensky, die Übersetzung der Christusgestalt in die bäuerliche Stube durch Albin Egger-Lienz bis hin zu den Christus-Übermalungen von Arnulf Rainer. Doch diese Kunst wurde nicht zur Kirchenkunst, prägte nicht mehr die Ausgestaltung christlicher Kirchen.

Selbstverständlich galt Nacktes in der christlichen Kunst als verpönt, was erwartungsgemäß aber nicht heißt, dass es in religiösen Sujets nichts mehr zu schauen gegeben hätte, freilich jetzt wieder in privaten Kanälen. Allerdings ist

49 Schöne, Die Bildgeschichte, S. 45.

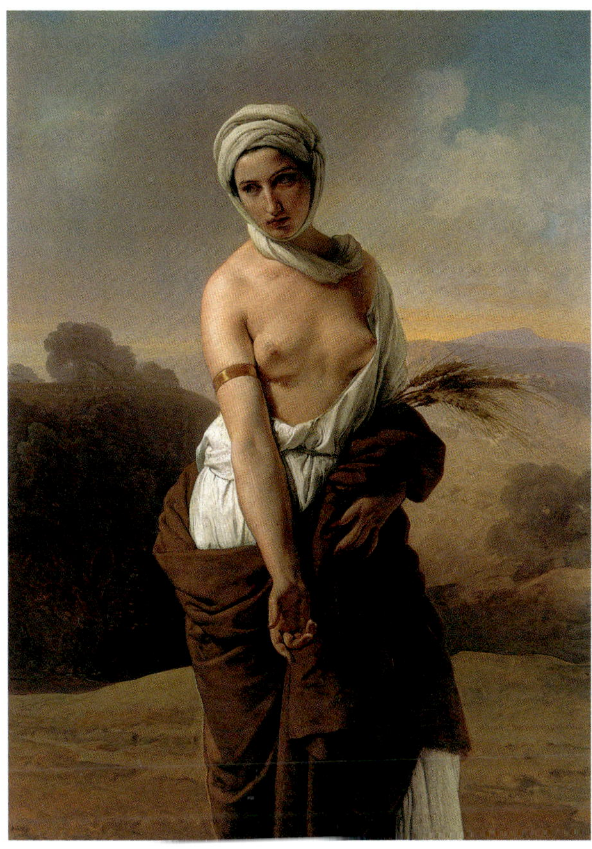

Die barbusige Ährenleserin
Francesco Hayez: Ruth, 1853

die Nacktheit in christlichen Motiven des 19. Jahrhunderts immer losgelöster vom Hintergrund der religiösen Erzählung, die sie eigentlich illustrieren sollte. Sie wird zunehmend vordergründig, sodass zumindest am Horizont etwas auftaucht, das man auch religiöse Pornografie nennen könnte.

Im Buch Ruth des Alten Testaments wird erzählt, wie Ruth als Ausländerin, würde man heute sagen, ihrer ebenso verwitweten Schwiegermutter in deren Heimat folgt. Dort sammelt sie in ihrer Not die übrigen Gerstenähren, was nur den Armen und Fremdlingen zustand. Der italienische Historienmaler Francesco Hayez, der in seinem Werk immer wieder auf der Suche nach Motiven war, in denen er nackte Frauen darstellen konnte, malte Mitte des 19. Jahrhunderts ebendiese biblische Ruth. Warum allerdings die junge Witwe, ansonsten überaus züchtig gekleidet, ausgerechnet barbusig ihre Ähren aufliest, kann wohl niemand mehr erklären und leitet sich mit Sicherheit nicht aus der biblischen Geschichte ab. Das Bild an sich ist nicht unbedingt lasziv oder

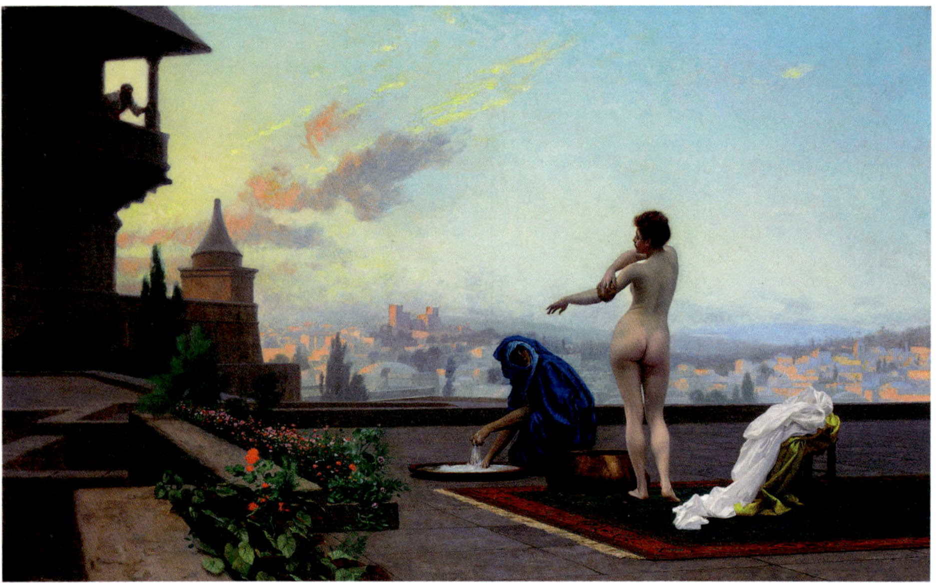

Bathseba will beobachtet werden.
Jean-Léon Gérôme: Bathseba, um 1889

pornografisch und doch ist die Nacktheit der Ruth nicht mehr motiviert, nicht mehr in der Erzählung begründet. Das Alte Testament dient, vermutlich von einem privaten Käufer so gewünscht, quasi als Ausrede zur Darstellung einer hübschen barbusigen jungen Frau. Dieselbe Dame kann man übrigens auch völlig nackt in Hayez' Version von „Bathseba im Bade" von 1834 betrachten, wo sie auch noch von zwei barbusigen Dienerinnen betreut wird.

Noch näher an den genannten Horizont des Pornografischen rückt der französische Maler Jean-Léon Gérôme mit seiner Version der Bathseba. Er stellte in seinen Bildern gerne junge nackte Frauen in durchaus voyeuristischer Weise dar, bevorzugt in Gemälden von antiken oder orientalischen Sklavenmärkten, in denen es zur buchstäblichen „Fleischbeschau" kommt. Seine Bathseba wird zwar von niemandem zur Schaustellung gezwungen, doch so provokant auf der sonst leeren Terrasse präsentierte sich die biblische Bathseba mit Sicherheit nicht. Ihre völlige Nacktheit wird noch pointierter durch die gänzlich vermummte Dienerin, die daran erinnert, in wieviel Keuschheit der Körper im Alten Testament verpackt war. Man sieht von der Ferne König David vom Balkon herunterblicken, so weit ist die Geschichte noch vorhanden. Der durchaus attraktive, aber auch aufreizende Rückenakt der jungen

Frau auf der sonst unbewohnten Terrasse ist derart vordergründig, dass das Thema des Bildes eher zur Scheinheiligkeit verkommt. Das Jahrhundert der Prüderie verlangte immer neue Kaschierungen von Nacktheit. Hinten im Kapitel „Bathseba im Bade“ wird noch eine alte Buchmalerei folgen, die zeigt, wie selbstverständlich das Mittelalter mit diesem Motiv im Gegensatz zu dieser Vordergründigkeit des 19. Jahrhunderts umgegangen ist.

Die Badenden und die Moderne

Zeiten revolutionärer Umbrüche und Kriegszeiten waren selten kreative Zeiten in der Kunst. So führten auch die politischen Umwälzungen am Ende des 18. Jahrhunderts nicht zu neuen kulturellen Aufbrüchen, viel mehr war politisches Pathos gefragt, das man in der Malerei des Klassizismus und in der Historienmalerei fand. Die glatte Kälte dieser Kunst entsprach dem aufgeklärten Rationalismus, den man vor sich hertrug. Dort, wo Nacktheit akzeptiert war, sollte sie eher blutleer sein wie in den akademischen Akten oder zumindest hochpatriotisch wie die barbusige Marianne in Eugène Delacroix’ „Die Freiheit führt das Volk“, die zum französischen Staatssymbol wurde. Es war eine Art moralische Nacktheit, eine überhöhte, die nicht viel gefühlsmäßige Erregung provozierte, eine sterile Nacktheit, die möglichst unrealistisch zu sein hatte.

Umso größer war der Skandal, den Gustave Courbets realistische Gemälde Mitte des Jahrhunderts auslösten, vor allem sein Bild „Die Badenden“ von 1853. Er knüpfte wieder bei der sinnlichen Fleischlichkeit eines Rubens an und verweigerte die staatstragende Glätte in seinen Akten. Sexualität galt der politischen Macht des 19. Jahrhunderts als gefährlich, weil sie anarchische Züge berge und den Menschen der Kontrolle der Vernunft entziehe. Deshalb vermehrte sich unter der Decke entsprechend die Pornografie als eine Art Ventil, doch offiziell durfte es nicht sein. Auch hier gilt: Je rigider die Moral, umso größer wird die Doppelmoral.

Courbet mit seinen vielen Variationen badender Frauen kümmerte sich nicht um diese Konvention. Sein skandalträchtigstes Gemälde mit der Nahsicht zwischen die Schenkel einer liegenden nackten Frau hielt allerdings sogar sein Auftraggeber vor den Gästen des Hauses verborgen. Mit seinem Realismus wurde Courbet zu einem der wichtigsten Wegbereiter der modernen

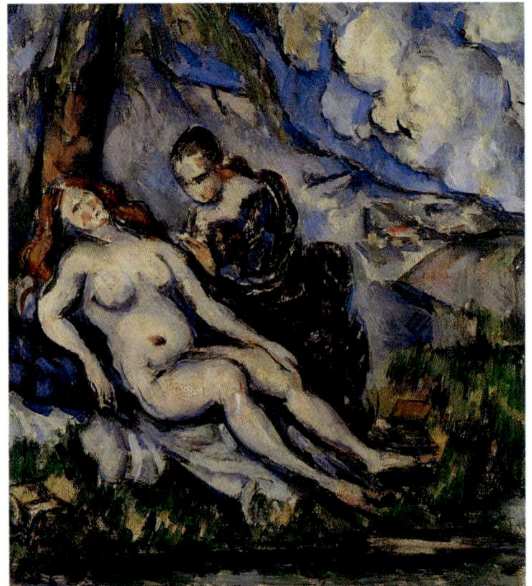
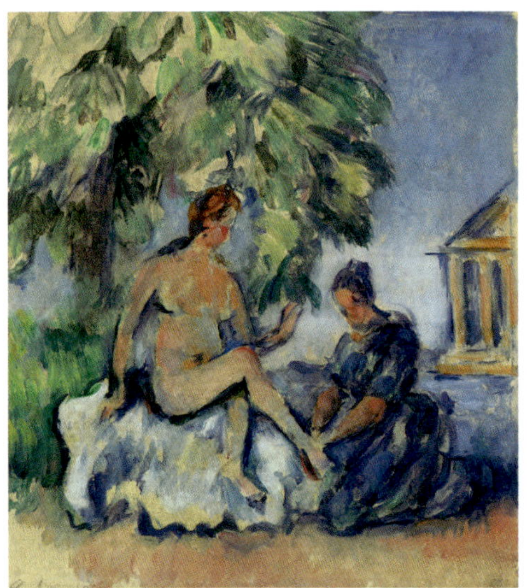

Bathseba auf dem Weg zur Abstraktion
Paul Cézanne: Variationen zu Bathseba, um 1890

Malerei. Édouard Manet steigerte die öffentliche Erregung mit seinem Bild „Olympia" (1865), in dem er eine junge Prostituierte in der Pose von Tizians Venus malte, oder mit „Frühstück im Grünen" (1863), wo zwei gut gekleidete Männer mit einer nackten Dame beim Picknick im Park sitzen, die in aller Selbstverständlichkeit an dem Frühstück teilnimmt.

Die Malerei des 19. Jahrhunderts hatte sich aus dem religiösen Kontext emanzipiert und der weibliche Akt brauchte kein Thema und keinen Anlass mehr. Auffallend ist allerdings, wie sehr sich die beginnende Moderne am Bild badender Frauen entwickelte. Die biblischen Badenden Susanna und Bathseba hatten dabei aber ausgedient. Für die Impressionisten Degas und Renoir gehörten badende junge Frauen zu den zentralen Themen ihrer Kunst. Der Akt war zu einem selbstverständlichen Sujet geworden, an dem jetzt zunehmend die Form wichtig wurde und nicht die Erotik. Paul Cézanne variierte seine unzähligen Badenden fast bis hin zur Abstraktion. Auf sein berühmtes Bild „Die Großen Badenden", das 1906 erstmals ausgestellt wurde, reagierte ein Jahr später bereits Pablo Picasso mit seinen „Les Demoiselles d'Avignon", dem ersten kubistischen Gemälde, das als Beginn der klassischen Moderne gilt. Das Nackte spaltete sich also gleichsam in die Pornografie auf der einen Seite und auf die überaus avancierte moderne Kunst auf der anderen auf.

Über 1500 Jahre war das Christentum die kulturstiftende Kraft des Abendlandes. Der Bruch vollzog sich allmählich im Laufe des 18. Jahrhunderts und dann weitgehend im Übergang zum 19. Jahrhundert. Die aus dem religiösen Kontext gelöste profane Kunst machte vorerst keine großen qualitativen Sprünge. Doch ab der Mitte des 19. Jahrhunderts nahm gerade die Malerei einen ordentlichen Anlauf, bei dem das Heilige keine große Rolle mehr spielte, dafür das Nackte eine zentrale Bedeutung bekam, wenn auch nun ganz anders als in der Schlüpfrigkeit der Prüderie. In der Auseinandersetzung mit den Badenden entwickelte die moderne Malerei neue Formen und Möglichkeiten der Wahrnehmung bis hin dann zur gänzlichen Abstraktion.

Den Abschluss sollen hier zwei Bilder von Paul Cézanne machen, nochmals mit der schon genannten Bathseba, die wie verborgene Kleinode unter seinen vielen Badenden versteckt sind. Beide Bilder zeigen, wie ihn die Geschichte selber kaum mehr interessiert, dafür aber die Form der Darstellung. In beiden Fällen ist Bathseba von einer bekleideten Dienerin begleitet. Im Hintergrund ist es einmal sein Lieblingsberg, die Sainte-Victoire in der Provence, im anderen Fall erinnert eine Tempelform vielleicht noch an die antike Geschichte. Genauso wenig geht es ihm um vordergründige Erotik, wenn er die nackte Bathseba beim Baden malt. Es geht ihm sichtbar um Formen, Farben und Flächen, wobei er sogar auf die Rundung der Brüste im zweiten Fall bereits verzichtet. Vielleicht war ihm gerade diese Form bereits zu vordergründig. Die beiden Bathseba-Bilder belegen gerade im Vergleich zu anderen Darstellungen, welche neuen Wege die Kunst am Beginn des 20. Jahrhunderts gegangen ist mit neuen Aufschwüngen und Entwicklungen, völlig neuen Sehweisen, die sich aber nur noch selten ausdrücklich dem Heiligen zuwandten.

NACKTE HEILIGE

Der Gang durch die Kulturgeschichte des Nackten und Heiligen soll hier an ausgesuchten Beispielen der christlichen Kunst illustriert und vertieft werden. Immer wieder wird sich die Dynamik des Nackten und Heiligen in ihren manchmal fast paradoxen Auswirkungen zwischen neuzeitlicher Prüderie und voyeuristischer Entblößung zeigen. Biblische Geschichten waren dazu ein beliebter, weil legitimer Vorwand, die gängigsten Storys sollen vorgestellt werden. Judith und Holofernes ist wie die Bathseba im Bade hier bereits aufgetaucht. Darüber hinaus wird aber auch die Frage zu klären sein, wo, wann und warum sogar der junge David plötzlich nackt wurde. Die Frage der göttlichen Nacktheit bei Christus erregt die Gemüter offensichtlich bis heute. Der Reigen der vor allem weiblichen Heiligen wäre in diesem Thema ebenfalls beträchtlich, weshalb es exemplarisch bei Maria Magdalena und Sebastian bleiben soll, die beide beim Thema Nacktheit quasi unübertrefflich sind.

Gerade das Alte Testament birgt eine Vielzahl an Geschichten mit Entblößten, Voyeuren, Verführern oder auch sexueller Gewalt. Ab dem 16. Jahrhundert, als viele Künstler auf der Suche nach legitimiertem „Sex and Crime“ waren, wurden diese Geschichten zu einer Fundgrube für die Malerei, manchmal mehr und manchmal auch weniger geschmackvoll. Das Mittelalter hatte an diesen Erzählungen relativ wenig Interesse und wenn, dann kamen sie nicht isoliert vor, sondern im Rahmen biblischer Bilderzyklen in Form von Buchillustrationen oder als Fresken. Für das Mittelalter war Nacktheit noch etwas Alltägliches und deshalb maß man solchen Szenen keine große Bedeutung zu, sie wurden in aller Selbstverständlichkeit miterzählt, ohne die Nacktheit hervorzuheben. Biblische Akte im engeren Sinn gab es in der mittelalterlichen Kunst keine, denn dazu bedurfte es offensichtlich erst der gesellschaftlichen Prüderie.

Nackt im Paradies: Adam und Eva

„Beide waren nackt, aber sie schämten sich nicht voreinander.“ (Gen 2,25) Kein Wunder, dass die Szenen von Adam und Eva seit den Anfängen der christlichen Kunst das naheliegendste Thema zur Darstellung von Nacktheit waren. Dass die beiden Stammeltern als quasi geheiligte Figuren auch tatsächlich nackt gezeigt werden, war aber nicht immer selbstverständlich. In der biblischen Erzählung bis zum Sündenfall und den Feigenblättern waren sie es unbestritten, doch in mittelalterlichen Darstellungen tragen sie gelegentlich im Paradies bereits Kleidung. Im Frühmittelalter wurde das Paar in Buchmalereien zeitweilig wie geschlechtslos dargestellt. Das Blattwerk, das auch im Paradies meist das Geschlecht der beiden verdeckt, reicht von Blattbüscheln über längliche Stauden bis zu kunstvollen Weinranken. In der Renaissance wirkt es zuweilen fast kurios, wie immer ganz zufällig dort ein Baumblatt oder eine kleine Staude wächst, wo sich der Schambereich der beiden befindet. Die Genitalien Adams waren allerdings noch eher geduldet als das glatte Dreieck Evas, das fast nie unbedeckt vorkommt. Auch wenn die beiden sich voreinander nicht schämten, schämten sie sich offensichtlich vor den Zusehenden, oder richtiger gesagt: Die Zusehenden schämten sich vor der allzu offensichtlichen Nacktheit der Stammeltern.

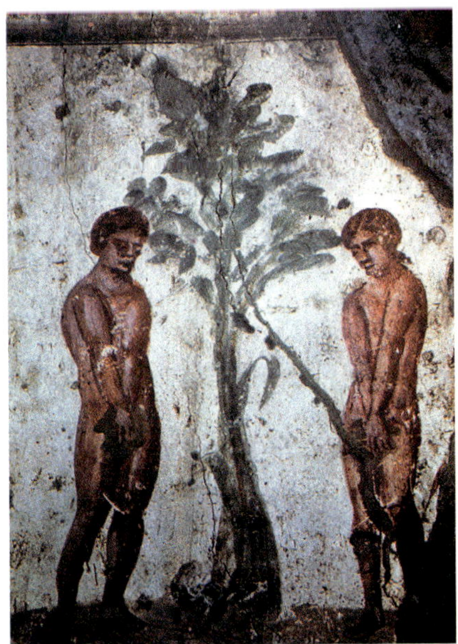

Scham und Reue des ersten Menschenpaars
Adam und Eva, Marcellinus-Petrus-Katakombe, Ende 3. Jahrhundert

Eines der ältesten Beispiele des Themas stammt aus der Marcellinus-Petrus-Katakombe in Rom. Die Darstellung zeigt den Sündenfall – das Essen der Früchte vom verbotenen Baum der Erkenntnis – nach vollbrachter Tat. In der Mitte steht der Baum, doch die Schlange hat ihre Arbeit bereits getan und gleitet nach rechts vom Baum. In paralleler Bewegung bedecken Adam und Eva mit ein paar Blättern (oder einem Feigenblatt) ihr Geschlecht. Eva führt die Arme eng am Körper, womit sie auch ihre Brüste verbirgt. Der Blick beider geht zu Boden und die Haltung der Köpfe ist leicht geneigt, womit nicht nur die Scham, sondern bereits die Reue über die Tat in der Körperhaltung zum Ausdruck kommt. Die Malereien der Katakomben waren vermutlich nur rituelles Dekor, Ausdruck der Wertschätzung für den Moment der Bestattung und weniger für den Gräberbesuch in der finsteren Unterwelt Roms bestimmt, weshalb es keine aufwändigen Malereien sind. Doch bei aller Flüchtigkeit ist es dem Ausführenden hier gelungen, Plastizität zu erreichen und das Dargestellte nicht nur zu symbolisieren, sondern auch mit Ausdruck zu versehen.

Ab dem Frühmittelalter wurden die Motive von allen Kunstgattungen aufgegriffen. Man findet Szenen von Adam und Eva in der Bronzeplastik, auf Elfenbeinreliefs, auf Portalen und Kapitellen, in Buchmalereien und auf Teppichen. Spätestens ab der Romanik tauchen die Szenen in großen Freskenzyklen auf, auch wenn wenig erhalten ist. Letzteres gilt nicht für die byzantinisch beeinflussten monumentalen Mosaike aus dem 12./13. Jahrhundert in Monreale und Palermo (Capella Palatina), in San Marco in Venedig und im Baptisterium von Florenz, wo eindrückliche Szenenfolgen zu sehen sind. Ab dem 13. Jahrhundert kommen die gotischen Glasfenster hinzu und ab der Spätgotik finden sich Adam und Eva sogar in Altarbildern. Auf Jan van Eycks berühmtem Genter Altar (1432) stellen die beiden in den Außenflügeln des Altars die ersten großen Akt-Porträts überhaupt dar.

In den Ikonen der Ostkirche findet man grundsätzlich keine Nacktheit. Hier scheint das Heilige mit dem Nackten völlig inkompatibel zu sein, vermutlich, weil es die rituelle Verehrung der Betenden beim Küssen der Ikonen stören könnte. Adam und Eva kommen in der Auferstehungsikone vor, auf der Christus in das Reich der Toten hinabsteigt und dort als Erstes Adam und Eva, bekleidet natürlich, heraufführt.

Mögliche Szenen gab es viele in der Geschichte von Adam und Eva. Das wichtigste Thema aber war der Sündenfall, am zweithäufigsten wurde die Erschaffung Evas aus der Rippe dargestellt, eine Erzählung, die in sich schon ei-

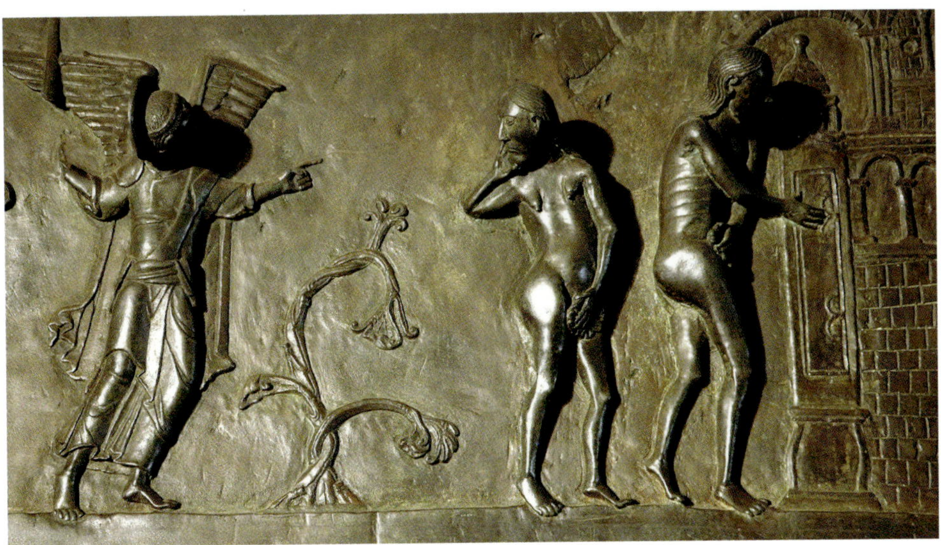

Ein Leben mit Mühen droht.
Vertreibung aus dem Paradies, Bernwardstür Hildesheim, um 1015

niges an Bildkraft besitzt. Die dazugehörige Bilderwelt ist im Wesentlichen mit dem Ende des Mittelalters abgeschlossen, sieht man von der deutschen Hochrenaissance ab. Gerade in der äußerst schöpferischen Barockzeit ist es auffallend still um dieses große Thema. An den Rand des künstlerischen Geschmacks kommen dann einige Beispiele des 19. Jahrhunderts, während die evangelikale Ästhetik das erste Menschenpaar durchwegs bekleidet darstellt.

Den ganzen Verästelungen dieses beliebten Themas nachzugehen, würde den Rahmen hier sprengen. Umso reizvoller ist es, ein paar markante Beispiele herauszugreifen. Einen herausragenden Auftakt bildet die Bernwardstür am Dom von Hildesheim, die mit dem Jahr 1015 datiert ist. Es sind zwei aus einem Stück gegossene bronzene Türflügel mit fast fünf Metern Höhe und über einem Meter Breite. Sie sind der erste Bildzyklus der deutschen Plastik und gelten als ein Hauptwerk der ottonischen Kunst. In der inhaltlichen Anlage der einzelnen Reliefs zeigt sich die sakrale Bedeutung der Adam-und-Eva-Geschichte. Der linke Türflügel zeigt absteigend acht Szenen von der Erschaffung Adams bis zu Kains Brudermord an Abel. Am rechten Gegenstück geht es aufsteigend von Maria Verkündigung hinauf zu Auferstehung und Himmelfahrt. Es beginnt mit Adam und dem Sündenfall und geht dann über in das Erlösungswerk Christi.

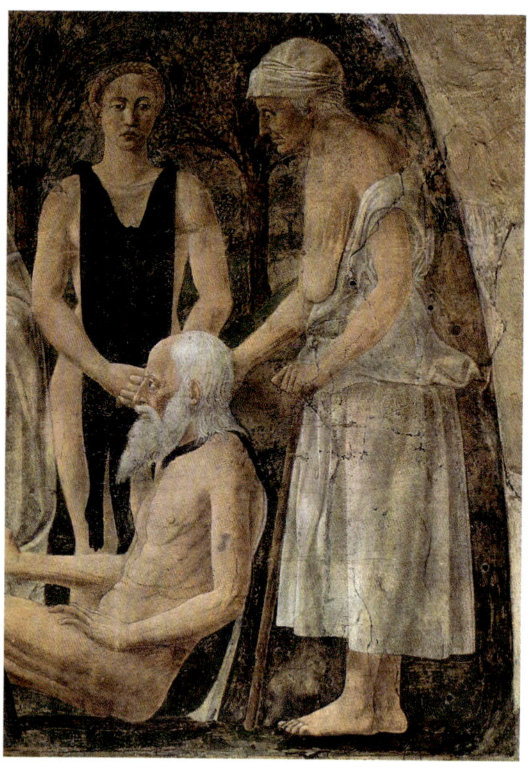

Nacktheit und Würde des Alters
Piero della Francesca: Die alten Stammeltern aus *„Der Tod Adams"*, *1452–1466, San Francesco, Arezzo*

Die Darstellung der einzelnen Szenen ist teilweise von einem frappierenden Realismus ohne das Bemühen, antiken Schönheitsidealen nachzueifern. In der Vertreibung aus dem Paradies steht links ein Engel, hier noch ohne Flammenschwert, aber mit deutlichem Zeigefinger, der die beiden aus dem Paradies verweist. Adam ist bereits dabei, die Tür des Paradieses in der Mauer zu öffnen, die den Garten Eden umgibt. Eva zögert ein wenig, schaut nochmal zurück und wirft einen verzweifelten Blick auf den Engel. Die Stammeltern halten Feigenblätter vor ihre Scham, doch ansonsten sind sie nackt und wirken dabei nicht unbedingt als Abbild Gottes. Der unbekannte Künstler hat sie vermutlich bewusst derart karg und fast ausgemergelt dargestellt, Eva mit ihren dürren spitzen Brüsten und Adam mit den einzelnen Rippen. Die Mühsal des künftigen Lebens außerhalb des Paradieses – unter Schmerzen gebären und im Schweiße des Angesichts arbeiten – ist den beiden hier schon anzusehen. In dieser Nacktheit geht es nicht um Erotik oder ideale Schönheit, sondern um die Realitäten des Lebens bis hin zum Ausgestoßensein aus dem Paradies aufgrund eigener Schuld.

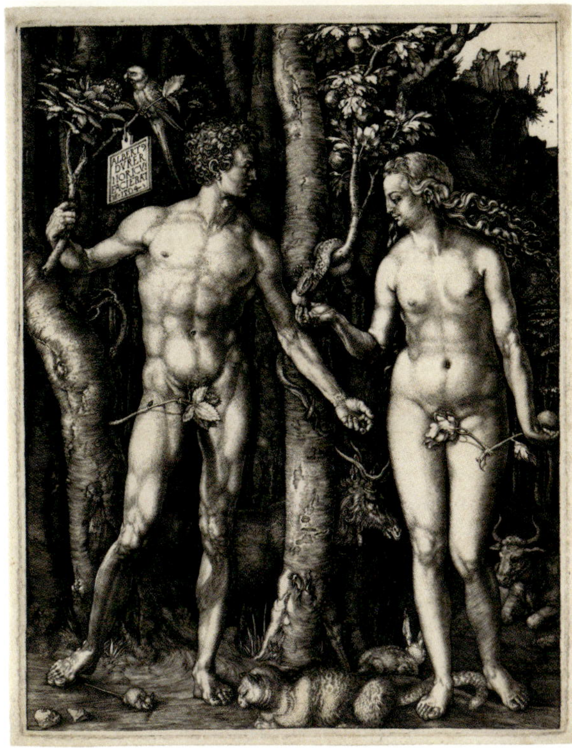

Idealisierte Nacktheit als Gottesebenbildlichkeit
Albrecht Dürer: Adam und Eva, Kupferstich 1504

Der frühe Realismus der Bernwardstür erinnert an Piero della Francescas Fresko „Der Tod Adams“ (Mitte 15. Jahrhundert), das er über vier Jahrhunderte später in die Chorkapelle der Franziskanerkirche in Arezzo malte. Pieros Freskenzyklus, in dem er die mittelalterliche Legende vom Kreuz illustriert, gehört zu den bedeutendsten Bilderzyklen überhaupt. Die Legende erzählt, dass der sterbende Adam seinen Sohn Seth zum Paradiestor schickt, wo er vom Erzengel Michael einen Zweig vom Baum der Erkenntnis erhält, den er Adam in den Mund pflanzt. Aus diesem Zweig wird dann später das Holz des Kreuzes. In dem hier gewählten Ausschnitt sitzt der uralte sterbende Adam am Boden, Haare und Bart sind weiß, an den Oberschenkeln treten die einzelnen Sehnen hervor, der Oberkörper ist hager, die Haut schlaff geworden. Hinter ihm steht seine Frau Eva mit einem ausgemergelten Gesicht und langen, faltig herabhängenden Brüsten. Im Übergang zur dann stark idealisierenden Hochrenaissance entwirft Piero della Francesca ein Menschenbild, in dem alles sehr natürlich wirkt, das die Nacktheit des Alters nicht ausklammert, auch wenn es für manchen Betrachtenden sehr ungewohnt sein mag. In der Art, wie Piero diese Nacktheit darstellt, demaskiert er aber nicht, sondern gibt dem Alter seine entsprechende Würde. In der weiteren Geschichte der Kunst bleibt allerdings die Nacktheit des Alters ausgespart, vermutlich bis Gustav Klimts Gemälde „Die drei Lebensalter der Frau" von 1905. Nacktheit scheint fortan nur dem Auge der Erotik gegönnt zu sein.

In der deutschen Hochrenaissance erhält das Thema einen ganz neuen bildlichen Aufschwung. Um 1500 verselbständigte sich die Darstellung des nackten Körpers und der künstlerische Akt wird anhand von Adam und Eva zum Selbstzweck. Die teilweise monumentalen Bilder von Dürer, Cranach, Memling und anderen erzählen nicht mehr die Geschichte vom Sündenfall, sind nicht mehr in die biblische Erzählung eingebettet. Sie wurden zu autonomen Akten. Ein wichtiger Schritt in diese Richtung war Albrecht Dürers Kupferstich von 1504. Adam und Eva stehen da in ihrer idealisierten nackten Schönheit, wobei, etwas erzwungen wirkend, genau in der Höhe ihrer Genitalien ein Blatt aus Baum oder Gestrüpp wächst: Idealisierte Schönheit scheint die Darstellung des Schambereichs auszuschließen. Die Tiere des Paradieses umrahmen das Bild, der Hintergrund ist dunkel gehalten und umso mehr strahlen die beiden nackten Körper hervor. Die Schlange und der Apfel sind zwar vorhanden und doch macht es nicht den Eindruck, als würde noch eine Geschichte erzählt; von folgenreicher Tragik gibt es sowieso keine Spur. Es ist ein neues, jetzt aber idealisiertes Menschenbild, das zum monumentalen Ebenbild des Göttlichen wird. Gleichzeitig knüpft die Renaissance in diesen Bildern beim klassischen Schönheitsideal der Antike an. Sieht man von Schlange und Apfel ab, könnten Adam und Eva ebenso gut als Apoll und Venus durchgehen. Diese Aktstudien erfreuten sich übrigens auch in den jetzt zahlreich gedruckten Hausbibeln großer Beliebtheit, quasi eine Art geheiligter Nacktheit für den Hausgebrauch.

Der Schoß muss verdeckt sein! So scheint die ikonografische Devise für Adam und Eva zu lauten. Masaccios Fresken in der Brancacci-Kapelle in Florenz von 1429 gelten als Beginn der Malerei der Renaissance. Im Gegensatz zur Hochrenaissance wird hier noch die biblische Geschichte erzählt und das sehr eindrücklich. Adam und Eva sind vom Engel gerade zur Pforte des Paradieses hinausgejagt worden, Adams rechter Fuß scheint dem noch nachzuhängen. Sie sind beide in natürlicher Nacktheit gemalt, noch ohne Feigenblätter, aber sie sind schmerzerfüllt. Der Sündenfall und seine Folgen sind hier ein Drama, wie es auch die Bibel versteht. Eva nimmt zwar die schamhafte

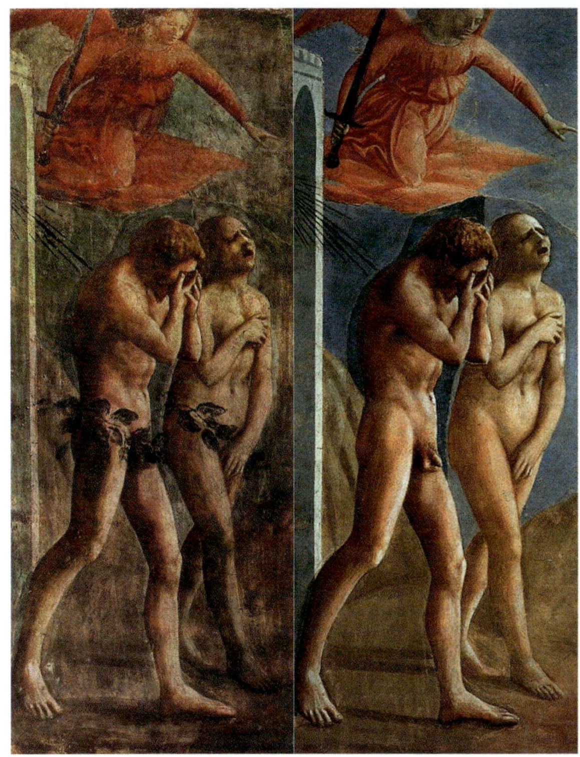

Übermalte Nacktheit
Masaccio: Vertreibung aus dem Paradies, 1426, übermalt 1680, restauriert 1980

Haltung der antiken Venus ein, doch ihr Gesicht ist geprägt von Verzweiflung über das Geschehene und seine Folgen. Schamhaft verdeckt Adam nicht sein Genital, sondern das Gesicht. Es ist nicht die sexuelle Körperscham, sondern die Scham über die Tat, den Verrat an Gott und seine Folgen. Doch der Schoß sollte verdeckt sein: Etwa 250 Jahre später war es den frommen Gemütern im Florenz der Barockzeit endgültig zu viel und die Schamgegend des ersten Menschenpaares wurde mit Blätterwerk übermalt. Erst bei der Restaurierung 1980 konnte der ursprüngliche Zustand wiederhergestellt werden.

Es gibt kaum erotische Interpretationen der Geschichte im Paradies. Vielleicht ist es der quasi sakrale Status der Adam- und Eva-Geschichte, der manches nicht zuließ. Die sexuellen Vordergründigkeiten halten sich bei Adam und Eva auffallend im Rahmen. Eine Ausnahme macht vielleicht Hans Baldung Grien in seiner letzten Version, in der sich Adam seiner Frau von hinten in durchaus fleischlicher Begierde nähert. In der barocken Malerei gibt es einzelne Bilder der ersten Familie (Adam und Eva mit Kain und Abel). Wenn dann allerdings alle vier pudelnackt unter einem Baum sitzen (z. B. Cornelis

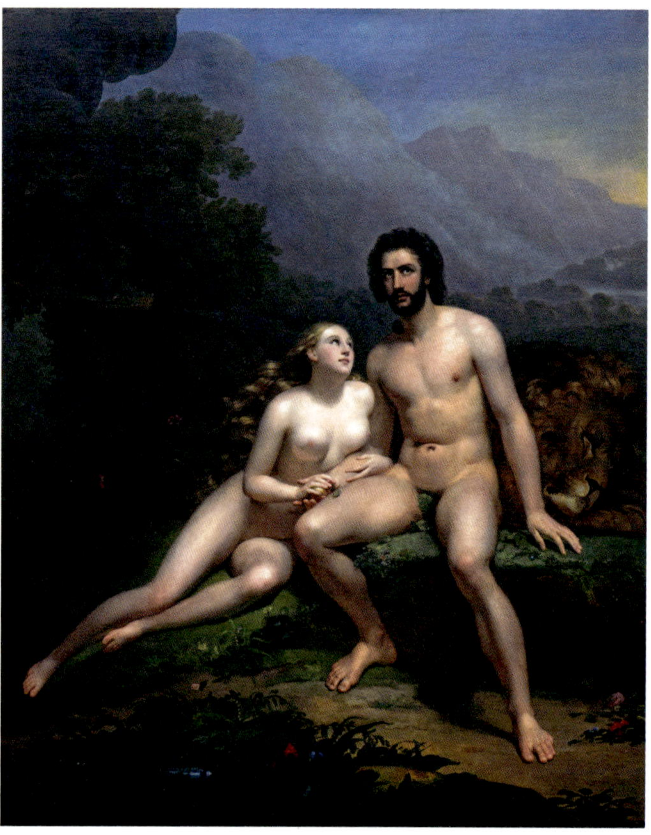

Nackter Kitsch
Claude Marie Dubufe: Adam und Eva, 1827

van Haarlem), verselbständigt sich die Vordergründigkeit des Nackten. Damit wird auch die biblische Geschichte konterkariert, da Gott persönlich das erste Menschenpaar nach der Vertreibung bereits bekleidete.

Richtige Schlüpfrigkeiten tauchen wieder einmal erst im gestrengen 19. Jahrhundert auf. Die Version des französischen Historienmalers Claude Marie Dubufe hat mit der biblischen Erzählung nicht mehr viel zu tun, die Schlange und der Löwe im Hintergrund sind nur noch Staffage. Es ist eher eine männliche Sexualphantasie, die gleichzeitig bürgerliche Geschlechterklischees zum Ausdruck bringt: der vernünftige, vorausblickende Mann und die sinnliche, ihn anhimmelnde Frau. Im Paradies jedenfalls war Adam weder sehr vernünftig und auf keinen Fall besonders vorausblickend.

Der betrunkene Noah

Der Sündenfall führte bei Adam und Eva zum Feigenblatt. Auf dieses hatte der erste Weinbauer Noah vergessen, als er zu viel getrunken hatte und entblößt in seinem Zelt lag. Seine Söhne gingen mit einem Leintuch rückwärts in das Zelt, um die Blöße ihres Vaters zu bedecken (Gen 9,20–27). Der italienische Bildhauer Andrea Pisano schuf am Campanile von Florenz ein Relief, in dem er den betrunkenen Noah in aller Selbstverständlichkeit darstellte. Unterhosen gab es damals bekanntlich noch keine und so ist ihm in seiner Trunkenheit eben der Rock verrutscht. Es ist eine lebensnahe Darstellung von Trunkenheit, man hört den Weinbauern fast schnarchen.

Diese mittelalterliche Selbstverständlichkeit im Umgang mit dem Nackten verliert sich dann aber mit der Zeit. In den Mosaiken der Markusbasilika in Venedig aus dem 13. Jahrhundert liegt Noah ebenfalls entsprechend der Erzählung unbekümmert nackt in seinem Zelt, während seine Scham in den etwa zeitgleichen Mosaiken von Monreale schon an der entscheidenden Stelle vom Leintuch verdeckt ist. Ganz bedeckt ist er dann bereits im 14. Jahrhundert in Venedig in der Außenplastik des Dogenpalastes. Michelangelo malte ihn im Rahmen der Schöpfungsgeschichte an der Decke der Sixtina dann wieder völlig nackt und mit sichtbaren Genitalien. In der Malerei des 17. Jahrhunderts wiederholt sich das Thema hin und wieder, aber kaum mehr werden die Genitalien des Noah gezeigt und überhaupt ist der Weinbauer zunehmend bekleidet. Offensichtlich wurde gerade die Scheu vor männlicher Nacktheit immer

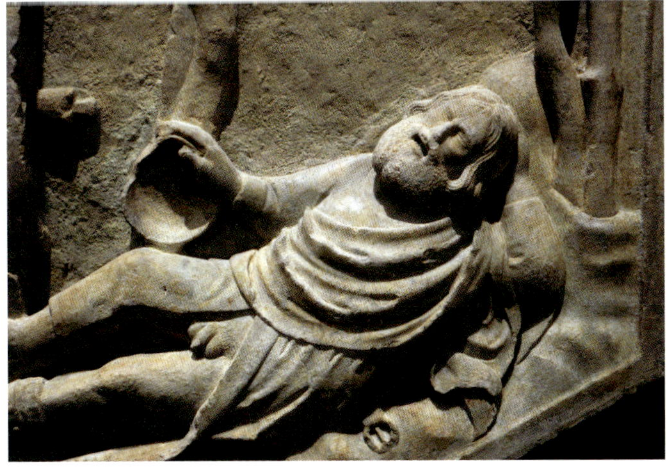

Der betrunkene Noah
Andrea Pisano: Relief am Campanile von Florenz, zw. 1343–1348

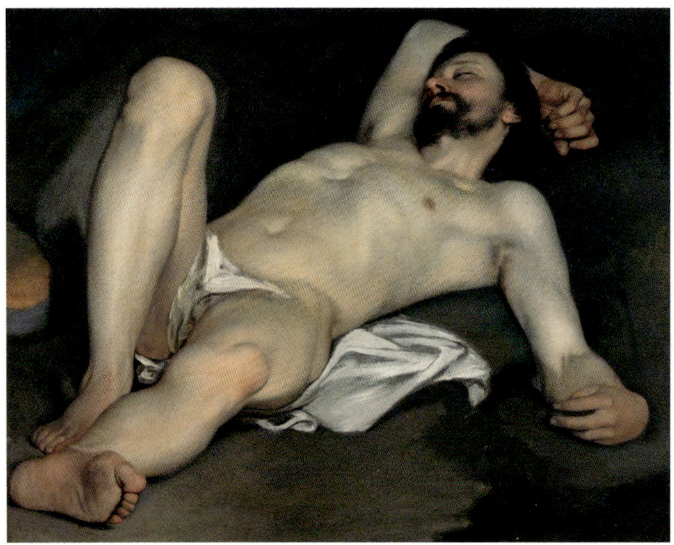

Diesmal schambedeckt
Guido Cagnacci: Der betrunkene Noah, 1630–1640

größer. Der italienische Barockmaler Guido Cagnacci hingegen malte Noah zwar völlig nackt, doch genau über der Stelle, die die biblische Geschichte auslöst, malt er ein kleines Schamtuch und verrät damit den Kern der Erzählung. Cagnacci geht es in seinem Gemälde tatsächlich nur noch um einen Männerakt mit biblischem Vorwand.

Lot und seine Töchter

Lot, der Neffe Abrahams, konnte aus der Stadt Sodom (und Gomorrha) mit seiner Familie vor dem Gottesgericht fliehen. Seine Frau aber erstarrte zur Salzsäule, als sie sich entgegen dem Befehl der Engel noch einmal umdrehte. Lot flüchtete mit seinen beiden Töchtern in die Berge und versteckte sich dort in einer Höhle. Eines Tages sagte die ältere Tochter zur jüngeren: „Unser Vater wird alt und einen Mann, der mit uns verkehrt, wie es in aller Welt üblich ist, gibt es nicht. Komm, geben wir unserem Vater Wein zu trinken und legen wir uns zu ihm, damit wir durch unseren Vater Nachkommen erhalten.“ (Gen 19,31–32) So machte es an einem Abend die ältere Tochter, am nächsten die jüngere und beide gebaren einen Sohn. Den Inzest selber problematisiert der biblische Text nicht, da es in alttestamentlicher Zeit für eine Frau als große Schande galt, kinderlos zu bleiben.

Im Mittelalter wurde die Szene von Lot mit seinen Töchtern sehr selten abgebildet und wenn, dann nur im Rahmen größerer Bilderzyklen. Die Darstellung eines Inzests galt zwischenzeitlich doch als problematisch, weshalb es lange Zeit kaum Einzeldarstellungen dieser Begebenheit gab. Im späten 16. und während des 17. Jahrhunderts war das Thema aber äußerst beliebt, allerdings nicht, weil sich die Einstellung zum Inzest geändert hätte. Es war wieder einmal ein biblischer Vorwand, quasi eine Ausrede, um sexuelle Szenen darstellen zu können, und dies geschah manchmal in raffinierter, aber auch in sehr offensichtlicher Weise.

Eine der raffinierteren Versionen der Barockzeit stammt wieder einmal von Peter Paul Rubens. Selbstverständlich spielt er mit der Nacktheit und der Süffisanz der Szene. Die jüngere Tochter rechts in schönem Kleid mit tiefem Dekolleté schenkt dem Vater gerade wieder Wein ein. Entsprechend der biblischen Geschichte hatte es in der ersten Nacht ja nur die ältere Schwester versucht, während ihr die jüngere hier als Mundschenk assistiert. Das Kleid der prächtig geschmückten älteren Tochter ist bereits über ihre rechte Schulter gerutscht, wobei das Dekolleté den Betrachtenden bewusst verborgen bleibt. Im Gegensatz zum dunkelhäutigeren Vater sticht die perlmuttfarben schimmernde Haut der älteren Tochter regelrecht heraus, ein Moment der Fleischlichkeit, wie sie für Rubens typisch ist. In der Mitte hat der Künstler den betrunkenen Lot sehr präzise getroffen. Nase und Wangen sind schon rot vom Weingenuss,

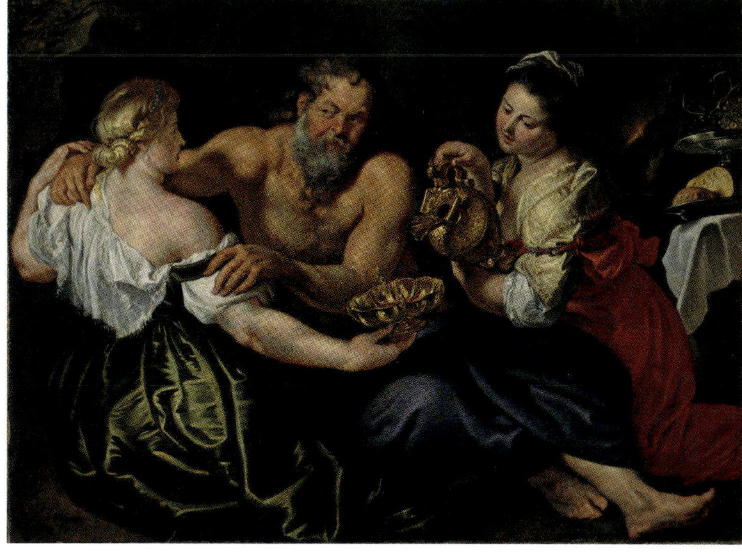

Der betrunkene Lot wird von den Töchtern verführt. *Rubens: Lot und seine Töchter in einer Felsengrotte, 1610*

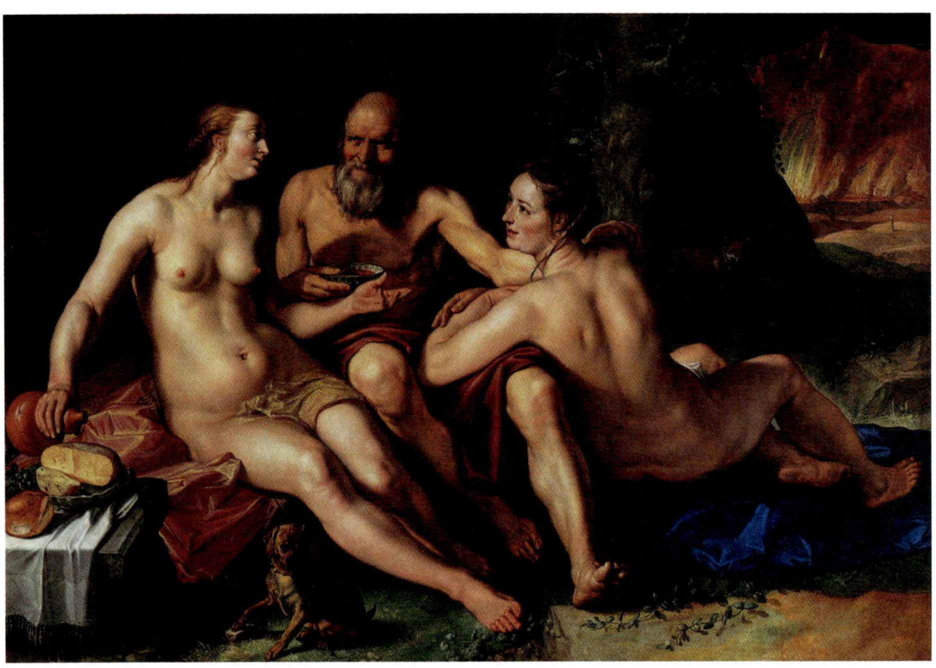

Eher Sexszene als biblische Geschichte?
Hendrick Goltzius: Lot und seine Töchter, 1616

die Haare verschwitzt, die Augen sind nicht mehr ganz offen, schielen aber auf das, was sich ihm zu seiner Rechten anbietet. Rubens problematisiert den Inzest nicht, deutet den Verlauf der Geschichte aber unzweideutig an, ohne daraus eine vordergründige Sexszene zu machen, auch wenn das ganze Sujet von hoher Sinnlichkeit ist.

Eher eine Sexszene machte daraus etwa zur selben Zeit Hendrick Goltzius, ein niederländischer Maler, der stilistisch noch dem Manierismus zuzurechnen ist. Rechts im Hintergrund brennt Sodom oder Gomorrha, was der Szene ein sinnlich-rötliches Licht verleiht. Die beiden nun völlig nackten Töchter sind gleichzeitig am Werk. Die Linke bietet einen weiblichen Vorderakt mit schamhaftem Lendentuch, die Rechte einen Rückenakt, während sich die beiden mit den Blicken im gemeinsamen Werk verbinden. Welche die ältere und welche die jüngere Tochter ist, lässt sich nicht mehr sagen. Im Gegensatz zu Rubens hat der alte Lot einen stechend klaren Blick und wirkt nicht allzu betrunken. Goltzius setzt hier wohl weniger die biblische Geschichte ins Bild als vielmehr sexuelle Phantasien eines alternden Mannes. Dieses Bild markiert eine Grenze, hinter der es zu schon besagtem Überdruss an Nacktheit kommt, und gleichzeitig eine Grenze, bei der das Heilige zur Ausrede der Nacktheit wird.

Die Geschichte vom unverführbaren Josef

Potiphar war ein Hofbeamter des Pharaos, der sich mit Josef, den seine Brüder nach Ägypten verkauft hatten, sehr gut verstand und ihn zu seinem Hausmeister machte. Doch dann spitzte sich die Geschichte zu: „Josef war von schöner Gestalt und von schönem Aussehen. Nach einiger Zeit erhob die Frau seines Herrn ihre Augen zu Josef und sagte: Liege bei mir!“ (Gen 39,6–7) Tag für Tag soll sie es versucht haben, doch der getreue Josef verweigerte das ungebührliche Ansinnen wegen seines Herrn. „Da packte sie ihn an seinem Gewand und sagte: Liege bei mir! Er ließ sein Gewand in ihrer Hand, floh und lief nach draußen.“ (Gen 39,12) Mit Josefs Gewand in der Hand ging Potiphars Gattin zu den Dienern des Hauses und klagte Josef der versuchten Vergewaltigung an. Als Potiphar selber nach Hause kam, ließ seine Gattin das Gewand neben sich liegen und erzählte ihm, was Josef ihr habe antun wollen, worauf er den treuen Diener in den Kerker warf.

Das Mittelalter hatte bekanntlich kein großes Interesse an Nacktheit und damit auch nicht an der Bebilderung dieser Szene und wenn, dann kam sie nur im Rahmen großer Josefs-Zyklen vor (Buchmalereien, Freskenzyklen,

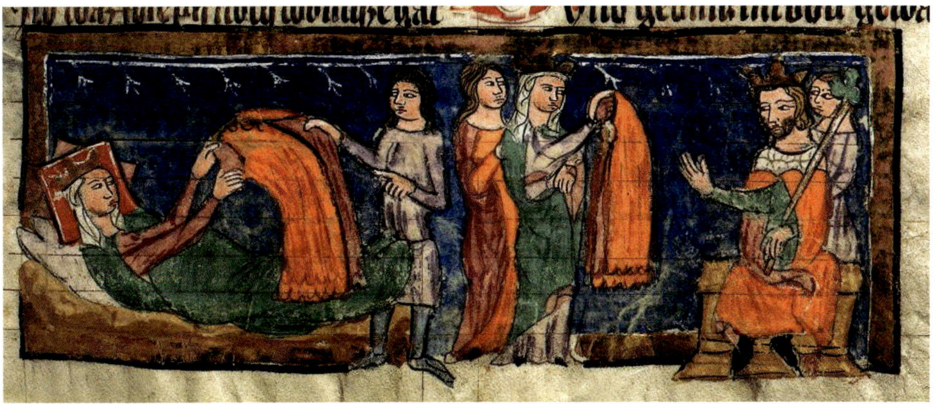

Noch kein Interesse an Nacktheit
Weltchronik des Rudolf von Ems, zw. 1350 und 1375

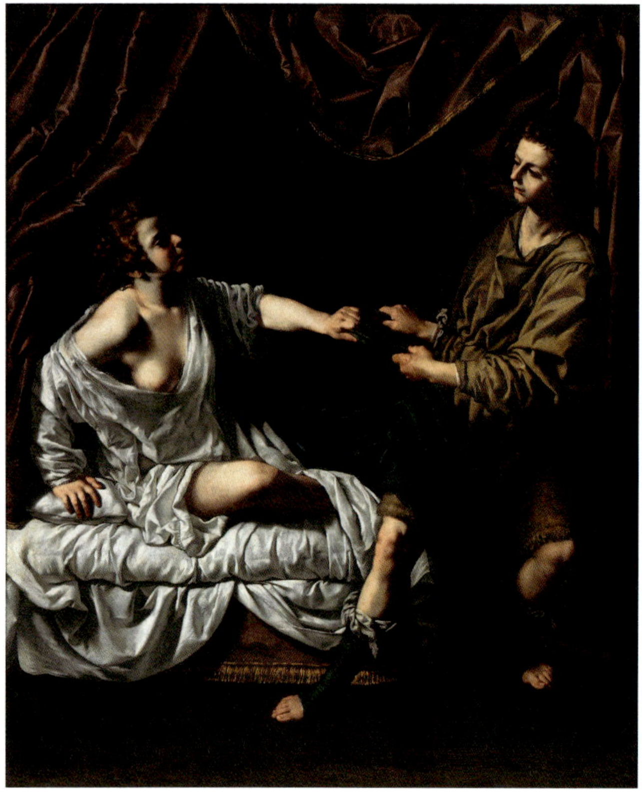

Eine junge Frau, die weiß, was sie begehrt
Artemisia Gentileschi: Josef und die Frau des Potiphar, 1622

Glasfenster). Im Josefs-Fenster der Kathedrale von Chartres ist die Szene äußerst distanziert und auf jeden Fall bekleidet dargestellt. Für das Mittelalter war Nacktheit eben zu alltäglich und darum nicht besonders interessant. Ein Beispiel dafür ist die Weltchronik des Rudolf von Ems mit einer Buchmalerei aus der zweiten Hälfte des 14. Jahrhunderts. Die Gattin liegt streng bekleidet auf dem Bett und zieht den Mantel des Josef an sich. Wer die Geschichte nicht kennt, käme kaum auf die Idee, es könnte sich um eine sexuelle Verführung handeln. Auf der rechten Seite sitzt Potiphar wie ein König auf seinem Thron, während ihm seine Gattin mit geöffnetem Obergewand den Mantel des Josef zeigt. Auf dem Bett war sie jedenfalls züchtiger bekleidet als später vor ihrem Gatten. Das Thema im Mittelalter war weniger die Verführung als solche, sondern die Hinterhältigkeit der Gattin des Potiphar und dazu bedurfte es auch keiner Nacktheit.

In den Bildern vor dem 15. Jahrhundert gibt es generell keine Nacktheit bei der namenlosen Gattin des Potiphar. Wieder einmal wurde die Szene der versuchten Verführung erst in Zeiten der zunehmenden Prüderie wirklich interessant. Erst ab dem 16. Jahrhundert wurde die Begebenheit zum Inhalt von Einzeldarstellungen, allerdings weniger im kirchlichen Kontext, sondern als profane, fürstliche und privatbürgerliche Kunst bis hin zur Brautzimmerausstattung.

Artemisia Gentileschi war eine äußerst begabte Künstlerin des italienischen Barocks, die das Handwerk von ihrem Vater Orazio gelernt hatte. Sie stellt nun tatsächlich den Versuch der sexuellen Verführung als solcher dar. Die Malerin ist sich bewusst, dass die männliche Erotik visuell orientiert ist und dass die Szene, wenn sie glaubwürdig sein soll, sich nicht in verbalen Appellen erschöpfen darf. Das Bild stellt zwei lebendige und auffallend junge Menschen dar. Das Geschehen spielt im Halbdunkel und wird nur durch ein Schlaglicht von links oben erhellt. Das Licht lässt die rechte Brust der jungen Gattin, ihren Oberschenkel und den linken Arm herausleuchten, mit dem sie Josef zu sich ziehen will. Sein Gesicht scheint eher besorgt als vorwurfsvoll, nicht lüstern, eher etwas verständnisvoll. Artemisia Gentileschi stellt eine junge selbstbewusste Frau dar, die genau weiß, was sie begehrt, und das mit den entsprechenden Mitteln zu erreichen versucht, raffiniert und aufreizend, aber nicht ordinär oder gewaltsam. Bei den Manieristen inklusive Tintoretto und in Darstellungen des 18. und 19. Jahrhunderts wird die Szenerie wesentlich aufdringlicher, von viel Nacktheit bestimmt, manchmal fast schon ordinär. Gentileschi

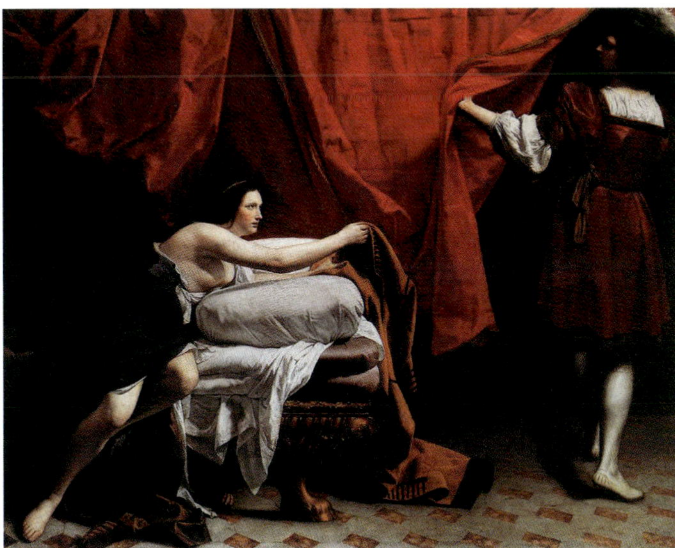

Die Version ihres Vaters Orazio
Orazio Gentileschi: Josef und die Frau des Potiphar, 1626

hat sich in ihrer Version glaubwürdig in das Begehren dieser jungen Frau vertieft und sie weiß, dass die Raffinesse der Verführung auch in der richtigen Dosis besteht und das Spiel der Erotik nicht nur im blanken Entblößen. Artemisias Gemälde ist auf jeden Fall wesentlich gewiefter als die vergleichsweise plumpe Version ihres Vaters Orazio.

Als sogar David nackt wurde

Saul, der erste König der Israeliten, war ein „Loser", wie man heute sagen würde. Das Volk wollte zwar einen König, aber er war noch nicht der Richtige. Saul war eher ein Möchtegern-Machtmensch und geistiger Kleinhäusler. Er war zu sehr mit sich selbst beschäftigt, um auf den Herrn zu hören, kreiste widerspenstig um die eigene Achse, statt dem Größeren zu trauen. Als es dem Herrn zu bunt wurde, teilte er dem Propheten Samuel mit, dass er einen anderen als König ausersehen habe. Er solle in Bethlehem ein Schlachtopfer darbringen und Isai mit seinen Söhnen dazu einladen, er werde ihm dann zeigen, welcher der Erwählte sei. Isai zog mit seinen stattlichen Söhnen nach Bethlehem, doch den Jüngsten, mit dem niemand rechnete, ließ er zuhause. Jemand musste schließlich auf die Schafe aufpassen. Genau dieser Hirtenjunge war aber der Auserwählte des Herrn.

David trat vorerst in den Dienst Sauls, indem er ihm auf der Leier vorspielte, wenn den König seine depressiven Schübe überkamen. Das tat dem jungen Mann gut und Saul begann ihn zu mögen. Schon lange war der König im Kampf mit den verfeindeten Philistern. Diese hatten eine neue Wunderwaffe, den riesengroßen Kämpfer Goliath, dessen Brustpanzer allein nach heutigem Maß 80 Kilo gewogen habe. Als die verfeindeten Truppen einander auf zwei Hügeln gegenüberstanden, trat Goliath hervor und forderte einen Mann zum Zweikampf. Abschließend verhöhnte er die Israeliten und ihren Gott. Vierzig Tage soll sich dieses Ritual hingezogen haben. Als eines Tages Isai seinen Jüngsten, den Kleinen, ins Heerlager schickte, um die älteren Brüder mit Speisen zu versorgen, vernahm auch David den Hohn des Philisters. Er ging zu Saul und bot sich an, gegen Goliath anzutreten. Der König stutzte verständlicherweise. Als er die Schafe des Vaters gehütet habe, beteuerte der Hirten junge, habe er auch Löwen und Bären besiegt. Zudem trete er im Namen des Herrn an, da Goliath „die Schlachtreihen des lebendigen Gottes verhöhnt".

(1 Sam 17,36) Saul stimmte zu und legte dem jungen Mann seine Rüstung an. Aber damit konnte er nichts anfangen, ein so schweres Instrumentarium war er nicht gewohnt. Er konnte darin nicht einmal gehen. Stattdessen nahm er seinen Hirtenstock, die Schleuder und steckte fünf glatte Kiesel in seine Tasche. Mit dieser Ausrüstung ging David auf den Philister Goliath zu und forderte ihn heraus. Der sah sich provoziert: „‚Bin ich denn ein Hund, dass du mit einem Stock zu mir kommst?‘ Und er verfluchte David bei seinen Göttern.“ (1 Sam 17,43) Auch Davids Antwort hatte sich gewaschen: „Du kommst zu mir mit Schwert und Speer, ich aber komme zu dir im Namen des Herrn, den du verhöhnt hast.“ Der Rest der Geschichte ist bekannt: David nahm seine Schleuder und einen Stein, mit dem er Goliath mitten an der Stirn traf, sodass dieser augenblicklich zu Boden fiel. Dann zog er dessen Schwert aus der Scheide und schlug ihm den Kopf ab. Die Philister flohen und David trug Goliaths Kopf in die Stadt Jerusalem.

War der junge David bei seiner Heldentat unbekleidet? Mit Sicherheit nicht. So ungeschützt zu sein, wäre körperlich zu gefährlich gewesen und in der Mentalität des Alten Testaments galt Nacktheit nicht als schön, sondern als Schande. Kein Künstler wäre auf die Idee gekommen, David im Kampf gegen Goliath nackt darzustellen. Keiner, bis auf zwei, die fast zur selben Zeit arbeiteten, beide in der Stadt Florenz und beide gelten in der neueren Forschung als schwule Künstler, was immer es damit zu tun haben mag: Donatello und Michelangelo. Donatello war der bedeutendste Bildhauer der Frührenaissance und Michelangelo der Glanzpunkt der Hochrenaissance. Sieht man von ein paar klassizistischen Epigonen des 19. und 20. Jahrhunderts ab, hatten sie keine Nachahmer, was die Nacktheit Davids anbelangt. Donatellos Bronze-David (um 1440) hatte großen Einfluss auf Andrea del Verrocchio, aber der verpasste seinem Jüngling ein Hemdchen (1474), allerdings eines, das durchaus als Reizwäsche durchgehen würde. Der schon genannte Barockbildhauer Bernini gestaltete etwas später (1624) seinen David dramatischer in der Bewegung der Schleuder, verabreichte ihm aber ein Lendentuch. Mit diesem formte Bernini allerdings ein durchaus erotisches Spiel, denn das Tuch wirkt, als ob es in dieser Bewegung jederzeit herunterrutschen könnte.

Der Florentiner Donatello (1386–1466) erhielt schon in jungen Jahren einen Auftrag für einen David aus Marmor, der oben am Dom platziert sein sollte. Die Auftraggeber waren so begeistert von dieser Plastik, dass man es zu schade fand, sie in den Höhen des Domes gleichsam zu verstecken. Der Marmor-Da-

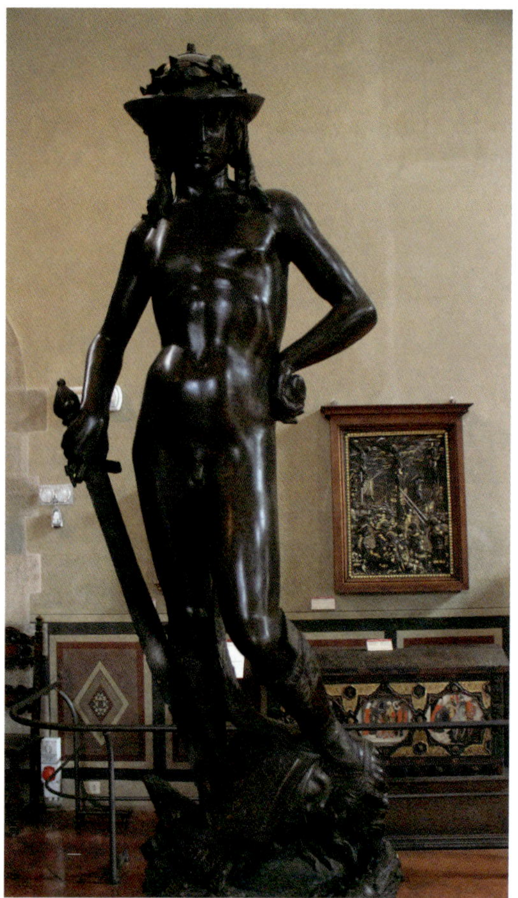
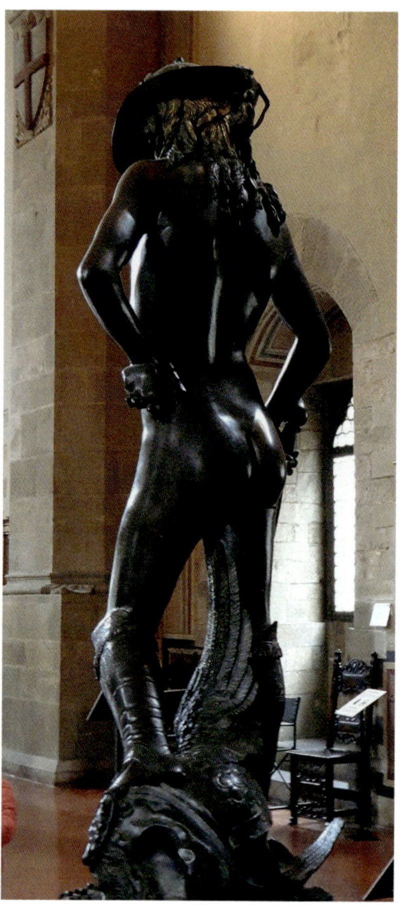

Als David nackte wurde
Donatello: David (Bronze), etwa 1435 bis 1440, Bargello Florenz

vid hatte allerdings noch den römischen Mantel umgehängt. Als Donatello bereits in Pisa eine eigene Werkstatt eingerichtet hatte, bewegte ihn Cosimo de' Medici („Cosimo der Alte") zur Rückkehr nach Florenz und stattete ihn mit öffentlichen und privaten Aufträgen aus. Zu den privaten gehörte der Bronze-David: die erste freistehende Aktfigur seit der Antike und gleichzeitig Donatellos bekanntestes Werk. Die genaue Entstehung ist nicht dokumentiert, aber es dürfte um 1440 gewesen sein und stand vermutlich in Zusammenhang mit der Errichtung des neuen Medici-Palastes, in dessen Innenhof die Figur von allen Seiten begehbar stand. Es war also keine öffentliche Figur, denn ein nackter David wäre von der Bevölkerung noch nicht akzeptiert worden.

Locker steht er da, dieser noch fast knabenhafte Krieger, in der Linken einen Stein für die Schleuder und in der Rechten das überdimensionierte Schwert, von dem man ihm kaum zutraut, dass er es schwingen könnte. Der Knauf des Schwertes weckt phallische Assoziationen; diesbezüglich gibt es bei dieser Figur und in dem Kontext, für den sie geschaffen wurde, kaum Zufälligkeiten. Lange Locken fallen ihm hinten auf die Schultern, der Hut ist tief ins Gesicht gezogen und bekränzt von Olivenzweigen, die für Frieden stehen. Der Lorbeerkranz des Sieges liegt dagegen am Boden rund um das Haupt des Riesen. Verträumt schaut David nach unten, ein in sich gesättigter Blick ohne Interesse an Zuschauern, fast schon überheblich mit einer Spur Arroganz in der gesamten Körperhaltung. Der Mund ist völlig unverkrampft, leicht geöffnet, als überlege er, etwas zu sagen, es aber nicht tut – insgesamt eine überaus sinnliche Mundpartie. Der fast knabenhafte Körper, Schamhaare hat er noch keine, ist sehr schön und weich gestaltet, äußerst androgyn und von einer aufreizend lässigen Haltung. Eine gewisse erotische Eleganz wohnt dieser Körperpose inne.

An seinen Füßen trägt er Sandalen mit Ledergamaschen und dort liegt das abgeschlagene Haupt des Goliath, ein älterer Mann mit Bart, der Kopf steckt noch im schweren geflügelten Helm. Mit der Haltung der Bronzefigur greift Donatello auf den Kontrapost der Antike zurück, das Nebeneinander von Stand- und Spielbein zum Ausgleich der Gewichtsverhältnisse, eine Haltung, die gerade diesem David viel von einer fast schwebenden Lässigkeit verleiht. Der rechte Fuß, das Standbein, steht auf dem rechten Flügel von Goliaths Helm. Das elegant gehobene linke Bein ruht auf der Wange des besiegten Riesen. Donatellos David war von Anfang an eine Rundfigur, die von allen Seiten betrachtet werden sollte. Oft übersehen wird ein Detail, das nur von hinten sichtbar ist. Der linke Flügel von Goliaths Helm streicht in fast lasziver Weise der Innenseite des rechten Oberschenkels entlang bis hinauf in den Schritt.

Auch wenn vermutlich die Damen des Hauses Medici an der Figur ebenso Gefallen gefunden haben – der weibliche Blick auf nackte Männer wird in der Kunstgeschichte sehr oft ignoriert –, birgt dieser David doch starke homoerotische Bezüge. Es geht nicht darum, die Figur eindeutig zu interpretieren, die Zweideutigkeit ist hier vielmehr ein wesentlicher Teil des Ganzen. Sie kann aber in einen kulturgeschichtlichen Zusammenhang gestellt werden, der oben bei Michelangelo schon angedeutet wurde. Der amerikanische Kunsthistoriker Adrian Randolph hat gezeigt, wie sich im Florenz des 15. Jahrhunderts nicht zuletzt auch am Hofe der Medici eine bestimmte Form der Männerliebe etablierte. Sodomie nannte man damals jede sexuelle Praxis, die als unnatürlich galt, und meinte damit vor allem die Homosexualität unter Männern. Sodomie war auch in Florenz streng verboten, aber dennoch häufig praktiziert. Es kam zu vielen Anzeigen, aber nur die Wenigsten wurden verurteilt. Vordergründig könnte man auch von Bigamie reden, doch das erklärt nicht viel. Es waren nämlich vorrangig Verhältnisse von etwas älteren zu noch fast knabenhaften jungen Männern. Bei den Männern mittleren Alters war sexuelle Anziehung mit im Spiel, aber auch eine pädagogische Note, indem sie versuchten, die jungen Männer zu fördern und ihre kulturelle Reifung zu unterstützen. Da viele dieser Männer gleichzeitig verheiratet waren, erscheint es wie ein Wiederaufleben der griechischen Knabenliebe (Päderastie), vielleicht legitimiert durch die neuplatonische Philosophie, die von den Medici dieser Zeit stark gefördert wurde. Donatellos David wäre so gesehen eine Visualisierung dieses sozialen Begehrens, Ausdruck der homosozialen Wünsche und Sehnsüchte seiner Zeit. Im fast schon überheblichen Duktus der Figur zeigt sich allerdings nicht nur ein Objekt des Begehrens, sondern auch dessen erotische Macht über den Begehrenden. Der Kopf des älteren Mannes liegt abgeschlagen zu seinen Füßen.

Gleichzeitig war die Figur des David im Florenz der Renaissance ein wichtiges politisches Symbol. Schon Donatellos Marmor-David galt als Chiffre für die neu erstarkte Stadtrepublik und anfangs bemühten sich die Medici sehr um eine republikanische Positionierung. Ein Symbol für die souveräne Stärke der Republik blieb die Figur des David auch nach der vorübergehenden Vertreibung der Medici unter dem Regime Savonarolas. 1495 erhielt Donatellos Plastik einen Ehrenplatz im Innenhof des Rathauses, dem Palazzo Vecchio, und wurde damit zu einem öffentlichen politischen Symbol, unabhängig von der Macht der Medici – und trotz seiner Nacktheit.

Die politische Symbolik legt die Spur zur zweiten Nacktfigur des David, jener Michelangelos, einem der bekanntesten Kunstwerke der Welt. Auftraggeber war diesmal die Wollweberzunft von Florenz, die als Abschluss der Strebepfeiler des Domes noch einen David spendieren wollte. Michelangelo, in Florenz als Künstler herangereift, hatte in Rom mit seiner viel bestaunten „Pietà" eine hochrangige Visitenkarte hinterlassen und so lag es nahe, den Florentiner mit der neuen Statue zu beauftragen. Politisch war es gar nicht so selbstverständlich, denn Michelangelo war ein Parteigänger der Medici, auf die die Wollweberzunft nicht gut zu sprechen war, da die nach Macht strebende Familie ur-

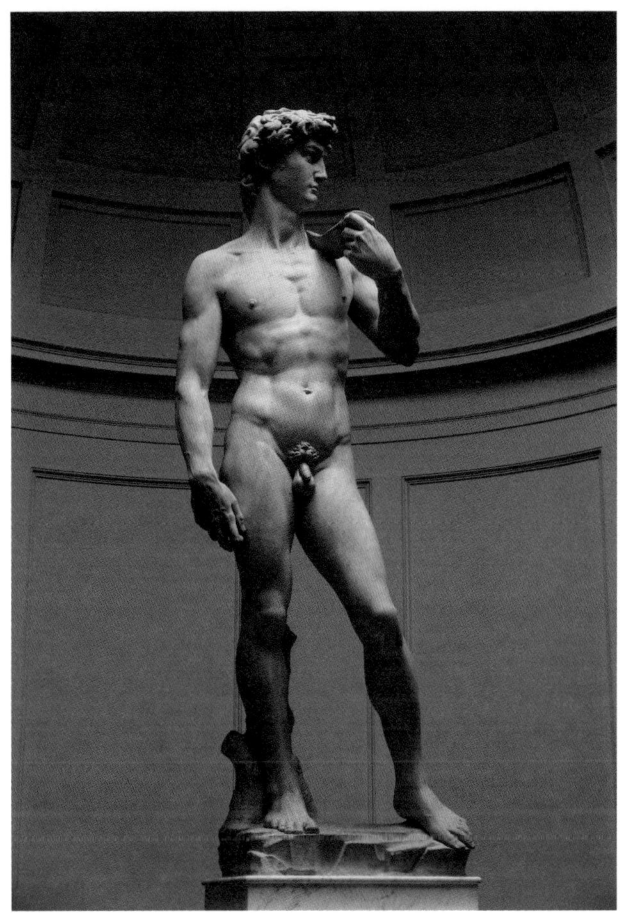

Symbol der Republik mit mächtigem Geschlecht
Michelangelo: David, 1501–1504

sprünglich derselben Zunft angehörte. Der Auftrag kam, als die Medici bereits aus der Stadt gejagt worden waren, und deshalb mag es verwundern, dass man einen ehemaligen Parteigänger auswählte. Von der Stadtregierung selbst bekam Michelangelo in der Zeit Savonarolas keine Aufträge. Nachdem bereits Donatellos David aus dem privaten Medici-Palast in das öffentliche Rathaus wanderte, war die Figur des David zum generellen Symbol der Republik geworden, das für Kraft, Klugheit und jugendliche Stärke stand und nicht zuletzt für den Freiheitswillen gegenüber den Medici. Parteigänger hin oder her, für diesen Auftrag war der Zunft vermutlich nur der größte Künstler der Gegenwart gut genug, noch dazu, dass er immer noch als Florentiner galt.

Das Modell, das Michelangelo der Zunft vorgelegt hatte, muss allerdings ein anderes gewesen sein. Als man die fertige Skulptur sah – Michelangelo arbeitete daran zwischen 1501 und 1504 –, war man zwar beeindruckt, aber es war klar, dass sie nicht für den Dom taugte, nicht zuletzt wegen ihrer Nacktheit. Zudem rückte die biblische Geschichte gegenüber der politischen Symbolik noch mehr in den Hintergrund. Das letzte Accessoire, das an den biblischen David erinnert, ist die Schleuder und die ist als solche nicht leicht erkennbar. Eine Kommission, der Sandro Botticelli und Leonardo da Vinci angehörten, suchte einen neuen Platz für die ungewöhnliche Monumentalskulptur und man entschied sich ganz prominent für die Aufstellung vor dem Palazzo Vecchio, dem Sitz der Stadtregierung. Bei der Überführung vom Dom zum Rathausplatz soll die Skulptur mit Steinen beworfen worden sein, derart monumentale Nacktheit war man nicht gewohnt. Noch im 16. Jahrhundert hing man Girlanden um sein Geschlecht und etwas später wurde es mit riesigen, vergoldeten Feigenblättern versehen. Michelangelos David war die erste Monumentalplastik seit der Antike, doch im Gegensatz zu den griechischen oder römischen Statuen besitzt er alles andere als ein knabenhaftes Geschlecht. Seine Genitalien gibt es inzwischen nicht nur auf Postkarten, sondern sogar auf Kochschürzen. Vielleicht war aber gerade das, worüber Touristen heute gerne munkeln, das, was vielen ein Ärgernis war: die monumentale Darstellung der Genitalien eines erwachsenen Mannes inklusive der Schambehaarung. Vermutlich war das Michelangelos größter Tabubruch in Florenz.

Stramm steht er da, riesengroß, die Figur misst 5,17 m Höhe. Der Kontrapost von Stand- und Spielbein ist der Antike abgeschaut und trotzdem hat er nichts mehr vom Spielerischen des Donatello, auch das Androgyne ist verschwunden. Das Standbein, der rechte Fuß, lehnt an einem Baumstrunk. Michelangelo stellt David nicht in Siegerpose nach vollbrachter Tat dar, sondern kurz davor. Der kräftige athletische Körper wirkt zwar entspannt, doch die hervortretenden Adern der rechten Hand verraten die geballte Kraft des Moments. In der Rechten hält er den Stein, die Schleuder zieht sich diagonal über den Rücken zur Schulter, wo sie die linke Hand in fast lässiger Geste hält. Der Körper ist den Betrachtenden zugewandt, doch der Kopf blickt nach rechts in eine unbekannte Ferne, was der Figur sehr viel Spannung verleiht. Von der Seite besehen wirkt das Gesicht entspannt, doch frontal ist es fest entschlossen, voll Tatkraft und fast zornig auf sein entferntes Ziel fixiert.

Vielen gilt er als das körperliche Idealbild eines Mannes, doch ganz so ideal ist er doch nicht konstruiert. Michelangelo kannte vermutlich die antiken Ideale des Vitruv, nach dem allerdings die Beine zu kurz und der Oberkörper zu lang sind. Die rechte Hand ist überdimensioniert und genau genommen ist auch der Kopf etwas zu groß. Darüber ist viel gedeutet worden, doch vermutlich hat Michelangelo die Proportionen nur dem ursprünglichen Aufstellungsort hoch über dem Dom angepasst, wo man ihn aus extremer Untersicht gesehen hätte. Letztlich sind solche Beobachtungen nur Marginalien. Als gigantisches politisches Symbol tat die Skulptur ihren Dienst und, wer weiß, vielleicht hat sich der schwule Künstler damit auch seinen Traummann geschaffen. Den tausenden Touristen, die tagein tagaus ihre Selfies vor den Genitalien machen, dürfte das kaum bewusst sein.

Exkurs: Das Heilige und das Schöne

Vom biblischen David und seiner Geschichte hat sich die Marmorfigur des Michelangelo weit entfernt. Mit dem Hirtenjungen, der im Namen Gottes mutig dem Riesen entgegentritt, hat er nicht mehr viel gemeinsam. Viel eher ist David jetzt selber zum Göttlichen geworden. Heilige waren eigentlich nie so vollkommen. Die großen Figuren des Alten Testaments sind im Grunde durchweg so etwas wie „Heilige mit Dreck am Stecken", Figuren, deren Geschichten zeigen, wie Gott auch auf krummen Zeilen gerade schreibt. Von den hier Behandelten sündigen Adam und Eva, betrinkt sich Noah, Lot lässt sich von seinen Töchtern verführen, auch David sündigt im folgenden Kapitel ganz ordentlich und Thomas Mann liegt vermutlich nicht ganz daneben, wenn er Josef nicht nur als schön, sondern als überselbstbewussten Schönling darstellt.

Es war die christliche Kunst des Abendlandes, die das Heilige allmählich mit dem Schönen verband, wie es später die scholastische Philosophie ausführte, die im Schönen, Wahren und Guten eine göttliche Manifestation sah. Die frühen Kirchenväter des 3. und 4. Jahrhunderts waren sogar der Überzeugung, dass Christus hässlich gewesen sei entsprechend den Gottesknecht-Liedern des Propheten Jesaja, wo es heißt: „Er sah nicht so aus, dass wir Gefallen fanden an ihm. Er wurde verachtet und von den Menschen gemieden, ein Mann voller Schmerzen, mit Krankheit vertraut." (Jes 53,2f) Diese Auskunft des Propheten galt in der Zeit der frühen Kirchenväter als deutliche Aussage zur Missgestalt Jesu. In der Zeit war es eine asketisch gedachte Abwehr des antiken Schönheitsideals. Einerseits wehrte man sich gegen den heidnischen Schönheitskult und gleichzeitig wollte man ihn nicht mitspielen, um durch die Abwertung äußerlicher Schönheit die geistig-spirituelle Dimension umso mehr hervorzuheben. Dem heidnischen Philosophen Celsus war umgekehrt klar, dass Christus nicht habe göttlich sein können, wenn er klein, missgestaltet und unedel gewesen sei, da sich das Göttliche immer in Schönheit zeige. Ein paar Jahrhunderte später konnte man sich wohl auch im Christentum den Gottessohn nicht mehr anders als schön vorstellen.

Mit Michelangelos David ist auch unter diesem Aspekt ein gewisser Wendepunkt erreicht, an dem die Schönheit einerseits völlig idealisiert wird und sich gleichzeitig immer mehr aus dem Kontext des Heiligen löst. Das hatte auch Folgen für das Verhältnis des Heiligen und Nackten, denn in der weiteren Entwicklung der Bildhauerei „werden nur noch antike Heroen und Götter als Monumentalstatuen wiedergegeben, keine biblischen Helden mehr".[50]

Bathseba im Bade

Als der Hirtenjunge David bereits König der Israeliten war, erblickte er auf dem Dach des Nachbarhauses die badende Bathseba. Sogar Leonard Cohen verdichtete die Bathseba-Geschichte in seinem populärsten Lied „Halleluja". Nachdem David Bathseba erblickt hatte, soll der komponierende König einen geheimen Akkord gefunden haben, der Gott gefiel. Das Ergebnis war: „Halleluja". Ihre Schönheit und das Mondlicht überfluteten David, doch es blieb nicht ohne Folgen: „Sie band dich an einen Küchenstuhl … und entlockte deinen Lippen das Halleluja."

Dieses „Halleluja", das die badende Bathseba dem König David entlockte, begegnete uns hier schon mehrfach vom tiefsinnigen Rembrandt-Gemälde bis zur vordergründigsten Erotik. Deshalb soll an dieser Stelle nur noch ein Beispiel des Mittelalters zeigen, wie unbekümmert und eben gar nicht vordergründig damals mit der Geschichte umgegangen wurde. Vor dem 13. Jahrhundert wurde die Bathseba-Szene überhaupt selten dargestellt, vermutlich war die Story sittlich einfach zu problematisch. Die erste erhaltene Darstellung stammt aus dem 9. Jahrhundert.

Ein Meisterwerk der gotischen Buchmalerei ist die sogenannte Maciejowski-Bibel (auch Kreuzfahrerbibel) aus der Mitte des 13. Jahrhunderts. Der

50 Poeschel, Starke Männer, schöne Frauen, S. 52.

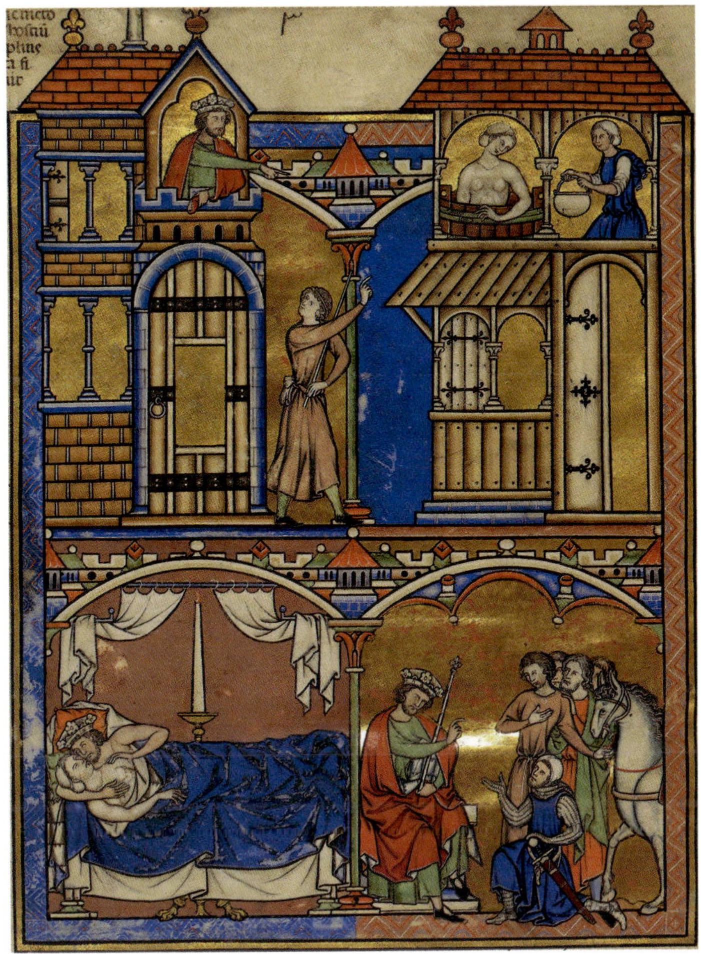

Nackt in aller Selbstverständlichkeit
Maciejowski-Bibel (Kreuzfahrerbibel), um 1255

unbekannte Maler fasst auf einer einzigen Seite mit vier Szenen die gesamte Geschichte zusammen, fast wie in einem mittelalterlichen Comicstrip. Rechts oben sieht man die nackte Bathseba, wie sie in anmutiger Geste ohne Hintergedanken ihr Bad genießt, während eine Dienerin ihr gerade heißes Wasser bringt. Links sieht man König David, der die Schöne im Bad von seinem Altan aus beobachtet hat, nun aber bereits seinem Diener unten vor der Schlosstüre das Haus zeigt, in das er den Brief überbringen soll. Unten links folgt eine Szene, die äußerst selten dargestellt wurde: David und Bathseba im königlichen Bett beim sexuellen Verkehr. Dass der nackte David sogar im Bett die Krone trägt, dient vermutlich den Betrachtenden, damit sie ihn auch im Bett als König erkennen. Bathseba trägt nur noch ein durchschimmerndes Hemd, während David in seinem Begehren erstaunlich eindringlich gezeigt wird. Solche Dinge in einem frommen Buch darzustellen, war für das diesbezüglich unverkrampfte Mittelalter noch kein Problem. Unten rechts folgt noch eine selten gezeigte Begebenheit: Bathseba wurde sehr schnell schwanger und um diese Tatsache zu kaschieren, ermunterte David ihren Gatten Urija, der als Soldat gerade auf Heimaturlaub war, mit seiner Frau zu verkehren. Urija kniet wie ein mittelalterlicher Ritter vor seinem König.

Die mittelalterliche Kunst hat kein Problem, Nacktheit darzustellen, wo sie Teil der Erzählung ist, selbst in frommen Büchern. Die Darstellung von Nacktheit ist aber kein Selbstzweck, sondern durchgehend ein selbstverständlicher Teil der erzählten Geschichte. Ab der Renaissance des 15. Jahrhunderts beginnt sich die Bathseba-Szene allmählich zu verselbständigen und die Darstellung einer nackten Frau wird dabei immer vordergründiger. Sogenannte Hochzeitsteppiche mit Bathseba im Bade und dem Brief Davids dienten im 15. Jahrhundert häufig der Brautwerbung. Den Reformatoren wiederum malte Lucas Cranach die Szene als Fußwaschung (siehe oben), um die moralische Fragwürdigkeit zu entschärfen. Ab der Mitte des 16. Jahrhunderts in der Zeit der Gegenreformation trat der biblische Kontext immer mehr in den Hintergrund zugunsten der Schilderung verführerischer weiblicher Schönheit bis hin zu den späteren fast exhibitionistischen Darstellungen. Wieder zeigt sich, wie eng Moral und Doppelmoral miteinander verknüpft sind, denn die vordergründig erotisierten Bathseba-Gemälde entstehen erst in Zeiten strenger gesellschaftlicher Moralvorstellungen.

Susanna und die Lüstlinge

„Sie war sehr schön und gottesfürchtig", heißt es, gut erzogen und aus ordentlichem Hause war sie auch. Ihr Gatte Jojakim war sehr reich, man hatte einen großen Garten hinter dem Haus. Sie lebten in einer jüdischen Enklave in Babylon und Jojakim war in der Gemeinde angesehen. Wer ein Problem hatte, ging damit zu ihm. Susanna, seine hübsche und gottesfürchtige Gattin, ging gerne im Garten des Hauses spazieren, wenn nachmittags keine Besucher mehr da waren. Auch zwei ältere Richter verkehrten oft im Hause Jojakims und bekamen dabei seine schöne Gattin zu sehen. Im Buch Daniel (Dan 13,1–64) heißt es dazu sehr eindeutig: „Da regte sich in ihnen die Begierde nach ihr."

Tagelang versteckten sich die beiden Lüstlinge im Garten in der Hoffnung, einen Blick auf Susanna zu erhaschen. Wenn sie sich danach zum Abendessen verabschiedeten, ging jeder für sich nochmal heimlich zurück, um sie vielleicht allein zu sehen, doch meist trafen beide sich wieder im Garten. Von ihrer heimlichen Leidenschaft für Susanna waren sie fast besessen.

Eines Tages, es war sehr heiß, ging Susanna in den Garten, um dort ein kühlendes Bad zu nehmen. Als sie ihre Dienerinnen wegschickte, ahnte niemand, dass auch die Lüstlinge sich bereits versteckt hatten. Die beiden Alten sahen ihre Stunde gekommen, verließen das Versteck und bedrängten die schöne Susanna auf erpresserische Weise: „Das Gartentor ist verschlossen und niemand sieht uns; wir sind voll Begierde nach dir: Sei uns zu Willen und gib dich uns hin! Weigerst du dich, dann bezeugen wir gegen dich, dass ein junger Mann bei dir war und dass du deshalb die Mädchen weggeschickt hast." (Dan 13,19–21) Die schöne Ehefrau war verzweifelt. Auf Ehebruch stand die Todesstrafe und wenn sie den beiden Lüstlingen gefügig wäre, käme sie sich treulos und geschändet vor. Sie schrie mit lauter Stimme auf, aber das taten auch die beiden Richter und so kam es, dass die unschuldige Susanna wegen Ehebruchs zum Tode verurteilt wurde. In ihrer Verzweiflung schrie sie laut zu Gott um Hilfe. Die Hilfe kam in der Gestalt des jungen Daniel, des künftigen Propheten, der die beiden Zeugen einzeln befragte, wo dieser Ehebruch stattgefunden habe. Der eine sagte unter einem Mastixbaum, der andere unter einer Eiche. Diese Begebenheit ist später sogar als Grundsatz der unabhängigen Zeugenbefragung in die Rechtsprechung eingegangen. Damit wendete sich das Blatt und die beiden alten Richter wurden getötet.

In der christlichen Kunst hat die badende Susanna prominentere Spuren hinterlassen als Bathseba, nicht zuletzt, weil die Moral der Geschichte eindeutiger und unproblematischer ist. Auffallend oft taucht Susanna als symbolisierte Figur in den frühchristlichen Katakomben-Malereien auf. Da werden allerdings keine Geschichten erzählt, schon gar nicht von einer Nackten im Bad, sondern meist steht sie einfach da als betende Frau, als Vorbild und Inbegriff der ehelichen Keuschheit oder sogar in einem Piktogramm als Lamm, das links und rechts von zwei Hyänen bedrängt wird. Dann aber verschwindet sie aus den christlichen Bildprogrammen bis ins 9. Jahrhundert. In der karolingischen Buchmalerei tauchen Susanna-Szenen immer wieder in Bibeln oder Stundenbüchern auf, durchgehend in einem Erzählzyklus verschiedener Begebenheiten. Im Zentrum stehen die Anklage gegen Susanna, die Verurteilung der beiden Richter und ihre Exekution, ebenso wie Daniel mit der freigesprochenen Susanna.

Der Fokus der mittelalterlichen Kunst liegt auf der verhöhnten Unschuld Susannas, die Nacktheit als solche ist dabei kein Thema. Das Gute wird vom Bösen bedroht, triumphiert aber letztlich durch Gottes Hilfe, so die Moral der Geschichte im Mittelalter. Mit dem Beginn der Neuzeit beginnt sich der Fokus zu verändern: „Vom 15. Jahrhundert an ereignet sich langsam ein Übergang vom Religiösen zum Profanen, von der Allegorie zum Realismus, von der Heiligen zur Frau. Gleichzeitig lässt sich eine ikonografische Konzentrierung auf die Szene des Bades feststellen. Susanna bleibt zwar ein Vorbild für entschlossene Keuschheit, aber sie wird zum Objekt eines zweideutigen maskulinen Verlangens."[51] Vom 16. bis ins 20. Jahrhundert bleibt die Nackte im Bad die vorherrschende Szene der ganzen Susanna-Geschichte, die letztlich immer mehr zum legitimierten Vorwand wird, auf voyeuristische Weise eine nackte Frau darzustellen. Diese Chance wurde von den Malern in unzähligen Variationen weidlich genützt und offensichtlich war das Thema auch bei den Auftraggebern äußerst beliebt. Die Versionen reichen vom voyeuristischen Schauen über das Bedrängen bis hin zum Handgreiflichwerden der beiden Lüstlinge. Das Angebot der Maler an die Käufer schien zu sein: Wie belieben!

In einer anderen Dimension spielt die Version von Artemisia Gentileschi, der schon genannten italienischen Barockmalerin. Susanna sitzt nackt mit einem kleinen Lendentuch am Rand eines Brunnens. Hinter der Brüstung kommen die beiden alten Richter hervor, die sie verbal und körperlich bedrängen. Der Vordere im roten Mantel befiehlt ihr zu schweigen, während ihm der andere vermutlich eine Perfidität ins Ohr flüstert. Susanna wendet ihren Kopf angewidert ab und hält ihre Hände zur Abwehr nach oben. Der Widerwillen steht ihr ins Gesicht geschrieben. Die Situation wirkt ausweglos, hinter ihr ist die steinerne Brüstung, ihre abwehrenden Hände greifen ins Leere. Die Künstlerin malt keine Badende, die man goutieren könnte, keine voyeuristische Badeszene, sie malt nichts anderes als einen beklemmenden Akt der sexuellen Belästigung. Angeblich hat sie selbst als junge Frau einen Freund ihres Vaters der Vergewaltigung angeklagt. Sie weiß also aus eigener Erfahrung, worum es geht, und verweigert den Betrachtenden jede voyeuristische Schaulust. Die Szenerie ist zu realistisch, als dass es großen Spaß machen würde, das Bild lan-

51 Bonnet, Die Badende, S. 29.

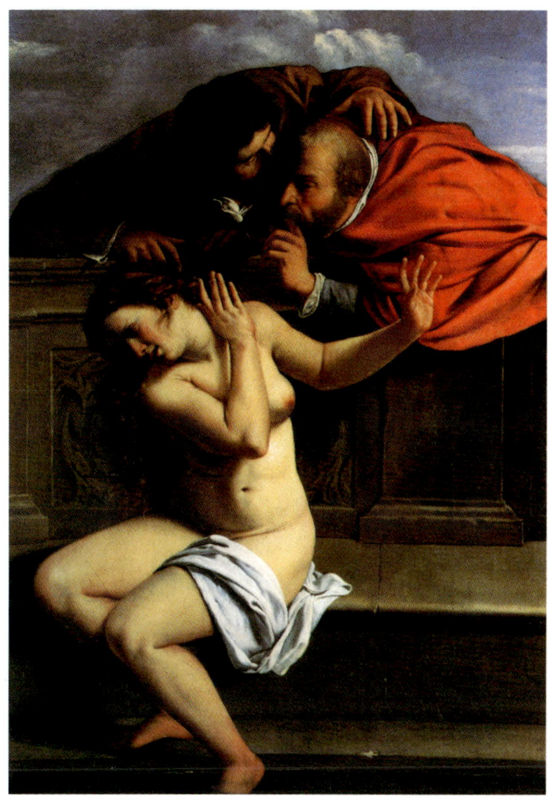

Sexuelle Belästigung
Artemisia Gentileschi: Susanna und die Ältesten, 1610

ge zu betrachten. Damit kommt sie in ihrer neuen Form der Darstellung der biblischen Geschichte doch sehr nahe.

Auch Peter Paul Rubens hat sich mehrfach mit dem Susanna-Thema beschäftigt und bezeichnete seine Versuche als Galanterien. In diesem Sinne lavierte er zwischen Grausamkeit und Schaulust. So sehr der Widerwillen Susannas und die aggressive Gier der Lüstlinge zum Ausdruck kommen, nützt Rubens immer auch die Möglichkeit zur Darstellung weiblichen Fleisches, wie er es so liebte. Zu ganz intimen persönlichen Lösungen kommt Rembrandt, der sich mehrfach mit dem Thema auseinandersetzte. Ähnlich wie bei Bathseba schafft Rembrandt mit seiner Susanna einen sehr individuellen Typ, den er dadurch auch dem voyeuristischen Blick des Zuschauers entzieht.

Die Vordergründigkeit des nackten Aktes steigert sich auch bei diesem Thema im 19. Jahrhundert wie hier bei Juan Manuel Blanes, einem Vertreter des Realismus. Eine durchaus attraktive nackte Dame sitzt am Rande eines Bassins, die Symbole und Schriftzeichen an der Rückwand sollen vermutlich Babylonien suggerieren. Ansonsten deutet gar nichts auf die Susanna-Erzählung hin. Die schöne Nackte, die sich alleine wähnt, hat etwas gehört, ist erschrocken und blickt sich um. Wer die Geschichte kennt, weiß, dass es die beiden Richter sein müssen, aber letztlich könnte es jedes andere Geräusch sein. Der Maler bringt damit Spannung in seinen Akt. Die „keusche Susanna", wie das Bild betitelt ist, zieht schnell das Badetuch zu sich herauf, bedeckt aber doch nur ihre linke Brust, was das Bild als solches erotisch nur interessanter macht. Hier darf man durchaus diskutieren, ob man ein solches Bild noch als religiöses Gemälde sehen will oder ob es nicht schon auf dem Weg zur religiösen Pornografie ist, in der die biblische Geschichte allerhöchstens noch Vorwand ist. Das Bild von Juan Manuel Blanes gehört eher noch zu den geschmackssicheren Werken des 19. Jahrhunderts.

Erst mit dem Aufbruch in die Moderne kommen neu gedachte Versionen des Susanna-Motivs wie die Bilder des deutschen Impressionisten Lovis Corinth oder Variationen des Symbolisten Franz von Stuck. Eine ganz neue Abwand-

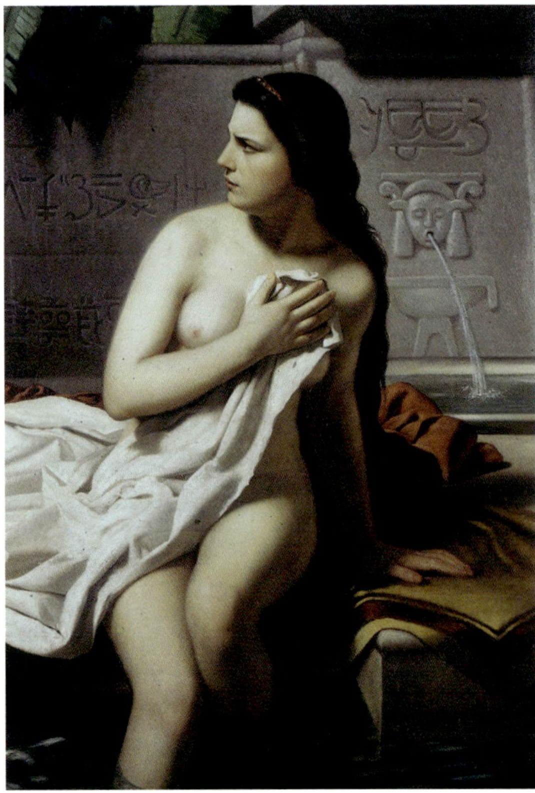

Auf dem Weg zur religiösen Pornografie
Juan Manuel Blanes: Die keusche Susanna, 1862

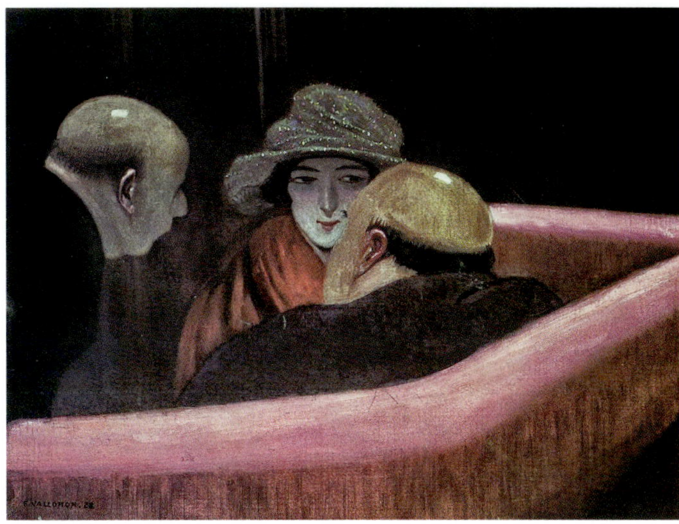

Es geht auch ohne Nacktheit.
Félix Vallotton: Die keusche Susanne, 1922

lung versuchte der französische Postimpressionist Félix Vallotton, der gleich ganz auf das Bad und die Nacktheit verzichtet, die Bedrängnis der Susanna aber um nichts weniger auf den Punkt bringt. Als ob sie die begehrenden Blicke der beiden Alten schon geahnte hätte, hat Susanna den Hut tief ins Gesicht und den Kragen des Mantels eng um den Hals gezogen. Die Szene könnte in der Entstehungszeit in einem Pariser Salon spielen. Die beiden Männer rücken ihr ordentlich nahe, bedrängen sie mit ihren Worten ebenso wie mit ihren gierigen Augen. Es ist ein hochinteressantes Bild, das vielleicht weniger die Keuschheit der Susanna zeigt als vielmehr ihr Bedrängtwerden durch die beiden Alten.

Göttliche Nacktheit

Wenn es um den menschgewordenen Gottessohn geht, spitzt sich das Thema vom Heiligen und Nackten nochmal zu in der Frage nach der göttlichen Nacktheit. Stand Jesus bei der Taufe nackt im Jordan oder mit Lendentuch? Augenzeugen haben nichts berichtet, allerdings kann man in Analogie zum jüdischen Reinigungsbad, der Mikwe, durchaus annehmen, dass er unbekleidet in den Jordan gestiegen ist. Für die frühchristliche Kunst war das keine Frage und offensichtlich auch kein Problem. In den erhaltenen Beispielen der Katakomben-Malerei erscheint er nackt und so ist es auch noch in der großartigen romanischen Decke von Zillis am Beginn des 12. Jahrhunderts.

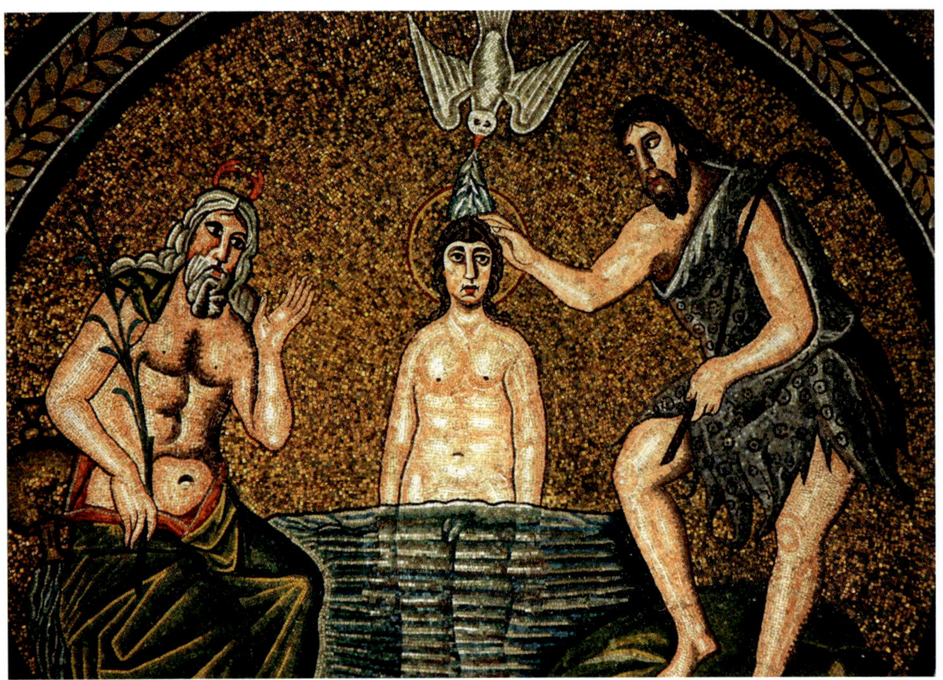

In göttlicher Nacktheit
Ravenna, Baptisterium der Arianer, um 500

Dort, eine Art Zwischenstufe, befindet sich der Dargestellte allerdings in einer Körperstellung, in der die Genitalien verborgen bleiben. Häufig waren es die Körperhaltung oder die Wellen des Wassers, die das Geschlecht des ansonsten nackten Täuflings verbargen. Im Laufe der Gotik wird dann das Lendentuch zunehmend zum fixen Bestandteil der Taufbilder.

Zwei Baptisterien aus frühchristlicher Zeit mit großartigem Mosaikschmuck stehen heute noch in Ravenna, das Anfang des 5. Jahrhunderts zur Hauptstadt des weströmischen Reiches aufstieg: die Taufkapelle der Orthodoxen und jene der Arianer. In der Mitte der runden Kuppelwölbung befindet sich in beiden eine Darstellung der Taufe Jesu im Jordan. Das Mosaik des älteren Baptisteriums musste im 19. Jahrhundert neu ergänzt werden, was nicht gerade stilecht geschah. Im Baptisterium der Arianer, das unter Theoderich dem Großen um 500 erbaut wurde, steht Jesus als bartloser junger Mann in göttlicher Nacktheit im Wasser des Jordan, völlig unverkrampft und natürlich, wie es dem menschgewordenen Gottessohn entspricht. Rechts steht Johannes der Täufer im Gewand aus Kamelhaaren, der die Taufe vollzieht. Links sieht man eine ungewohnte Gestalt, den Flussgott Jordan, der zeigen soll, dass inzwischen auch die heidnische Welt auf den getauften Christus schaut. Von oben kommt der Hl. Geist in Gestalt der Taube und es macht den Anschein, dass aus ihrem Mund noch das Wasser des Geistes kommt.

„Ich mag ihn gar nicht zeigen, so obszön wirkt er auf mich."[52] Was vor Ort in seiner byzantinischen Stilisierung selbstverständlich erscheinen mag, ist es doch nicht für alle. Der persischstämmige deutsche Schriftsteller und Publizist Navid Kermani zeigte sich entsetzt über dieses Mosaik. In seinem Buch „Ungläubiges Staunen" schreibt er aus muslimischer Perspektive über christliche Kunstwerke und ist begeistert von manchem, was er in Ravenna vorgefunden hat und das einem Traumgesicht Mohammeds entspricht: „Ich sah den Herrn in der schönsten Gestalt, als einen bartlosen Jüngling mit vollem lockigem Haar auf dem Thron der Gnade."[53] Doch mit dem Kuppelmosaik im Baptisterium der Arianer ist für ihn die Grenze derart überschritten, dass er das Bild in seinem Buch gar nicht abbilden mag: „Er ist etwas dicklich, was ihm weiche, weibliche Züge verleiht, lässt ganz unmännlich die Schultern herabhängen, blickt verträumt zur Seite und hat auch den Körper lasziv gedreht, die roten, vollen Lippen beinah zu einem Kussmaul zusammengezogen. Obwohl ihm das Wasser bis an die Hüfte reicht, ist sein Geschlecht deutlich sichtbar, das noch dazu genau die Mitte der Kuppel füllt, der braune Flaum des Heranwachsenden, ein praller, nach vorne gehobener Hoden, das unbeschnittene Schamglied, das bestimmt nicht zufällig in dem weißen Streifen liegt. Das Auge kann gar nicht anders, als zuerst auf die Scham des Erlösers zu blicken, die wie angeleuchtet wird."[54]

Abgesehen von einigen Klischees über Männlichkeit ist es vor allem die Nacktheit des Gottessohnes, die für Kermani tabuisiert ist und mit der er offensichtlich unüberwindliche Mühe hat. Das Thema vom Heiligen und Nackten ist noch lange nicht selbstverständlich. Aus dem Blick von Kulturen, die vom religiösen Bilderverbot bestimmt sind, ist es auch heute noch ein Hohn, wenn nicht gar eine Schande, Christus einer derartigen Nacktheit auszusetzen. Einige Jahrhunderte nach der Entstehung dieses Mosaiks hätten vermutlich viele die Emotionen Kermanis geteilt und doch, immer ganz bedeckt blieb der Gottessohn auch in der weiteren Kunstgeschichte nicht.

52 Kermani, Ungläubiges Staunen, S. 91.
53 Kermani, Ungläubiges Staunen, S. 91.
54 Kermani, Ungläubiges Staunen, S. 91.

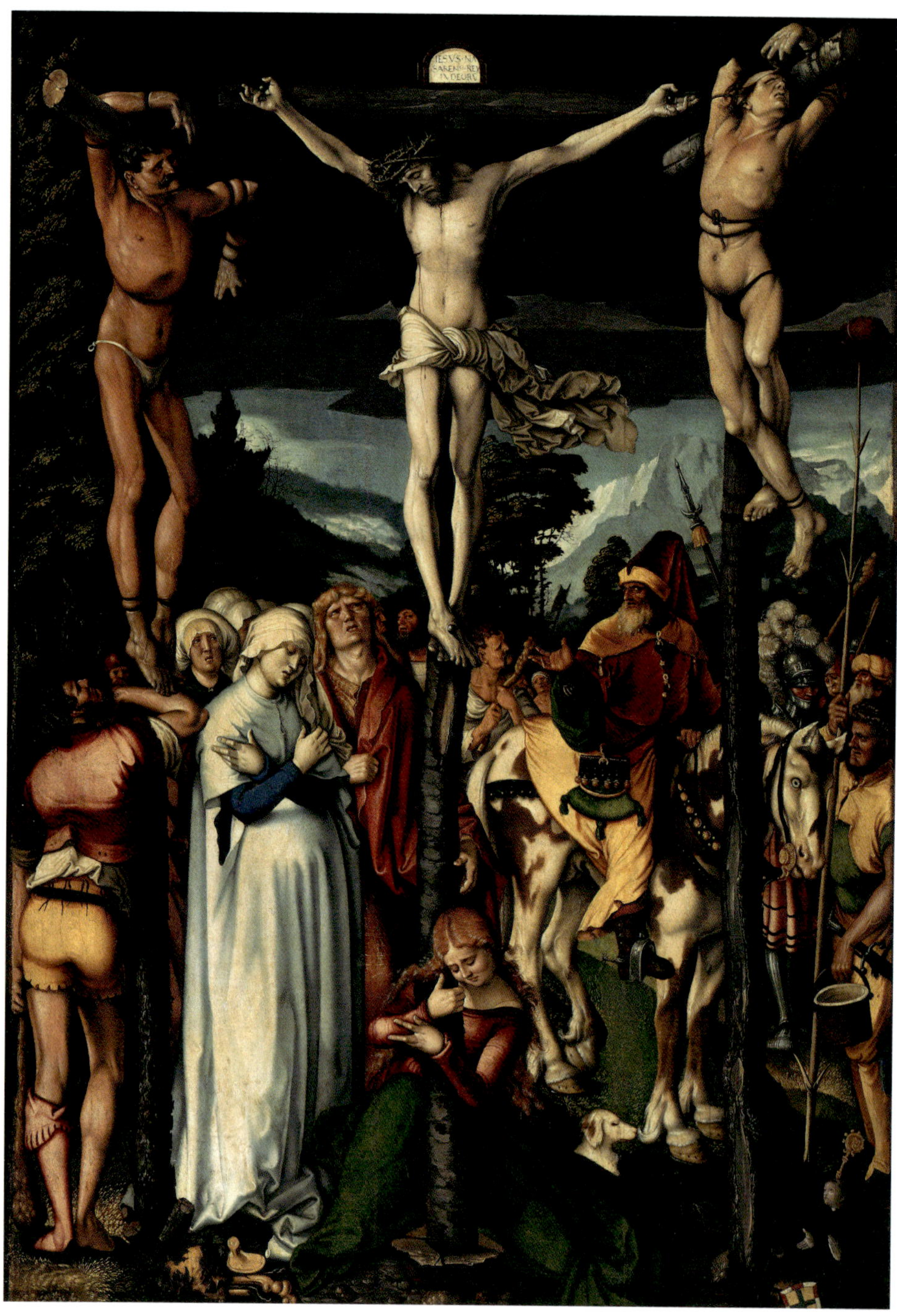

Mehr aufmerksam machen als verbergen
Hans Baldung Grien: Die Kreuzigung Christi, 1512

Gegen die katholische Bilderwelt hat der Schweizer Reformator Huldrych Zwingli ordentlich gedonnert, gegen die Verehrung der „Ölgötzen", wie er die gemalten Tafelbilder nannte. Gegen das Spiel mit Nacktheit ereiferte er sich besonders und war dabei einer der wenigen, der den Blick der Frauen ins Spiel brachte. Manche dieser „Götzen" seien gekleidet wie ein „Hurenwirt", um dann zynisch anzumerken: „daran die wyber frylich zü grosser andacht bewegt werdend".[55] Diese Kritik bezog sich nicht nur auf Heilige, sondern auch auf manche Kreuzigungsdarstellungen der Hochrenaissance nördlich der Alpen.

Die Kreuzigung Christi wurde in der frühchristlichen Kunst gar nicht dargestellt, da es für Römer die schändlichste Tötungsart war. In den frühesten Darstellungen trägt er am Kreuz zumindest ein Lendentuch, von der karolingischen Buchmalerei bis in die Romanik ist er häufig bekleidet mit der römischen Tunika als Triumphator am Kreuz, der den Tod besiegt hat. Mit der Leidensmystik der Gotik tauchen im 14./15. Jahrhundert vermehrt Bilder auf mit einem nackten Christus am Kreuz bzw. nach der Abnahme, manchmal nur mit einem dünnen Schleier, manchmal ist es seine Mutter, die mit ihrem Schleier sein Geschlecht verdeckt. Es ist eine spätgotische Bildästhetik, die nicht nur das wahre Menschsein des Gottessohnes verdeutlichen wollte, sondern mit der ungeschützten Nacktheit das Mitleid bei den Betrachtenden zu steigern versuchte. Ab Mitte des 15. Jahrhunderts setzte sich aber weitgehend das Lendentuch durch, das in der Barockzeit bisweilen wolkenhafte Ausmaße annahm. Zwischendurch gab es aber – wieder einmal im Florenz des 15. Jahrhunderts – eine Reihe von Künstlern (Brunelleschi, Donatello, Michelozzo, der junge Michelangelo), die auf geschnitzten Kruzifixen einen nackten Christus darstellte oder sein Geschlecht zumindest nur mit einem dünnen Schleier bedeckte. Benvenuto Cellini setzte Mitte des 16. Jahrhunderts diese Tradition noch einmal in Marmor fort, als aber seine Skulptur über die Medici an den spanischen Hof in den Escorial kam, wurde sein Christus schamhaft mit einem Leinentuch verhüllt und mit einer Dornenkrone versehen.

Worüber sich Zwingli aber vermutlich noch mehr empörte in der Kunst nördlich der Alpen, war die Art und Weise, wie in den Kreuzigungsbildern seiner Zeit mit dem Lendentuch umgegangen wurde, das manchmal mehr Aufmerksamkeit auf sich zog, als es wirklich verbarg. Noch mehr aber wa-

55 Zit. nach Reichel, Wie nackt sind die Akte?, S. 301.

ren es vermutlich die phantasiereichen und gleichzeitig äußerst auffallenden Schambekleidungen der beiden Schächer links und rechts des Kreuzes, die hin und wieder tatsächlich an Reizwäsche denken lassen.

Hier ist allerdings noch ein Phänomen zu erwähnen, das in der Kunstgeschichte eher schamhaft unter der lateinischen Bezeichnung „Ostentatio genitalium" („Zeigen der Geschlechtsteile") behandelt wird.[56] Der amerikanische Kunsthistoriker Leo Steinberg hat eine große Zahl solcher Bilddokumente gesammelt und mit seiner Publikation in den 1980er-Jahren des letzten Jahrhunderts eine hitzige Diskussion entfacht. Es geht um künstlerische Inszenierungen des männlichen Geschlechts am Körper Jesu, theologisch eigentlich kein großes Problem, denn als „wahrer Gott und wahrer Mensch" kann er in der Körpermitte nicht geschlechtslos gewesen sein. Trotzdem bewegen sich solche Bilder in einem Grenzbereich zwischen „Natürlichkeit" und „Schamhaftigkeit" und setzen einen kulturellen Hintergrund voraus, damit sie nachvollzogen werden können.

Das sind einmal Bilder des Jesuskindes mit nackten Genitalien (eine relativ häufige Variante), ein Jesuskind, das mit seinen Genitalien spielt (z. B. Paolo Veronese „Heilige Familie"), oder auch Bilder, in denen die Mutter oder die Großmutter des Kindes das Genital in der Hand haben, und darüber hinaus die Darstellungen der Beschneidung. Der zweite Kontext sind Kreuzigungsbilder mit auffällig drapiertem Lendentuch, der Schmerzensmann mit nur dünnem Schleier oder Grablegungen, bei denen der tote Christus oder auch seine Mutter die Hand auf dem Genital hat. Solche Bilder wirken heute allemal ungewohnt, waren in der damaligen Zeit aber durchaus Ausdruck der wahrhaften Menschlichkeit des Gottessohnes bzw. auch Ausdruck großer Selbsterniedrigung in der Menschwerdung Christi. Es ist davon auszugehen, dass die Menschen damals solche Darstellungen mit anderen Augen betrachtet haben, während wir heute vielleicht schnell am „genitalium" hängenbleiben.

Im 16. Jahrhundert ist sogar eine Reihe von Christus-Darstellungen entstanden als Schmerzensmann mit erigiertem Penis unter dem Lendentuch (Ludwig Krug, Maarten van Heemskerck, Hans Schäufelein u. a.). Heute würde man darin abwegige Obszönitäten sehen, doch diese Bilder waren letztlich konsequent augustinisch gedacht. Wie oben schon angedeutet, ging Augustinus in seiner Vorstellung davon aus, dass dem alten Adam nach dem Sünden-

56 Vgl. dazu auch Wikipedia „Ostentatio genitalium".

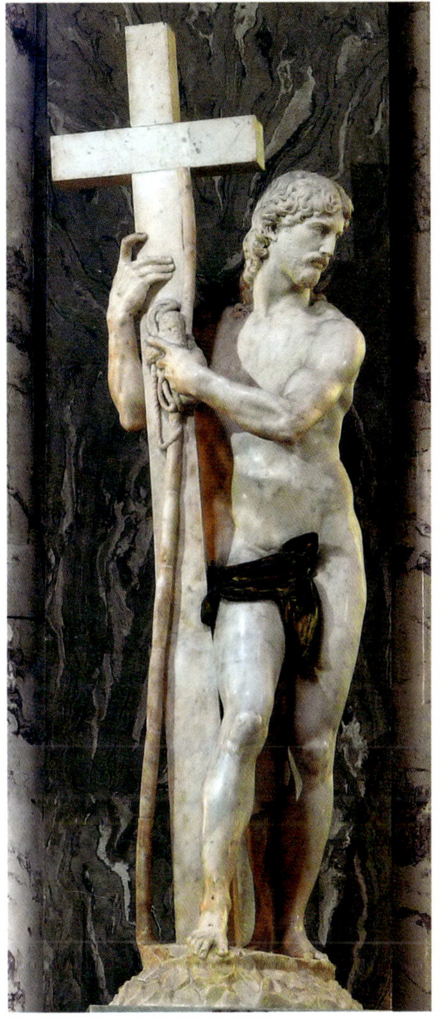

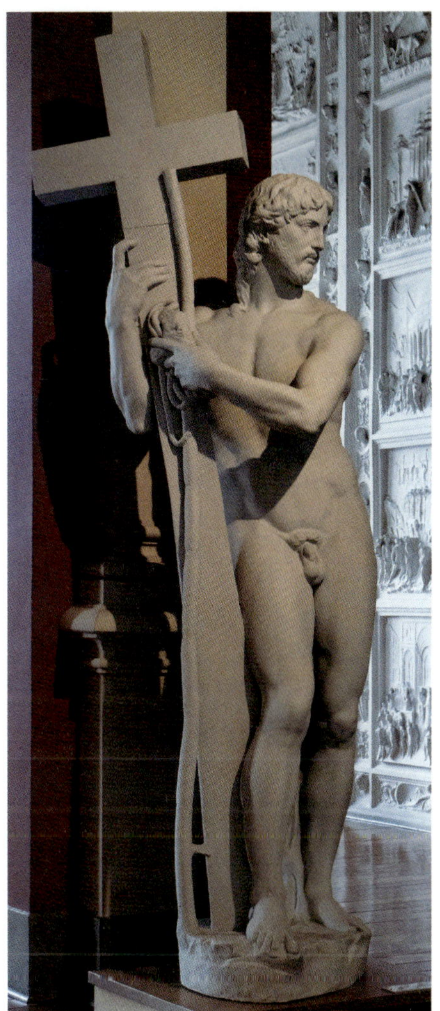

Der nackte Christus

Michelangelo: Der auferstandene Christus, Rom, 1519–1521

Gipskopie, Lindenau Museum, Altenburg (D)

fall das Glied nicht mehr willentlich gehorchte und so die böse Lust in die Welt kam. Christus hingegen gilt schon seit den Paulusbriefen als der neue Adam, der die Erbsünde überwunden hatte. Wenn nun Christus dem Adam im Paradies wieder gleicht, muss das auch für sein Geschlechtsorgan gelten, so vermutlich die Überlegungen dieser Künstler. Es ist ein religiöser Hintergrund, der heute kaum mehr nachvollziehbar ist und deshalb solche Bilder problematisch macht.

Im Rom des frühen 16. Jahrhunderts verstarb eine wohlhabende Dame, deren adelige Familie eine Grabstätte in der auf einem römischen Minerva-Tempel erbauten Dominikanerkirche Santa Maria sopra Minerva hatte. Da sie kinderlos geblieben war, vermachte sie ihr Vermögen den beiden Neffen mit der Auflage, dass sie ihre Grablege in der Kirche künstlerisch ausgestalten sollten. Der jüngere Neffe war nicht unbedingt sehr kunstaffin, der ältere aber umso mehr und dieser engagierte sehr selbstbewusst den damals 39-jährigen Michelangelo. Die Skulptur „Der auferstandene Christus" aus weißem Carrara-Marmor galt lange Zeit als eines der bedeutendsten Werke Michelangelos und der Renaissance, bevor spätestens ab dem rigiden 19. Jahrhundert das Interesse an dieser Skulptur verschwand. Wieder einmal war es Michelangelo, der, wenn es um männliche Nacktheit geht, den großen Tabubruch wagte: der Auferstandene in seiner ganzen lebensgroßen Nacktheit. Allerdings ist bereits in dem 1514 abgeschlossenen Vertrag die Rede von einem stehenden, nackten Christus mit einem Kreuz im Arm. Es kann also nicht Michelangelos heimliche Überraschung gewesen sein. Zumindest der Dominikanerorden muss damit einverstanden gewesen sein, da es um seine Klosterkirche ging. Nachdem Michelangelo in Rom kein Unbekannter mehr war – er hatte gerade die Decke der Sixtina vollendet –, ist auch der kirchliche Segen von ganz oben nicht auszuschließen. Der erste Versuch scheiterte daran, dass der Marmorblock während der Arbeit in der Höhe des Gesichts plötzlich schwarze Einschlüsse zeigte. An der Skulptur arbeitete Michelangelo deshalb nicht mehr weiter und über Umwege war es vielleicht sogar der junge Gian Lorenzo Bernini, der später jene Figur vollendete, die heute in Bassano Romano in der Kirche San Vincenzo steht.

An der endgültigen Skulptur werkte Michelangelo von 1519 bis 1521 und schuf dabei eine Art göttliches Pendant zu seinem David. Inspiriert von der Antike verwendete er nicht nur den Kontrapost, sondern entwickelte auch die Spiraldrehung weiter. Das rechte Bein, das Spielbein, ist etwas erhoben und leicht nach links gedreht. Der Oberkörper zusammen mit dem linken Arm dreht nach rechts, während sich der Kopf wiederum nach links dreht und – analog zum David – auf einen Punkt in der Ferne schaut. Das hohe Kreuz, das er mit der Rechten hält, hat eine nur noch symbolische Form angenommen, während er in der Linken den Rohrstock mit dem Essigschwamm und ein Seil als Leidenswerkzeuge hält. Dargestellt ist ein Mann mittleren Alters mit Bart, nackt mit den ihm entsprechenden Genitalien in einer äußerst souveränen Pose. Die Nacktheit wirkt selbstverständlich ohne laszive Andeutungen oder komplizierte Hintergedanken. Es ist ein äußerst athletischer Körper, der dem antiken Schönheitsideal entspricht. Es ist in der Ästhetik der Bildhauerkunst die vielleicht höchste Verbindung von Christentum und Antike: Christus, der Menschensohn, als eine Art göttlicher Herkules. Es ist letztlich die höchste idealisierte Symbiose des Heiligen und Nackten. Die Nacktheit selbst konnte Michelangelo durchaus biblisch begründen, da Petrus im leeren Grab das Leichentuch vorgefunden hat. Hier hängt es auf der Rückseite an einem Baumstrunk. Es ist die heroische Pose des Siegers über Leben und Tod, der, man möchte fast sagen, manngewordene Gottessohn, Christus nicht als der unansehnliche, leidende Gottesknecht des Alten Testaments, sondern als männlicher Idealmensch, der Menschensohn als Gottes Ebenbild, als „Neuer Adam".

Diese ideale Nacktheit hat vorerst absolut fasziniert, der Applaus bei der Enthüllung soll groß gewesen sein, bis es offensichtlich dann doch problematisch wurde. Der Ordensgeneral ließ Ende 16. Jahrhundert den rechten Fuß mit Messing umhüllen, damit er den Küssen der, wie gesagt wird, überwiegend weiblichen Pilgerinnen standhielt. Die viel zitierte römische Abergläubigkeit führte zu einer Art Fetischbildung. Es gab die Überzeugung, dass ein Kuss auf diesen Fuß Frauen zu einem entsprechenden Partner verhelfen würde. Vielleicht war es gerade die weibliche Verehrung, die dann einen von seinem Gewissen geplagten Mönch dazu brachte, der Skulptur das männliche Glied abzuschlagen. Aus diesem Grund hängte man dem Auferstandenen vorerst ein Lendentuch aus Stoff um. Diese Version sieht man heute noch an einer Kopie von Taddeo Landini (1579) in der Kirche Santo Spirito in Florenz. Die Fassung mit abgeschlagenem Glied ist erhalten in einer Gipskopie im Lindenau-Museum in Altenberg/Thüringen. Das Original in Santa Maria sopra Minerva in Rom trägt bis heute das spätere Lendentuch aus Bronze, das man schwerlich entfernen kann, da das abgeschlagene Glied dem Ideal männlicher Schönheit zweifellos Abbruch tun würde. Es ist eine äußerst sinnliche und körperhafte Darstellung Christi, vermutlich weit entfernt von moderner Religionspädagogik oder den zunehmend gestaltlosen Gottesbildern unserer Zeit. Letztlich hat aber Michelangelo nichts Anderes getan, als die Menschwerdung Gottes ernst zu nehmen, wenn auch in der idealisierenden Ästhetik seiner Zeit.

Michelangelo und das Hinterteil des Schöpfers

Und noch einmal Michelangelo, doch diesmal geht es um ein Hinterteil und die vermutlich gröbste ikonografische Entgleisung der christlichen Kunst. Im byzantinischen Bilderstreit des 8. und 9. Jahrhunderts gab es eine leidenschaftliche theologische Debatte um die Frage, ob es religiöse Bilder überhaupt geben darf und wenn ja, wer dargestellt werden kann. Während der heftigen Auseinandersetzungen wurden viele Ikonen und Mosaike zerstört. Auf dem zweiten Konzil von Nicäa 787 einigte man sich auf die Verehrung von Bildern und darauf, dass selbstverständlich die Mutter Gottes und die Heiligen dargestellt werden dürfen, aber auch Christus als Teil der göttlichen Dreifaltigkeit, weil er Mensch geworden ist und unter uns gelebt hat. Da er menschliche Gestalt angenommen hat, darf er auch dargestellt werden, ist die einfache Logik des Konzils. Dieser Beschluss lässt damit keinen Platz für die Darstellung von Gottvater oder der Dreifaltigkeit, die gestaltlos sind. Die orthodoxe Kirche hat sich mehr oder weniger daran gehalten, während spätestens seit der Ausmalung der Sixtinischen Kapelle das Bild Gottes als altem Mann im Westen präsent wurde. Theologisch präzise war das nicht, denn beim Bild des alten Schöpfers denken alle an Gottvater. Es war aber nicht der Vater allein, der die Welt erschuf, sondern der gestaltlose dreieinige Gott. In der mittelalterlichen Bilderwelt wird Christus bei der Schöpfung dargestellt, weil er als einzige göttliche Person darstellbar ist. Der „väterliche Schöpfer“, den es theologisch nicht gibt und der gemäß dem Konzil auch nicht dargestellt werden dürfte, dieser alte Mann zog dann allerdings für lange Zeit in die christliche Vorstellungswelt ein.

Das ist aber noch nicht der tatsächlich fragwürdige Tabubruch Michelangelos. Es ist ein Ausschnitt aus der Decke der Sixtina, der den meisten nicht auffällt und in Kunstbüchern vorwiegend ignoriert wird. Oft findet man nur den rechten Teil des Freskos abgebildet, denn der linke Teil gehört nicht unbedingt zu den Höhepunkten der christlichen Ikonografie. Im Bild der Erschaffung der Sonne, des Mondes und der Pflanzen sieht man links den Schöpfer von hinten. Es ist dieselbe Figur mit demselben Gewand und denselben Haaren wie der Schöpfergott rechts. Es scheint, als hätten ihm kosmische Winde das Gewand gehoben und Michelangelo malte tatsächlich das nackte Hinterteil des Schöpfers.

Vielleicht stand ihm dabei Ex 33,18ff Pate. Moses will auf der langen Wüstenwanderung mit seinem Volk endlich einmal Gott schauen. Der Herr aber

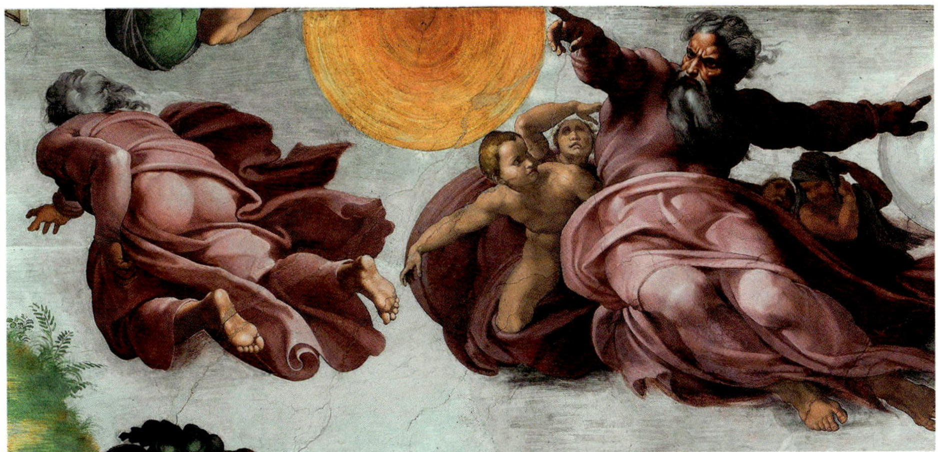

Das nackte Hinterteil des Schöpfers
Michelangelo: Die Erschaffung der Sonne, des Mondes und der Pflanzen, um 1511

macht ihn darauf aufmerksam, dass er es nicht überleben würde, ihm ins Angesicht zu schauen. Moses bleibt ungeduldig und bettelt. Da macht ihm Gott einen Vorschlag: Er wird an ihm vorbeiziehen und wenn er vor ihm ist, würde er ihm die Augen zuhalten, damit nichts passiert. Wenn er aber vorübergezogen sei, dürfe er ihn von hinten sehen. Im Lexikon der christlichen Ikonographie ist ganz schamhaft lateinisch die Rede vom „transitus gloriae Domini", dem Vorüberziehen der Erscheinung des Herrn. Auch in der Literatur findet man kaum etwas zu Michelangelos Bild und wenn, dann eher harmlose Bemerkungen. Ganz so ohne ist es allerdings tatsächlich nicht, denn dieses nackte Hinterteil befindet sich in der päpstlichen Hauskapelle ziemlich genau über dem Altar, an dem Gottesdienst gefeiert wird. Als Michelangelo die Sixtinische Kapelle ausmalte, stand er unter dem Einfluss der energischen Persönlichkeit Julius' II., jenem Papst, der ihn gegen seinen Willen zu dieser Ausmalung zwang. Züge dieses Papstes könnten durchaus in die Darstellung des Schöpfers eingeflossen sein und das mit dem Hinterteil war vielleicht Michelangelos Rache. Michelangelos Bildschaffen in einer der bedeutendsten Kirchen des katholischen Christentums ist also nicht nur ein Höhepunkt der Kunstgeschichte, sondern durchaus auch eine gewisse Herausforderung für den kirchlichen Humor.

Maria Magdalena als Pin-up verbotener Schaulust

Nach diesem Reigen biblischer Figuren und Begebenheiten eröffnet sich mit den katholischen Heiligen nochmal ein weites Feld, vor allem bei den frühchristlichen Märtyrerinnen. In der Kirche Santa Maria in Traspontina in Rom, kaum einen Steinwurf entfernt vom Petersplatz, steht die hl. Barbara auf einem Seitenaltar energisch und mit offener linker Brust und erinnert dabei fast an die französische Marianne. Um dieses weite Feld der Heiligen zu begrenzen, soll sich hier die Darstellung auf die zwei populärsten Fast-Nackten konzentrieren, die hl. Maria Magdalena und den hl. Sebastian, womit sowohl die weibliche wie die männliche Nacktheit im Heiligen zum Zug kommt.

Vermutlich ist keiner biblischen Figur so viel Unrecht geschehen wie der „Maria Magdalena". Selbstverständlich kann man theologisch in ihr das Paradebeispiel einer Heiligen sehen, auf deren krummen Zeilen Gott gerade schreibt, wenn ausgerechnet die stadtbekannte Prostituierte zur ersten Zeugin der Auferstehung wird. Trotzdem müsste man ihren Namen eigentlich unter Anführungszeichen setzen, denn diese „Maria Magdalena" ist eine Kunstfigur, die sich mit der Zeit aus drei verschiedenen neutestamentlichen Frauen, einer Wüstenmutter und einer frühchristlichen Märtyrerin entwickelt hat. Als solche brachte sie es dann aber bis zum Pin-up-Girl der barocken Schaulust, wie es in einem Blog einmal hieß.

Da ist zum einen die vermutlich historische Maria von Magdala, die manchmal schon als „Maria, genannt Magdalena" (Lk 8,2) bezeichnet wird. Jesus trieb ihr sieben Dämonen aus (Lk 8,2; Mk 16,9) und erlöste sie so von schlimmen Leiden, weshalb sie dankbar mit ihm verbunden blieb. Als Jüngerin gehörte sie zu dem Kreis jener Frauen, die zusätzlich zu den zwölf Aposteln Jesus begleiteten und „Jesus und die Jünger mit ihrem Vermögen unterstützten". (Lk 8,3) Sie war ein Teil jener Frauen, „die Jesus von Galiläa aus nachgefolgt" (Mt 27,55f) waren und in Jerusalem bei seiner Kreuzigung aus der Ferne zusahen. Sie half mit beim Begräbnis und entdeckte am nächsten Morgen als Erste das leere Grab (Joh 20,1) bzw. zusammen mit zwei anderen Frauen (Mk 16,1ff), die Öle kauften, um damit den Leichnam zu salben. Maria von Magdala war die Erste, der Christus nach der Auferstehung selber erschien (Joh 20,11–18), als sie ihn vorerst für den Gärtner hielt. Er selbst gab ihr den Auftrag, den Jüngern die Botschaft seiner Auferstehung zu überbringen. Zu Recht galt sie deshalb schon im 3. Jahrhundert als „Apostelin der Apostel", ein Ehrentitel, den unlängst Papst Franziskus neu bestätigte und sie liturgisch den Aposteln gleichstellte. Wie aber wurde die Apostelin zur Sünderin?

Die Sexualität ist eine starke Kraft und es scheint, als suchte sie sich immer wieder Kristallisationspunkte gerade auch in der Bilderwelt des Heiligen. Der Angelpunkt dazu war die Geschichte der namenlosen „Sünderin" in Lk 7,36–50. Jesus ist bei einem Pharisäer zum Essen eingeladen, da erscheint eine Frau, „eine Sünderin", wie sie von Anfang an bezeichnet wird. Sie wäscht ihm mit ihren Tränen seine Füße, trocknet sie mit ihren Haaren und salbt sie mit wohlriechendem Öl, worauf Jesus ihr ihre Sünden vergibt. Um welche Sünden es sich handelt, wird nicht erwähnt und ein Name in der Erzählung nicht genannt. Schon in der frühen Kirche war sehr schnell klar, dass es sich um eine Prostituierte gehandelt habe, eine sog. Stadtbekannte, worauf vielleicht die Bemerkung des mokierenden Pharisäers hinweist: „Wenn dieser wirklich ein Prophet wäre, müsste er wissen, was das für eine Frau ist, die ihn berührt: dass sie eine Sünderin ist." Jesus kontert dann mit einem Gleichnis und dem Satz: „Ihr sind ihre vielen Sünden vergeben, weil sie viel geliebt hat."

Diese namenlose „Sünderin" einfach mit Maria Magdalena gleichzusetzen, wäre etwas krass, aber die Vermischung ging über eine weitere namensgleiche Person: Maria von Betanien. Sie ist die Schwester von Martha und Lazarus, den Jesus vom Tode erweckte. Sie ist jene Maria, die aufmerksam den Worten des Herrn lauschte, während ihre Schwester Martha die Hausarbeit machte. Die Vermengung der Figuren entsteht über die sog. Salbung in Betanien zu Beginn der Passion vor dem Einzug in Jerusalem. Bei Markus und Matthäus ist es eine namenlose Frau, die sein Haupt salbt, in Joh 12,1–3 aber ist es explizit Maria, die die Füße Jesu salbt. Über diese Salbung, eine Parallele zur Sünderin, verschmelzen die drei neutestamentlichen Frauen zu der einen „Maria Magdalena", der Prostituierten, der Jesus die Sünden vergibt und die dafür Buße tut. Die Identifizierung der Maria Magdalena mit der Sünderin machte kein Geringerer als Papst Gregor der Große am Ende des 6. Jahrhunderts in mehreren Predigten amtlich. Damit war die Apostelin der Apostel endgültig zur bekehrten Prostituierten geworden.

Eine äußerst bemerkenswerte bildliche Variante davon gibt es auf einem Fresko in der Martinskapelle in Bregenz/Vorarlberg. Die in der zweiten Hälfte des 14. Jahrhunderts erbaute und dann bald mit gotischen Fresken ausgeschmückte gräfliche Kapelle zeigt eine seltene, anachronistische Zusammenfügung verschiedener Figuren des Neuen Testaments. Am Tisch beim letzten

Abendmahl sitzt nämlich auch Paulus oben, zur linken Seite Christi, beschriftet – er, der dem Herrn persönlich nie begegnet war. Unten vor dem Tisch kauert Maria Magdalena, die offensichtlich die Füße des Herrn salben will. Als vermeintliche „Sünderin" ist sie erkennbar an den langen, roten und offen getragenen Haaren, die in der Gotik markante Merkmale waren; anständige Frauen waren bekanntlich ‚unter der Haube'. Interessant ist aber in dieser mittelalterlichen Darstellung, dass sie ohne jede Andeutung von Nacktheit auskommt. Ein paar Jahrhunderte später veränderte sich die Optik grundlegend.

Der flämische Barockmaler Jacob Andries Beschey nennt die Szene der Sünderin im Hause eines Pharisäers (Lk 7,36–50) schlichtweg „Maria Magdalena wäscht die Füße Christi". Es ist eindrücklich, wie der Maler die Entrüstung der Männer am Tisch über die stadtbekannte Frau gestaltet hat, wobei der ältere Herr rechts erst seine Augengläser zückt, um die Frau genauer zu betrachten. Das verrutschte Kleid und das sehr offene Dekolleté markieren die Frau sehr offensichtlich als „Sünderin"; es wirkt fast, als käme sie gerade von der Arbeit. Hier geht es wohl mehr um Schaulust als um die biblische Erzählung, denn es ist nicht anzunehmen, dass die Frau in der Lukas-Erzählung nicht ordentlich gekleidet reuevoll die Füße Christi gesalbt hätte. Solche Elemente sind gleichsam wie eine Art visueller Pralinen, die sich immer wieder in die barocke ka-

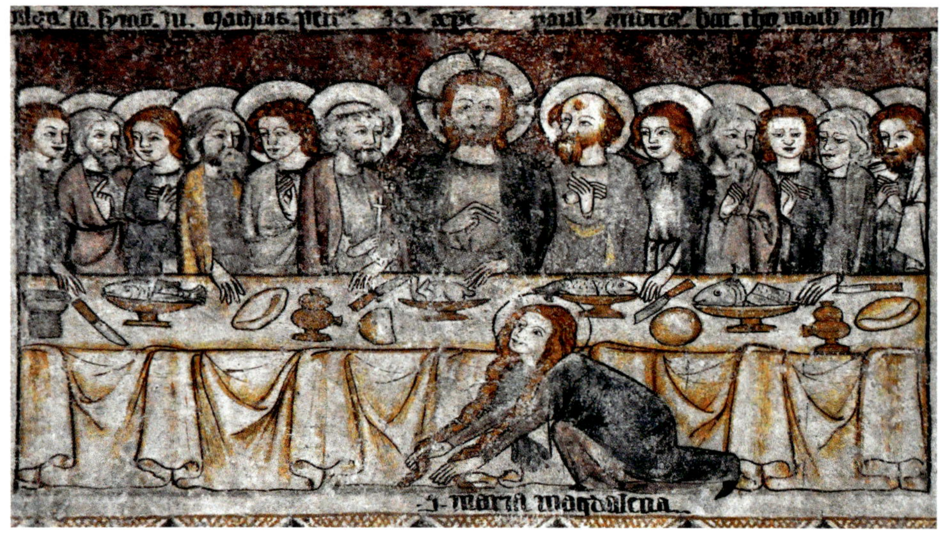

Die noch züchtig bekleidete Sünderin
Martinskapelle in Bregenz/Vorarlberg, unbekannter Maler, 2. H. des 14. Jh.

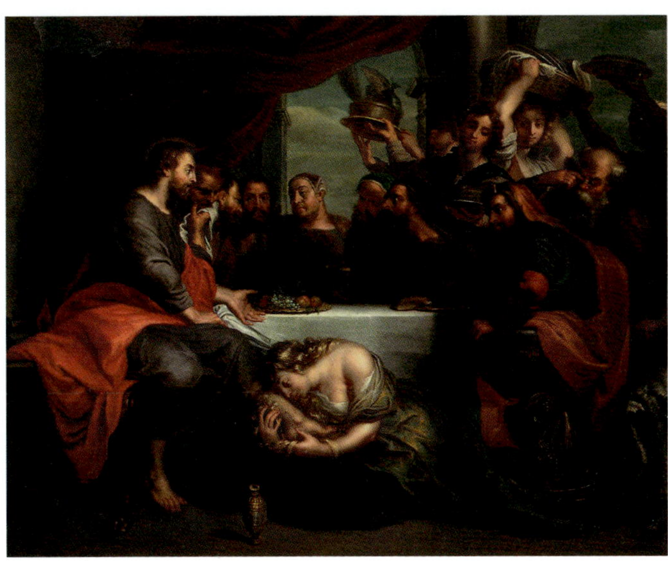

Offensichtlich zur Prostituierten geworden
Jacob Andries Beschey: Maria Magdalena wäscht die Füße Christi, 1735

tholische Bilderwelt einnisten, ein Stückchen legitimierter Schaulust in einer sittlich strengen Zeit, ein kleiner Ausgleich zumindest.

Noch fehlen allerdings die Wüstenmutter und die frühchristliche Märtyrerin, bis es in der Legendenbildung ab dem 10. Jahrhundert zur zumindest bildlich folgenreichen Gestalt der büßenden Maria Magdalena kam. Von der Sünderin aus ergab sich eine Verbindung zu Maria von Ägypten, einer altkirchlichen Eremitin des 4./5. Jahrhunderts, von der erzählt wird, dass sie eine Prostituierte gewesen sei. Sie habe sich dann zur Buße in die Wüste zurückgezogen, wo ihr mit den Jahren das Gewand zerfiel und ihr Körper nur noch von ihren Haaren bedeckt wurde. Die Haare wiederum schufen die Verbindung zu Agnes von Rom, einer Märtyrerin des 3. Jahrhunderts. Sie hatte ihr Leben Christus geweiht und weigerte sich deshalb, den Sohn des römischen Präfekten zu heiraten. Als Strafe sollte sie nackt ausgezogen und in ein Bordell gebracht werden. Die mittelalterliche Legende berichtet: „Der Herr aber verlieh ihren Haaren eine solche Fülle, dass sie sie besser bedeckten als ihre Kleider.“[57] Nach der Übertragung dieser Legenden wurde Maria Magdalena als nur mit ihren Haaren bedeckte Büßerin zu einem festen Typus in der christlichen Bilderwelt.

Die Ostkirche hat die Verschmelzung dieser Frauenfiguren übrigens nicht mitgemacht. Die mittelalterliche Legendenschmiede des Westens allerdings

57 Jacobus de Voragine, Legenda aurea, S. 88.

baute die Geschichten rund um die äußerst beliebte Heilige immer weiter aus. Die vielleicht schönste Variante findet sich wie so oft in der Legenda aurea des Jacobus de Voragine, der größten und damals überaus populären Sammlung religiöser Legenden des Mittelalters, die auf die Themen der christlichen Kunst einen enormen Einfluss hatte. Nach dieser Erzählung wurde Maria Magdalena zusammen mit ihren (vermeintlichen) Geschwistern Maria und Lazarus sowie dem befreundeten Maximinus von böswilligen Gegnern in ein Boot ohne Steuer und Segel gesetzt. So gelangten sie nach Südfrankreich und gingen bei Marseille an Land, wo auf wundersame Weise Maria Magdalena den Fürsten und die Fürstin zum christlichen Glauben bekehrte. Lazarus wurde darauf Bischof von Marseille und Maximinus Bischof von Aix-en-Provence.

Von der Heiligen selber heißt es: „Maria Magdalena aber, die nach höherer Betrachtung Verlangen trug, suchte eine wilde Einöde auf und verweilte unerkannt dreißig Jahre an einem Ort, den ihr die Hände der Engel bereitet hatten.“[58] Der Autor Jacobus de Voragine, ein hochgebildeter Dominikanermönch und Erzbischof von Genua, bleibt hier in seiner Erzählung äußerst dezent. Er schildert zwar, wie die Heilige zu den täglichen Gebetszeiten von Engeln in die Höhe getragen wurde, was später fälschlich auch als „Himmelfahrt“ bezeichnet wurde, doch er verweigert den ganzen Sagenkreis um die Nacktheit der Maria Magdalena und ihre Haare. Genau da aber setzte die Bildtradition an: Aus der Einöde wurde meist eine Höhle, in der die ehemalige Sünderin nackt und nur von ihren Haaren bedeckt für den Rest ihres Lebens Buße tut.

Ab dem 12. Jahrhundert entstanden ganze Zyklen zum Leben der Maria Magdalena, auch von Giotto in der Unterkirche der Basilika in Assisi, doch wieder einmal war das Mittelalter an der Nacktheit selbst nicht sonderlich interessiert. Sie erscheint in diesen Szenen weitgehend von ihren Haaren bedeckt. Auf Bildern der Kreuzigung wird sie in der Spätgotik im Gegensatz zu den anderen Frauen oft mit offenen, wehenden Haaren gezeigt, einem deutlichen Hinweis auf ihr sündhaftes Vorleben. Auch in der Frührenaissance des 15. Jahrhunderts ist ihre Nacktheit noch kein großes Thema. Die vielleicht eindrücklichste Darstellung ist eine vergoldete Holzplastik des schon genannten florentinischen Bildhauers Donatello, ein Alterswerk, das um 1455 entstand. Es ist ein Werk, das wegen seines fast schockierenden Realismus wie ein Donnerschlag auf die florentinischen Künstler gewirkt haben soll.

---

58 Jacobus de Voragine, Legenda aurea, S. 234.

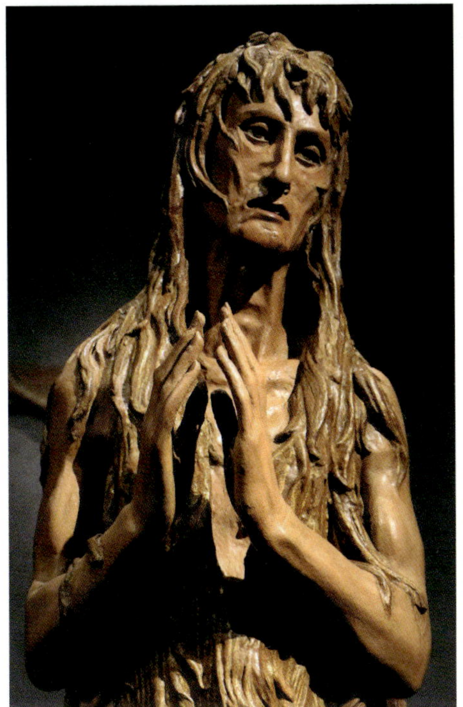

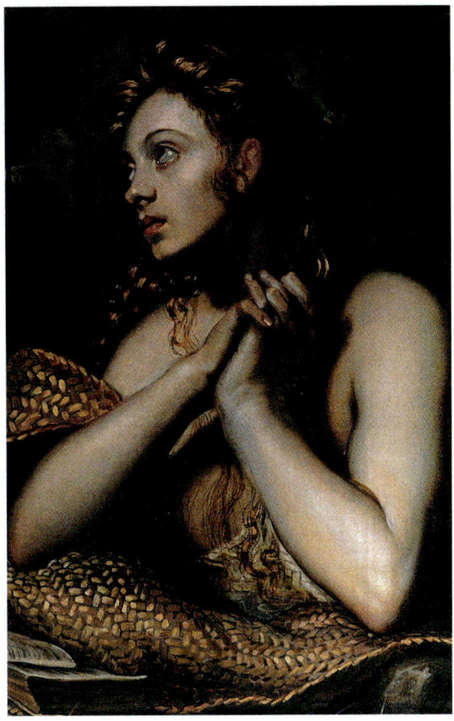

Die alte und die jugendliche Büßerin

Donatello: Maria Magdalena, um 1455 *Tintoretto: Büßende Magdalena, um 1600*

Donatello nimmt die Legende, auch wenn sie Legende ist, ernst. Rechnet man die Erzählung etwas durch, muss Maria Magdalena dort, wo ihr Ende als Büßerin in der Einöde geschildert wird, mindestens um die 60 Jahre alt gewesen sein. Als solche stellt sie Donatello dar mit eingefallenem Gesicht, hager und ausgezehrt vom Leben in der Wildnis, mit lückenhaftem Gebiss und tiefen Augenhöhlen, durch und durch eine büßende Eremitin. Der Körper ist von ihren Haaren bedeckt ohne jede Anzüglichkeit. Die Hände sind zaghaft gefaltet, der Blick geht fast starr geradeaus, kein frommes Aufschauen, aber eine geerdete Gewissheit. Der spontane Vergleich mit Tintoretto zeigt sofort, was das 16. Jahrhundert aus der Büßerin gemacht hat: Ein junges Mädchen mit beinahe nacktem Oberkörper, man ist fast versucht zu fragen, ob ihre Höhle schon neben der ehemaligen Arbeitsstätte lag. Von keiner Bußübung gezeichnet und ohne unschöne körperliche Spuren, die die einschlägige Phantasie der Betrachtenden stören könnten, schaut sie mit Augenaufschlag und sehnsüchtigem Blick hinauf ins himmlische Licht.

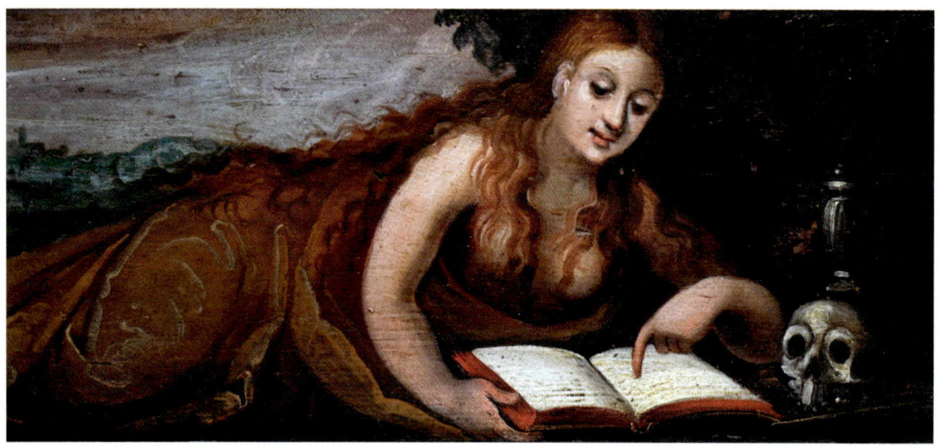

Mit Reizen in der Höhle liegend
Maria Magdalena, St. Magdalena in Feldkirch-Levis/Vorarlberg, um 1648, vermutlich aus der Schule des Erasmus Kern

Auch bei der Figur der Maria Magdalena ist es das ansonsten sehr sittenstrenge 16. Jahrhundert, das die Wende in der Ikonografie bringt. Von der Hochrenaissance mit aufblitzenden Brüsten über den Manierismus bis in den Barock wird sie tatsächlich zu einer Art Pin-up-Girl der mehr oder weniger religiösen Schaulust bis hin ins noch strengere 19. Jahrhundert, in dem die Darstellungen nicht selten die Grenze zum Pornografischen überschreiten. Der inzwischen verselbständigte Bildtyp der Maria Magdalena wandelt sich zur Darstellung einer nackten oder halbnackten Büßerin, bei der es sich entgegen der ursprünglichen Legende jetzt um eine junge, schöne und äußerst attraktive Frau handelt, deren Haare oder Tücher meist mehr betonen als verbergen. Alle Spuren des eremitischen Lebens in der Einöde sind beseitig. Die Nacktheit tritt derart in den Vordergrund, dass das Heilige, der Gedanke der reuigen Buße einer Sünderin und das kontemplative Dasein in der Einöde schließlich zum Vorwand verkommt. Diese Bilder entstanden allerdings kaum mehr als kirchliche Kunst, sondern für den privaten, höfischen oder bürgerlichen Bereich. Dem eigenen Gewissen lieferte vermutlich das Thema die Entschuldigung.

Exemplarisch für diesen Übergang steht Tizian, der sich öfter und in mehreren Versionen mit dem Thema beschäftigte, wobei seine späteren Versionen eher wieder etwas züchtiger wurden. Das vermutlich bekannteste Bild ist jenes, das heute im Palazzo Pitti in Florenz hängt (siehe Titelbild): eine schöne, junge, nackte Frau mit langen Haaren. Der hoffnungsvolle Blick ist nach oben in den Himmel gerichtet, der sich hinter ihr ziemlich verdüstert hat. Aus dem dunklen Hintergrund leuchtet regelrecht das nackte Fleisch der jugendlichen Büßerin hervor, deren viele Haare genau eines nicht verdecken können – ihre nackten Brüste. Es ist ein schönes und großartig gemaltes Bild, doch angesichts solcher Nacktheit verkommt die Heiligkeit des Motivs dann doch zum Schein. Hier bei Tizian tritt das Heilige gleichsam aus dem Dunkel in das Licht der Nacktheit und dass daraus zwar kein Altarbild entsteht, aber doch eine Symbiose und nichts Ordinäres, macht wohl die ästhetische Qualität der Hochrenaissance aus. Das Vermögen, daraus große Kunst zu machen, nimmt allerdings in den folgenden Jahrhunderten beträchtlich ab.

Sehr beliebt wurde die längliche Darstellung der liegenden (fast) Nackten in ihrer Höhle, wobei sie entgegen der Logik der Legende immer jünger wurde. Ein frühes Beispiel findet sich in meiner Heimat Vorarlberg in der Magdalena-Kirche von Feldkirch-Levis, der sog. Siechenkapelle. In der Predella des linken Seitenaltars liegt die junge Einsiedlerin in ihrer Höhle in den Evangelien lesend mit einem Salbgefäß und einem Totenschädel als Symbol für die Nichtigkeit des Lebens. Der Hintergrund bietet einen Ausblick, vielleicht sogar in die Landschaft von Feldkirch mit dem Kirchlein. Ihre Brüste sind bloß, werden

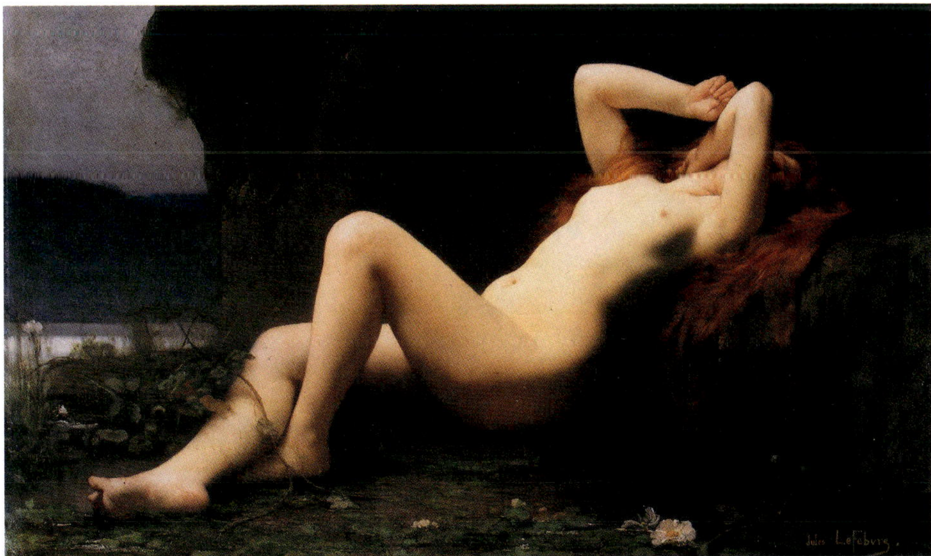

Endgültig beim Pin-up gelandet
Jules Lefebvre: Maria Magdalena in der Höhle, 1876

aber im Wesentlichen von den langen Haaren verdeckt. Interessant ist dabei allerdings, dass der Rest ihres Köpers durchaus von einem weiten Mantel bedeckt ist. Es scheint fast, als hätte sie vergessen, ihn auch über ihre Brüste zu ziehen. Hier beginnt noch sehr dezent das immer frivoler werdende Spiel mit erotischen Elementen, deren Vordergründigkeit ständig zunimmt.

Das Bild des französischen Malers Jules Lefebvre ist nur eines der vielen Beispiele des 19. Jahrhunderts, in dem die Nacktheit in ihrer Vordergründigkeit kaum mehr zu überbieten ist. Die körperliche Geste versucht gar nicht mehr, etwas zu verbergen, sondern bietet sich auf fast schon ordinäre Weise dar. Man stelle sich vor, wie diese junge Frau derart dreißig Jahre in einer Einöde lebt. Das Ganze ist auch noch mit Blumen garniert und, damit es nicht zu öde wird, liegt die Grotte an einem schimmernden See. Vermutlich gab es solche Bilder im 19./20. Jahrhundert auch als große gerahmte Kunstdrucke, die in den ehelichen Schlafzimmern unter dem Stichwort der „Ehehygiene" aufgehängt wurden. Interessanterweise findet man große Maria-Magdalena-Bilder fürs Schlafzimmer heute noch im Internet, allerdings werden inzwischen künstlerisch wesentlich dezentere Motive angeboten.

Sebastian und die versuchte Versöhnung des Heiligen und Nackten

Zwingli donnerte gegen die Bilder der Maria Magdalena, die so „hürisch" gemalt seien, dass die Priester bei der Messe sich fragen würden, wie sie hier noch andächtig sein können. Nachdem die menschliche Sexualität vorrangig visuell strukturiert ist, trifft Zwingli zweifellos einen wunden Punkt. So sehr die sexuelle Lust in der katholischen Kirche nur als notwendiges Übel galt, blieb die Nacktheit in den heiligen Räumen nicht konsequent ausgespart, schon gar nicht in den besonders sittenstrengen Jahrhunderten. Man kann das als Doppelmoral ansehen oder doch auch als grundsätzliche Bejahung des Körperlichen. Zugespitzt hat sich diese Dynamik in der Figur des hl. Sebastian. Auch da holt Zwingli ganz ordentlich aus: Die Bilder und Figuren seien derart „jünckerisch" und „kupelig"[59], dass die Frauen deswegen beichten gehen müssen.

59 Zwingli, Sämtliche Werke, Bd. 4, S. 145f.

Der hl. Sebastian hat sowohl in seiner Verehrung als Pestheiliger wie in der christlichen Bilderwelt eine besondere Entfaltung erlangt. Über das Leben des frühchristlichen Märtyrers gibt es nur spärliche historische Informationen. Sicher ist aber, dass er bereits im 4. Jahrhundert verehrt wurde und auf diese Zeit geht auch die römische Basilika San Sebastiano fuori le mura zurück. In der Legende gilt er zunächst als schon älterer Offizier der kaiserlichen Garde unter Diokletian, was auf den Anfang des 4. Jahrhunderts hinweisen würde. Für hohe Offiziere war das Bekenntnis zum christlichen Glauben Hochverrat, zumal sich Christen weigerten, den Kaiser als Gott zu verehren. Deshalb ließ ihn Diokletian durch einen Trupp Bogenschützen töten. Die Legenda aurea des 13. Jahrhunderts schmückt die Szene etwas aus und dort heißt es sogar: „Da schossen sie so viele Pfeile auf ihn, dass er wie ein Igel erschien."[60] Eine christliche Witwe namens Irene, berichtet die alte Legende weiter, soll ihn aber wieder gesundgepflegt haben. Da daraufhin Sebastian neuerlich freimütig dem Kaiser entgegengetreten sei, habe ihn dieser mit Knüppeln erschlagen und den Leichnam in die römische Cloaca maxima werfen lassen, damit er nicht als Märtyrer verehrt werden könne. Auf göttliche Weisung aber habe eine weitere Christin namens Lucina den Leichnam gefunden und ihn in den Katakomben bestatten lassen, der heutigen Katakombe San Sebastiano mit der dazu gehörigen Basilika. Vermutlich seit einer Pestwelle in Rom im 7. Jahrhundert wurde Sebastian als Pestheiliger verehrt und angerufen. In den Epidemien des Mittelalters war er der wichtigste Schutzpatron, was zu der weiten Verbreitung seiner Darstellungen geführt hat. Das Auftreten der Pest mit Beulen an verschiedenen Körperstellen wurde mit den Pfeilen in Verbindung gebracht, die Sebastians Körper trafen. Manchmal wurde die Pest sogar als „anfliegende Krankheit" bezeichnet, hinter der man wahrscheinlich Dämonen vermutete, die nicht sichtbare Pfeile abschießen.

Seit dem 7. Jahrhundert gibt es Darstellungen des hl. Sebastian als Krieger, meist eher in betagter Gestalt. Im Mittelalter wird er als Ritter in Rüstung dargestellt, manchmal auch als vornehmer junger Mann in mittelalterlicher Tracht. Der große ikonografische Wandel erfolgt diesmal nicht im 16., sondern bereits mit der Frührenaissance im 15. Jahrhundert. Eine Entwicklung wie in Italien kann man auch nördlich der Alpen beobachten, wo die spätgotischen Schmerzensmann-Darstellungen einen Einfluss hatten. Das Leiden

60 Jacobus de Voragine, Legenda aurea, S. 83.

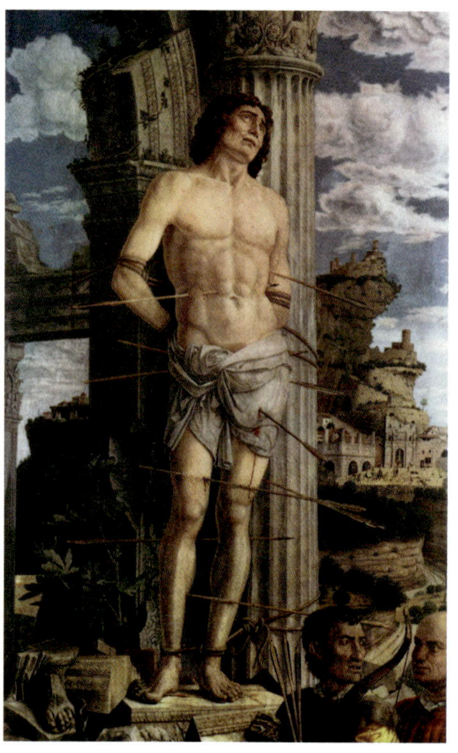

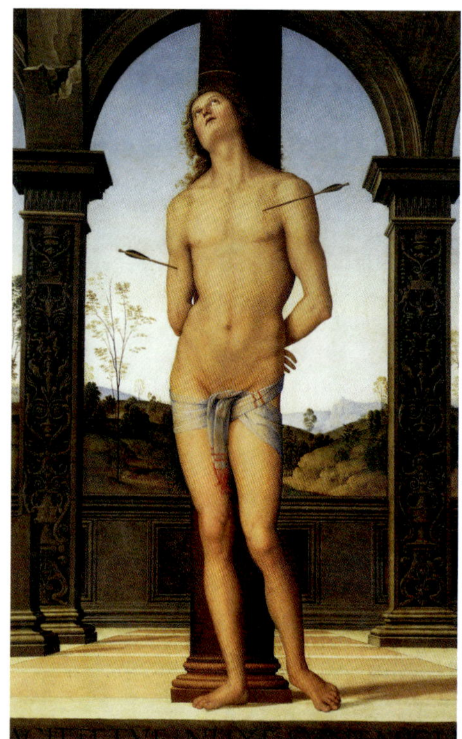

Sebastian als nackter Leidender

Andrea Mantegna, um 1470 *Pietro Perugino, 1490*

Christi wurde bildlich auf Sebastian übertragen, der am Baum von Pfeilen durchbohrt wird, ähnlich wie Christus am Kreuz von einer Lanze durchbohrt wurde – die Motive sind teilweise leicht übertragbar. Aus der ganzen Sebastianslegende wird im Lauf des 15. Jahrhunderts die Szene des von Pfeilen durchbohrten Märtyrers herausgelöst, meist in Einzeldarstellung ohne den erzählerischen Zusammenhang. Sebastian wird immer jugendlicher und zunehmend bis auf einen Lendenschurz nackt dargestellt. Die Nacktheit selbst ist zumindest nicht aus den Legenden ableitbar, steigert aber zweifellos die schillernde Wirkung der Bilder. In dieser Form wird Sebastian ab dem 15. Jahrhundert eine der meist dargestellten Heiligenfiguren. Damit erlangt er eine Popularität und Verbreitung, die über die Funktion des Pestheiligen hinausgeht.

Als prototypisch können die beiden Gemälde von Andrea Mantegna und Pietro Perugino gelten, die am Übergang von der Früh- zur Hochrenaissance stehen. Bei beiden ist die Figur des Sebastian aus ihrem Erzählzusammenhang herausgelöst, bei Mantegna sieht man unten noch zwei Köpfe von Bogenschützen, bei Perugino fehlt jeder Zusammenhang. Beide stehen einsam und allein an eine Säule gebunden und in den Himmel blickend. Gemessen am anzunehmenden Schmerz, den die Pfeile auslösen, wirken sie nicht unbedingt leidend. Bei Mantegna ist der Heilige an eine korinthische Säule gebunden, die zu einer antiken Ruine zu gehören scheint. Im Hintergrund sieht man Leben in einer Ruinenlandschaft und eine mittelalterliche Burg auf einem Felsen. Über den tiefblauen Himmel ziehen weiße Wolken, die die Stimmung des Bildes dramatisieren. Der männlich wirkende Körper erinnert an antike Vorbilder des idealisierten nackten Männerkörpers, während das Gesicht mit markanten und durchaus männlichen Zügen sehr realistisch wirkt. Der Körper wurde von mehreren Pfeilen durchbohrt, während der Oberkörper und der Kopf verschont blieben. Der Lendenschurz ist groß und mächtig ohne zwingende Andeutungen.

Peruginos Gemälde hingegen stellt einen neuen Typus des Heiligen dar. Er steht in einem leeren klassischen Raum, der zeitlos wirkt. Keine Wolke ist am Himmel, es sieht aus, als wäre die Zeit überhaupt stehen geblieben. Gebunden ist er an eine glatte, rote Marmorsäule, die ewig weit nach oben zu gehen scheint. Ähnlich wie bei Mantegna steht Sebastian im Kontrapost mit Standbein und Spielbein, Pfeile trägt er allerdings nur noch zwei, einen im Arm und einen in der Herzgegend. Die Figur wirkt sehr jugendlich mit äußerst androgynen Zügen. Er trägt langes, blondes, wallendes Haar, hat rote Bäckchen und schaut steil hinauf in den Himmel. Der Oberkörper ist auffallend lang und ab den Hüften weist alles hinunter zur Leistenbeuge, in der das schmale, fast aufreizende Lendentuch mehr neugierig macht als verbirgt: „Häufig wird das Lendentuch mit viel Sorgfalt so drapiert, dass es auf das verhüllte Geschlecht verweist und den Körper erotisiert.“[61] Es ist eine erotisch durchaus oszillierende Figur, deren Leiden nicht mehr sichtbar sind, sondern im schmachtenden Blick nach oben aufgehoben zu sein scheinen. Mit diesen beiden Bildern ist eine Typologie für die nächsten Jahrhunderte vorgegeben. Es gibt die Sebastian-Bilder (oder -Figuren), die mehr in die männliche Richtung des Mantegna gehen, wie später bei Tizian oder Rubens, und daneben jene vielen betont androgynen Fassungen im Stile des Perugino.

61 Bohde, Ein Heiliger der Sodomiten?, S. 80.

In jüngeren Publikationen wird Sebastian vorwiegend als Ikone der Schwulen-Bewegung gesehen, zu der er im 20. Jahrhundert auch wurde. Vorreiter war der schwule Dichter August von Platen (1796–1835), der in einer tragischen Existenz, vom homophoben Heinrich Heine öffentlich verunglimpft, in Bildern des Heiligen so etwas wie die optische Erfüllung seiner Sehnsüchte fand. So ist durchaus anzunehmen, wie Irene Ulrich schreibt, dass „Homosexuelle innerhalb der Kirche in der Betrachtung des heiligen Sebastian ihren Gegenraum zu den herrschenden Sexualnormen gestalteten“[62] und das gerade auch, weil die Kirche der Homosexualität immer ablehnend gegenüberstand. Allerdings dürfte sich diese Entwicklung erst im 20. Jahrhundert manifestiert haben. Daniela Bohde hat deutlich gezeigt, dass in den vielfältigen Diskussionen zur Sodomie, unter die früher die Homosexualität fiel, der hl. Sebastian nicht auftaucht. Bei allen Versuchen der Verweiblichung seiner Ikonografie wurde er bis zum 19. Jahrhundert nicht als sodomitischer Heiliger geführt. Auch wenn es aus heutiger Sicht naheliegend ist, ihn in seiner Leidensgeste als Schwulen-Ikone zu sehen und die Pestpfeile als Aidspfeile zu deuten, muss man kulturgeschichtlich vorsichtig sein, zu eindeutige Erklärungsmuster über ein derart komplexes Phänomen wie den hl. Sebastian zu legen. Für die Entstehungszeit dieser Bilder gilt, „dass die erotischen Valenzen der Heiligenfigur deutlich wahrgenommen wurden, doch immer in einem ausdrücklich heterosexuellen Kontext“.[63]

Zwingli war bei weitem nicht der Einzige, der die Wirkung dieser Bilder auf Frauen beklagte. Giorgio Vasari (1511–1575), der berühmte Biograf italienischer Künstler, berichtet, dass der Maler Fra Bartolommeo, nachdem er kritisiert wurde, er könne keine nackten Gestalten malen, einen leider nicht mehr erhaltenen Sebastian schuf, von dem Vasari schreibt: „In dieser Absicht stellte er in einem Bild den heiligen Sebastian unbekleidet dar, mit einer Farbe, die dem lebendigen Fleische ähnlich sah, mit angenehmen, der Schönheit des Körpers entsprechenden Gesichtszügen, wodurch er sich bei den Künstlern das größte Lob erwarb. Als aber dies Werk in der Kirche aufgestellt war, fanden die Mönche in den Beichten, dass die Frauen bei seinem Anblick durch die reizende und sinnliche Darstellung des Lebens, die Fra Bartolommeos Talent hier erreicht hatte, zu sündhaften Gedanken erregt worden waren. Des-

62 Ulrich, Sebastian, S. 208.
63 Bohde, Ein Heiliger der Sodomiten?, S. 84.

halb wurde es von den Mönchen aus der Kirche weggenommen."[64] Die Figur des hl. Sebastian in seiner Nacktheit ist ein komplexes, schillerndes und durchaus auch ambivalentes Phänomen. Statt es vorschnell zu vereindeutigen, gilt es eher quasi Puzzleteile zusammenzutragen, die mit hineingespielt haben.

Die älteste schriftliche Reflexion über ein Seuchengeschehen findet sich gleich am Anfang von Homers „Ilias" (I,43–52). Agamemnon, der Heerführer der Griechen, hatte die Tochter des Apollon-Priesters Chryses geraubt und betrachtete sie als seine Kriegsbeute. Laut flehte der Priester die Griechen im Namen seines Gottes an, ihm seine Tochter zurückzugeben. Das Heer der Griechen stimmte ihm zu, nicht aber ihr Oberbefehlshaber. Er wolle sie, beteuerte Agamemnon stur, als Weberin und Bettgenossin mit zurück in die Heimat nehmen. Chryses flehte den Gott Apollon um Hilfe an, der hoch erzürnt seinen Bogen und den Köcher nahm und Pestpfeile ins Lager der Griechen schoss. Rastlos sollen die Totenfeuer gebrannt haben.

Es ist ein altes Deutungsmuster, Seuchen als Strafe eines Gottes anzusehen, der diese über Pfeile wahllos unter die Menschen bringt, eine Deutung, die sich in vielen Kulturen des Orients findet. Im Zuge der sogenannten Wiedergeburt der Antike im 15. Jahrhundert ist es naheliegend, dass solche Geschichten aufgegriffen und übertragen wurden. Denkt man an die nackten antiken Apollon-Statuen, kehrt das Motiv im Sebastian wieder, jetzt allerdings entscheidend theologisch gewendet. Schickt Apollon bei Homer die todbringen den Pfeile unter die Menschen, fängt sie der Pestheilige mit seinem Körper auf, um sie damit von den Menschen abzuhalten. Der christianisierte Apollon wird so zu einer Art Erlöserfigur, die durchaus christusähnlich mit seinem Körper und seinem Leiden die Menschen von der Pest zu erlösen versucht. Während Christus in den Passionsszenen meist leidend gezeigt wird, wirkt Sebastian in seiner christlichen Heldentat nicht selten als vom Leiden bereits erlöst. Diese manchmal fast „Lust am Leiden" trägt in mehreren Darstellungen durchaus sadomasochistische Züge. Es ist eine Gratwanderung, die manche Künstler leicht ins allzu Eindeutige oder Laszive abgleiten lässt.

Die Nachahmung der Natur in ihrer möglichst idealen Schönheit war ein zentrales Anliegen der Frührenaissance. Im Rückblick auf die Antike manifestierte sich dieses Ziel vor allem in der Darstellung des menschlichen Körpers. Als erster selbständiger Frauenakt der Neuzeit – nur van Eycks nackte Eva

64 Vgl. https://www.projekt-gutenberg.org/vasari/renaissa/chap025.html.

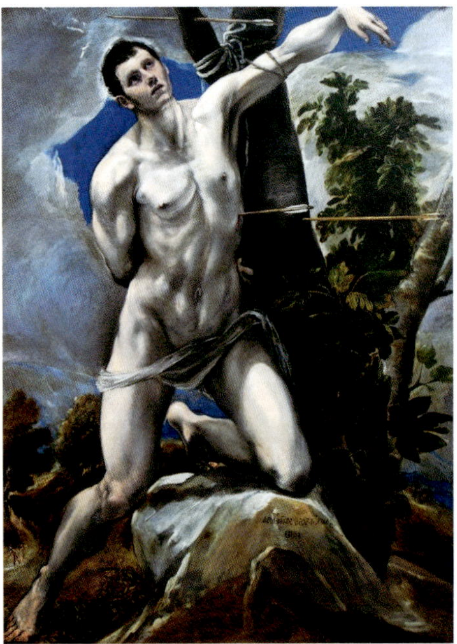

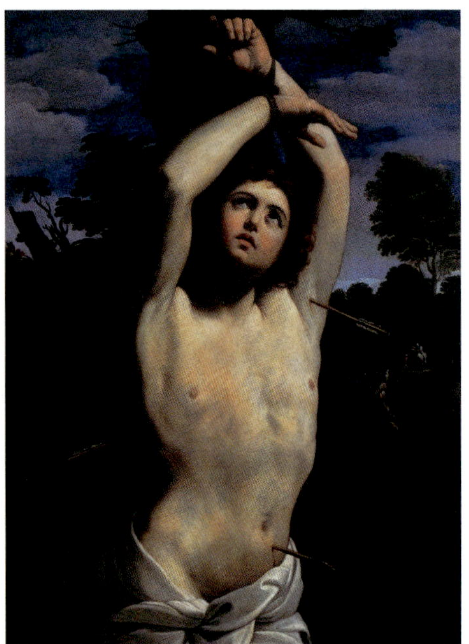

Der nackte Mann am Baum

El Greco: Das Martyrium des hl. Sebastian, 1577

Guido Reni: Sebastian, 1614

im Genter Altar war noch etwas früher – gilt Botticellis Venus. Das Thema des Männerakts, sieht man einmal von den wenigen David-Figuren ab, spielte sich vorerst in der Darstellung des Sebastian ab. Die Abbildung des schönen jungen Mannes wird zu einem großen Thema der Renaissance. Das manchmal auch nur hauchdünne Lendentuch verhinderte analog zum negierten Schoß der Frau den Blick auf die Genitalien, was die optische Gewichtung vermutlich zu sehr verändert hätte.

„Der heroische Akt ist, wie nie vorher, zum passiven Sexual-Objekt geworden", schreibt Margaret Walters[65] zu den Sebastian-Bildern. Sie bringt aber noch einen anderen Gedanken ins Spiel, der letztlich wieder ins Thema dieses Buches zurückführt. Körper und Seele suchen nach einer Einheit, nach Harmonie, und wenn das gelingt, so ein Gedanke der Renaissance, entsteht Grazie. Die Seele ohne Körper wäre eben körperlos und damit unvollständig, der Körper ohne Seele wiederum plump und banal. Gerade in den graziö-

65 Walters, Der männliche Akt, S. 149.

sen Bildern des hl. Sebastian kann man den Versuch einer Versöhnung des Fleisches mit dem Geist sehen[66], den Versuch, das Heilige und das Nackte in eine Einheit zu bringen. Der nackte Sebastian ist damit nicht mehr nur eine Art unbekleideter Olympionike und umgekehrt der Heilige nicht nur eine körperlose, entsexualisierte Gestalt. Der Versuch dieser Harmonisierung ist selbstverständlich eine Gratwanderung und dabei gab es auch geschmackliche Abstürze. Die Ästhetik spielt auch beim Thema Sebastian eine große Rolle. Nicht jedem Künstler gelang es gleich gut, diese Form nackter Heiligkeit oder heiliger Nacktheit darzustellen.

Diese Gratwanderung kann man anhand zweier Künstler demonstrieren, El Greco und Guido Reni, die beide möglicherweise schwul waren. Bei beiden kann man es nicht mit Sicherheit sagen und es kann auch nicht das Kriterium ihrer Kunst sein. El Grecos Sebastian ist sehr vital, mit einem jugendlichen und doch männlich wirkenden muskulösen Körper lebendig in Bewegung. Woran das Lendentuch gerade noch hält, kann man kaum sagen, jedenfalls erotisiert es seinen Körper, indem es verbergend den Blick auf sich zieht und die Phantasie anregt. Er ist nicht passiv dem Leiden ergeben, sondern ringt, zwar ohne Leidensmiene, aber doch aktiv mit seiner Situation. Der Sebastian des Guido Reni hingegen ist wesentlich androgyner geschaffen und ergibt sich ohne Leidensmiene in fast hingebungsvolle Passivität. Die Leistenbeuge weist dunkel nach unten, doch das Lendentuch scheint zu halten. Während Sebastian bei El Greco noch etwas unsicher blickt, schaut er bei Reni sehr klar und direkt in den Himmel.

Es sind zwei in der Darstellung durchaus erotisierte, fast nackte Männerkörper und es ist anzunehmen, dass sie beide Geschlechter angesprochen haben. Homoerotische Bezüge sind nicht zu leugnen, wie es auch nicht sinnvoll wäre, die Bilder nur so zu deuten. Der Versuch der Versöhnung von Geist und Fleisch, von Heiligem und Nacktem muss vermutlich eine ambivalente Gratwanderung bleiben, die von der Spannung als solcher lebt. In den Bildern des hl. Sebastian findet man die Ambivalenz von Sinnlichkeit und Heiligkeit, von Lust und Strafe, von fleischlicher Verlockung und sündhaftem Erliegen, von Sichtbarem und Unterdrücktem, von Schmerz und Lust, deren Grenze gerade in den Sebastian-Bildern allzu oft verschwimmt; und das auf unzähligen Altären der katholischen Kirche. Es ist die Ambivalenz von männlich und weib-

66 Walters, Der männliche Akt, S. 68.

lich, deren eindeutige Grenzen hier verloren gehen und nicht zuletzt, wie bei Guido Reni, können die Pestpfeile gleichzeitig auch als Liebespfeile gesehen werden. Die Faszination derartiger Bilder liegt gerade in der Mehrdeutigkeit, die offen und in Schwebe hält, statt festzulegen und zu trennen. Offensichtlich ist es gut, wenn sich das Heilige und das Nackte nicht aus dem Blick verlieren.

UNHEILIGE NACKTHEIT – EIN AKTUELLES RESÜMEE

Pünktlich zu den Corona-Weihnachten 2020 gab es bei Apple-TV exklusiv für die eigenen Kunden eine mit allen technischen Raffinessen gedrehte Weihnachtsshow: Mariah Carey's Magical Christmas Special. Es war eine äußerst eigenwillige Verbindung des Heiligen und des Nackten. Die 50-jährige Sängerin mit der Barbie-Figur trat auf in einem silbern glänzenden, eng anliegenden Abendkleid, der seitliche Schlitz ging hinauf bis zum Hüftknochen und das Dekolleté erlaubte tiefe Einsichten. In solchen, immer wieder wechselnden Outfits sang Mariah Carey Weihnachtslieder, pries abwechselnd „the lord" oder „the king". Allerdings genau zum „Silent night, holy night", und das ist schon bemerkenswert, wurde ihr Kleid züchtiger, fast hochgeschlossen. Offensichtlich gab es im Team zumindest noch eine Intuition, dass sich das Nackte etwas zurücknimmt, je quasi heiliger die Lieder werden. Es war eine absolut kommerzialisierte Harmonisierung des Heiligen und Nackten, ohne Reibeflächen und letztlich trotz aller erotischen Versprechungen ohne Leidenschaften – denkt man zum Beispiel an den Sebastian des El Greco.

Es scheint, als hätten sich in jüngerer Zeit das Heilige und das Nackte doch etwas aus dem Blick verloren. Nicht zuletzt ist es jedoch auch das Heilige, das dem Nackten menschliche Würde verleiht. Die ursprüngliche Bedeutung des Wortes „heilig" meint ganz, unverletzt, vollständig. Im Englischen klingt es noch deutlich nach: „holy" kommt von „whole". Wenn sich das Nackte und das Heilige völlig aus dem Blick verlieren, diese Ganzheit verloren geht, entstehen nicht selten Banalität und Leere.

Auf der Biennale 2019 in Venedig sorgte Jill Mulleady (* 1980), eine aus Uruguay stammende und in Amerika arbeitende Künstlerin, für Aufsehen. Die Malerei der Gegenwart hat es nicht leicht mit dem vermeintlichen Zwang, ständig Neues schaffen zu müssen, wo es doch fast alles schon gegeben hat. Jill Mulleady entzieht sich diesem Zwang, indem sie formal beim großen Edvard Munch anknüpft, allerdings ohne ihn zu kopieren. Sie greift den malerischen

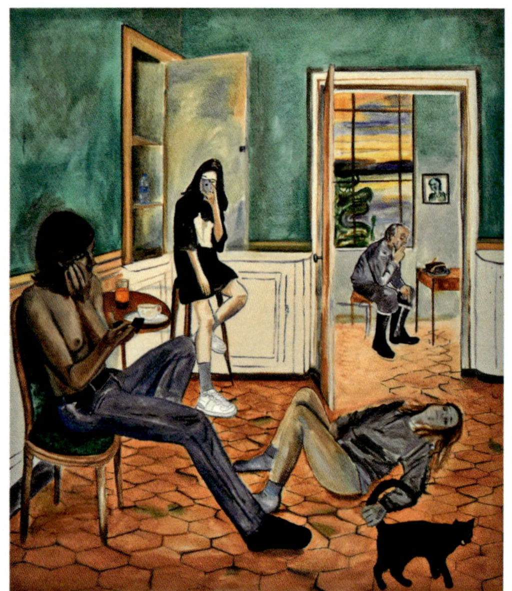
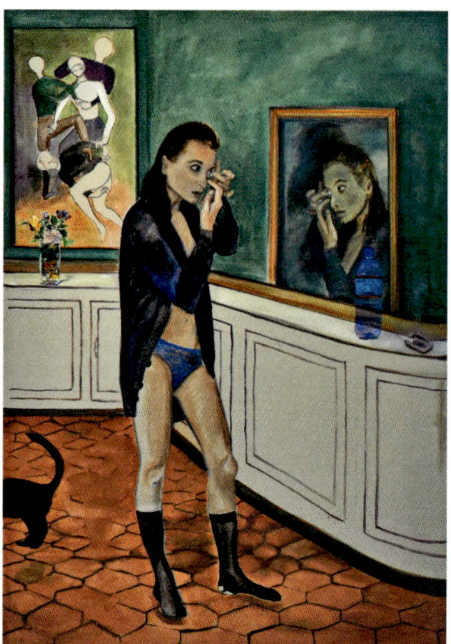

Unheilige Nacktheit
Jill Mulleady: Interior, 2019

Zugang Munchs auf, hinter den äußeren Fassaden die inneren Zustände der Menschen ins Bild zu bringen, ihre Ängste und ihre Verlorenheit, und wendet diesen Zugang auf die eigene Gegenwart an. Das Ergebnis sind teilweise ähnlich beklemmende Darstellungen.

Jill Mulleady malt im Doppelbild „Interior" einen Innenraum, in dem sich verschiedene Personen befinden. Links sind es drei junge Frauen in einer auf den ersten Blick alltäglich wirkenden Szene. Eine sitzt auf einem Stuhl mit nacktem Oberkörper und ist dabei, sich zu schminken. Dahinter ist eine junge Frau, die diese mit ihrem Handy gerade fotografiert. Eine dritte liegt nur mit einem Hemd bekleidet am Boden, hält den Schwanz der Katze und scheint zu masturbieren. Durch die Türe blickt man in ein hinteres Zimmer, in dem ein älterer Mann mit Stiefeln sitzt und eine Zigarette raucht. Der Blick aus dem Fenster gleicht unmittelbar einem Gemälde von Edvard Munch und wirkt nicht wie ein Ausgang aus der Szene. Auf dem rechten Bild steht eine halb angekleidete Frau, die sich vor einem großen Spiegel die Kontaktlinsen in die Augen gibt.

Es ist nur auf den ersten Blick eine zufällig gewählte Alltagsszene. Die Figuren bewegen sich zwar, aber sie wirken irgendwie eingefroren. Wie bei Munch wird hier keine Geschichte erzählt, sondern eine Atmosphäre wiedergegeben die einer beklemmend vordergründigen Banalität des Alltags, hinter der sich eine erschreckende Leere auftut. Die Banalität ist zu einem Ist-Zustand geworden. Niemand scheint mehr zu wissen, wer hier was wofür tut, was kommen soll, für wen man sich schminkt. Auf dem rechten Bild befindet sich hinten ein Gemälde, das ähnliche Figuren in einem lebensfreudigen gemeinsamen Tun zeigt. Doch diese Zeiten scheinen vorbei zu sein und stattdessen gibt es nur noch Leere, Stillstand und Verlorenheit. Jill Mulleady hat dem Bild den bezeichnenden Titel „Interior" gegeben, der sich auf den dargestellten Innenraum ebenso bezieht wie auf das Innenleben der dargestellten Personen.

Was dieses Bild sehr atmosphärisch greifbar macht, ist vielleicht etwas, das man „unheilige Nacktheit" nennen könnte. Die Körper sind geblieben, werden herausgeputzt, vielleicht auch nur noch für das Handy-Foto. Das Triebhafte ist da und kann, so scheint es jedenfalls, jederzeit und an jedem Ort befriedigt werden. Das Nackte hat aber alles Aufregende verloren. Menschlich ist die Szenerie höchstens insofern, als sie alltäglich wirkt, banal, ohne jeden Duktus, der das Gewöhnliche übersteigen würde. Es scheint fast, als ob es nichts mehr gibt, auf das man sich wirklich freut. Das Leben, das hier gezeigt wird, hat zwar einiges mit Nacktheit zu tun, aber es ist vermutlich kein menschlich Ganzes mehr, es ist so gesehen nicht heil. In der Terminologie dieses Buches könnte man sagen: Es fehlt das Heilige, das dem menschlichen Tun entsprechende Würde verleiht. Die Herausforderung, um die man sich offenbar immer wieder bemühen sollte, besteht darin, das Nackte und das Heilige miteinander im Spiel zu halten.

LITERATUR

de.wikipedia.org
www.bibelwissenschaft.de
www.wibilex.de
www.unifr.ch/bkv/
www.heiligenlexikon.de

Francesco Alberoni: Erotik. Weibliche Erotik, männliche Erotik – was ist das?, München 1987.

Arnold Angenendt: Ehe, Liebe und Sexualität im Christentum. Von den Anfängen bis heute, Münster 2015.

Arnold Angenendt: Pollutio. Die „kultische Reinheit“ in Religion und Liturgie. In: Archiv für Liturgiewissenschaft 52, 2010, S. 52–93.

Arnold Angenendt: Heilige und Reliquien. Die Geschichte ihres Kultes vom frühen Christentum bis zur Gegenwart, München 1994.

Aurelius Augustinus: Die Bekenntnisse. Übertragung, Einleitung und Anmerkungen von Hans Urs von Balthasar. Christliche Meister Bd. 25, Einsiedeln [7]2016.

Rupert Berger: Zur Entstehung und Bedeutung der Kleidung und Kultische Nacktheit. In: Hans Bernhard Mayer u. a. (Hg.): Gottesdienst der Kirche. Handbuch der Liturgiewissenschaft Bd. 3, Regensburg 1990, S. 311–318.

Die Bibel. Einheitsübersetzung der Heiligen Schrift, Stuttgart 2016.

Stefan Biessenecker (Hg.): „Und sie erkannten, dass sie nackt waren“. Nacktheit im Mittelalter. Bamberger interdisziplinäre Mittelalterstudien Bd. 1, Bamberg 2008.

Daniela Bohde: Ein Heiliger der Sodomiten? Das erotische Bild des hl. Sebastian im Cinquecento. In: Mechthild Fend/Marianne Koos (Hg.): Männlichkeit im Blick. Visuelle Inszenierungen in der Kunst seit der Frühen Neuzeit, Köln 2004, S. 79–98.

Jean-Claude Bologne: Nacktheit und Prüderie. Eine Geschichte des Schamgefühls, Weimar 2001.

Jacques Bonnet: Die Badende. Voyeurismus in der abendländischen Kunst, Berlin 2006.

Renate Brandscheidt: Art. Nacktheit. In: Das Wissenschaftliche Bibellexikon im Internet (www.wibilex.de), 2011.

Peter Brown: Die Keuschheit der Engel. Sexuelle Entsagung, Askese und Körperlichkeit am Anfang des Christentums, München 1991.

Michael Camille: Image of the Edge. The Margins of Medieval Art, London 2019.

Cyrill von Jerusalem: Mystagogische Katechesen an die Neugetauften (catecheses mystagogicae) (www.unifr.ch/bkv/kapitel2759-1.htm).

Hans Peter Duerr: Nacktheit und Scham. Der Mythos vom Zivilisationsprozess Bd. 1, Frankfurt 1994.

Hans Peter Duerr: Der erotische Leib. Der Mythos vom Zivilisationsprozess Bd. 4, Frankfurt 1999.
Norbert Elias: Über den Prozess der Zivilisation. Soziogenetische und psychogenetische Untersuchungen Bd. 1 und 2, Frankfurt 1990.
Egon Friedell: Kulturgeschichte der Neuzeit, München 1989.
Kerstin Gernig (Hg.): Nacktheit. Ästhetische Inszenierungen im Kulturvergleich, Köln 2002.
Ulrich Greiner: Schamverlust. Vom Wandel der Gefühlskultur, Hamburg 2014.
Meinrad Maria Grewenig: Der Akt in der deutschen Renaissance. Die Einheit von Nacktheit und Leib in der bildenden Kunst, Freren 1987.
Homer: Odyssee. Übersetzt von Johann Heinrich Voss, Stuttgart 1966.
Immanuel Kant, Die Metaphysik der Sitten, 1797 (http://www.zeno.org/Philosophie/M/Kant,+Immanuel/Die+Metaphysik+der+Sitten).
Evangelia Kelperi: Die nackte Frau in der Kunst. Von der Antike bis zur Renaissance, München 2000.
Navid Kermani: Ungläubiges Staunen. Über das Christentum, München 2015.
Josef Kirschner: Von der Entästhetisierung des Nackten in der abendländischen Kultur, Studienarbeit Book on demand, München 2020.
Oliver König: Nacktheit und Scham. In: Siegfried Rudolf Dunde (Hg.): Handbuch der Sexualität, Weinheim 1992, S. 150–156.
Klaus Köster: Eros, Sexus und die öffentliche Moral im 16. Jahrhundert (https://www.lwl.org/westfaelische-geschichte/portal/Internet/input_felder/langDatensatz_ebene4.php?urlID=196&url_tabelle=tab_websegmente).
Franz Krahberger: Der europäische Himmel – Michelangelo Buonarottis Welt. Ein Streifzug, 1991 (http://www.ejournal.at/Buecher/michelangelo.html).
Christoph Kucklick: Das unmoralische Geschlecht. Zur Geburt der negativen Andrologie, Frankfurt 2008.
Jörg Lauster: Die Verzauberung der Welt. Eine Kulturgeschichte des Christentums, München 2014.
Benjamin Leven: Paradiesische Körper und leuchtende Wunden. Christentum, Nacktheit und zeitgenössische Kunst. In: Herder Korrespondenz 3/2018, S. 46–49.
Lexikon der christlichen Ikonographie, 8 Bände, Freiburg im Breisgau 1968–1976.
Lexikon für Theologie und Kirche (LThK), hg. von Josef Höfer und Karl Rahner, 14 Bände, Freiburg im Breisgau 1965.
Nanno Marinatos: Kunst und Religion im alten Thera. Zur Rekonstruktion einer bronzezeitlichen Gesellschaft, Athen o. J.
Karl Marx/Friedrich Engels: Das Manifest der Kommunistischen Partei, 1848 (http://www.mlwerke.de/me/me04/me04_459.htm).
Karl Marx: Einleitung [zur Kritik der Politischen Ökonomie], 1857 (http://www.mlwerke.de/me/me13/me13_615.htm).
Walter A. Müller: Nacktheit und Entblößung in der altorientalischen und älteren griechischen Kunst, Leipzig 1906 (Classical Reprint).
Rudolf Otto: Das Heilige. Über das Irrationale in der Idee des Göttlichen und sein Verhältnis zum Rationalen, Neuausgabe München 2014 (1917).
Erik Peterson: Theologie des Kleides. In: Benediktinische Monatsschrift, Jahrgang 16 (Heft 9) 1934, S. 347–356.
Sabine Poeschel: Starke Männer, schöne Frauen. Die Geschichte des Aktes, Darmstadt 2014.
Adrian Randolph: Donatellos David. Politik und der homosoziale Blick. In: Mechthild Fend/

Marianne Koos (Hg.): Männlichkeit im Blick. Visuelle Inszenierungen in der Kunst seit der Frühen Neuzeit, Köln 2004, S. 35–51.

Andrea Reichel: Wie nackt sind die Akte? Von himmlischen Hüllen und göttlichen Dessous. In: Kerstin Gernig (Hg.), Nacktheit. Ästhetische Inszenierung im Kulturvergleich, Köln 2002, S. 301–326.

Andrea-Martina Reichel: Die Kleider der Passion. Für eine Ikonographie des Kostüms, Digitale Diss., Berlin 1998.

Wolfgang Reinhard: Lebensformen Europas. Eine historische Kulturanthropologie, München 2004.

Brigitte Röder/Juliane Hummel/Brigitta Kunz: Göttinnendämmerung. Das Matriarchat aus archäologischer Sicht, München 1996.

Wolfgang Schöne: Die Bildgeschichte der christlichen Gottesgestalten in der abendländischen Kunst. In: Das Gottesbild im Abendland, Witten und Berlin 1959.

Gerd Schwerhoff: Verfluchte Götter. Die Geschichte der Blasphemie, Frankfurt 2021.

Irene Ulrich: Der heilige Sebastian – vom christlichen Märtyrer zur homosexuellen Utopie. In: Franziska Metzger u. a. (Hg.): Orte und Räume des Religiösen im 19.–21. Jahrhundert, Paderborn 2016, S. 207–222.

Jacobus de Voragine: Legenda aurea. Übersetzt von Jacques Laager, Zürich 1982.

Margaret Walters: Der männliche Akt. Ideal und Verdrängung in der europäischen Kunstgeschichte, Wien 1986.

Bernd Willmes: Art. Sündenfall. In: Das Wissenschaftliche Bibellexikon im Internet (www.wibilex.de), 2008.

Gundula Wolter: Die Verpackung des männlichen Geschlechts. Eine illustrierte Kulturgeschichte der Hose, Marburg 1988.

Hans Conrad Zander: Als die Religion noch nicht langweilig war. Die Geschichte der Wüstenväter, Köln 2001.

Huldrych Zwingli: Sämtliche Werke, Leipzig 1927, Bd. 4 (http://www.irg.uzh.ch/static/zwingliwerke/index.php?n=Werk.53).

NAMENSREGISTER

BILDNACHWEIS

Adobe Stock: S. 36/Andrea Raffin
Katholische Kirche Vorarlberg: S. 168/Veronika Fehle
Markus Hofer: S. 40, 42, 64 (Greccio), 89, 123, 152, 164, 180
Wikimedia Commons: S. 8, 13, 38 (Bjørn Christian Tørrissen, https://bjornfree.com/travel/galleries), 40, 47, 62, 64, 74, 79, 80, 82, 83, 95, 97, 99, 100, 101, 102, 104, 105, 108, 115, 116, 118, 121, 124, 125, 127, 128, 129, 130, 131, 132, 133, 134, 135, 138 (Miguel Hermoso Cuesta/Yair Haklai), 141 (Jörg Bittner Unna), 145, 149, 150, 151, 154, 157, 161, 165, 167, 169, 172, 176

DER AUTOR

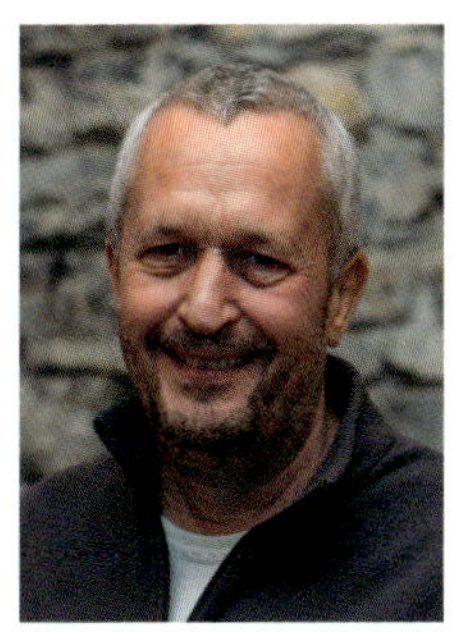

MARKUS HOFER, geb. 1957, studierte Philosophie, Theologie, Germanistik und Kunstgeschichte und war langjähriger Leiter des Männerbüros der Katholischen Kirche Vorarlberg. Seit 2014 ist er an der Fachstelle Glaubensästhetik in Feldkirch tätig und arbeitet an der Vermittlung von Kirchenräumen und christlicher Kunst. Er ist Autor zahlreicher Bücher bei Tyrolia.

Katholische
Kirche
Vorarlberg

Dieses Buch erscheint in Kooperation mit der Fachstelle Glaubensästhetik der Katholischen Kirche Vorarlberg.

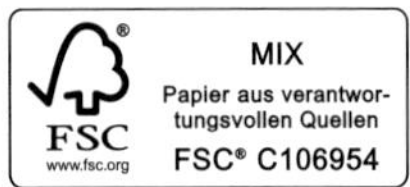

Nachhaltige Produktion ist uns ein Anliegen; wir möchten die Belastung unserer Mitwelt so gering wie möglich halten. Über unsere Druckereien garantieren wir ein hohes Maß an Umweltverträglichkeit: Wir lassen ausschließlich auf FSC®-Papieren aus verantwortungsvollen Quellen drucken, verwenden Farben auf Pflanzenölbasis und Klebestoffe ohne Lösungsmittel. Wir produzieren in Österreich und im nahen europäischen Ausland, auf Produktionen in Fernost verzichten wir ganz.

Mitglied der Verlagsgruppe „engagement“

2022

Umschlaggestaltung, Layout und digitale Gestaltung: Tyrolia-Verlag
Titelbild: Tizian, Büßende Magdalena © akg-images / Rabatti & Domingie
Druck und Bindung: Florjancic, Maribor
ISBN 978-3-7022-4052-3 (gedrucktes Buch)
ISBN 978-3-7022-4048-6 (E-Book)
E-Mail: buchverlag@tyrolia.at
Internet: www.tyrolia-verlag.at